新编21世纪高等职业教育精品教材

通识课系列

高职生职业生涯规划与就业指导

主　审　索桂芝
主　编　崔丽娜　理阳阳　吴　东　段伟伟
副主编　刘　洁　曹　刚　王　静　苑智华
　　　　张亭立　杨　哲　刘　妍

中国人民大学出版社
·北京·

图书在版编目（CIP）数据

高职生职业生涯规划与就业指导/崔丽娜等主编
. --北京：中国人民大学出版社，2024.4
新编 21 世纪高等职业教育精品教材. 通识课系列
ISBN 978-7-300-32633-7

Ⅰ. ①高… Ⅱ. ①崔… Ⅲ. ①职业选择一高等职业教育一教材 Ⅳ. ①G717.38

中国国家版本馆 CIP 数据核字（2024）第 046320 号

新编 21 世纪高等职业教育精品教材 · 通识课系列
高职生职业生涯规划与就业指导
主 审 索桂芝
主 编 崔丽娜 理阳阳 吴 东 段伟伟
副主编 刘 洁 曹 刚 王 静 苑智华 张亭立 杨 哲 刘 妍
Gaozhisheng Zhiye Shengya Guihua yu Jiuye Zhidao

出版发行 中国人民大学出版社
社 址 北京中关村大街 31 号 邮政编码 100080
电 话 010－62511242（总编室） 010－62511770（质管部）
010－82501766（邮购部） 010－62514148（门市部）
010－62515195（发行公司） 010－62515275（盗版举报）
网 址 http://www.crup.com.cn
经 销 新华书店
印 刷 北京密兴印刷有限公司
开 本 787 mm×1092 mm 1/16 版 次 2024 年 4 月第 1 版
印 张 15.75 印 次 2024 年 4 月第 1 次印刷
字 数 320 000 定 价 45.00 元

前 言

就业是民生之本，是一个人安身立命的重要保证，也是一个国家稳定发展的重要基石。随着社会的发展以及高等教育大众化进程的加快，越来越多的学生有机会走进大学校园，随之而来的是大学毕业生数量不断创历史新高，大学生的就业问题已成为社会关注的热点。

常言道：“凡事预则立，不预则废。”对大学生来说，做好自己的职业生涯规划和接受有效的就业指导是非常必要的。教育部、人力资源和社会保障部要求：高校要按照“全程化、全员化、信息化、专业化”的要求，进一步提升就业指导和服务水平，将就业指导课程切实纳入高校教学计划。为贯彻落实这一重要精神，这本《高职生职业生涯规划与就业指导》应运而生。

本书共八章，内容翔实，体例新颖，结合新形势、新任务，贴近实际，具有鲜明的时代性、针对性和可操作性。本书系统地设计了与教学过程紧密结合的课堂教学活动，注重知识间的相互联系，着眼于开阔思路，形成知识能力体系，让学生全面了解职业生涯规划与就业指导的相关知识，学会自我管理。另外，书中设置了“学习目标”“案例导读”“拓展阅读”“课堂活动”“小思考”等栏目，不仅使教材形式活泼，提升学生兴趣，拓宽学生知识面，而且使教材内容切合学生实际，增强了教材的实用性、可读性。

在本书的编写过程中，编者引用了国家关于就业方面的政策文件，借鉴了国内外有关大学生就业指导的文献资料和研究成果，参考了相关教材和网络资料，在此，谨向相关作者表示衷心的感谢！由于编者水平有限和编写时间仓促，在编写中难免会出现一些局限性，会有一些不尽如人意的地方，恳请广大读者提出宝贵意见，也请专家学者给予批评指正，我们将不断努力提高、改进。

编　者

前言

编 者

目录

第一章 揭开生涯规划面纱——走进生涯规划

同学们，当你高中毕业走进高职校门的时候，便开始了人生新的旅程。当你满怀热情地去探索未知世界时，你对未来的工作和生活是否做好了准备？人的一生，有70%以上的时间做着与职业相关的事情，因此职业成功是人生成功的关键，工作幸福是人生幸福的源泉。当今社会正处在大变革、大发展的时代，竞争无处不在，高职学生如果想在激烈的竞争中脱颖而出，就必须在高职三年规划好学业，设计好自己的职业生涯。通过本章的学习，同学们须了解职业生涯规划的基本概念，掌握职业生涯规划的方法，认识到职业生涯规划对我们人生的意义等。这些也是高职学生提升自我、实现理想、体现生命价值的第一步。

第一节　学习与生活的新开端

学习目标

1. 了解高等职业教育现状。
2. 了解高等职业院校生活、学习的特点。
3. 合理规划高职学业生涯。

案例导读

学霸从名校退学，转学到职业专科院校就读

北京大学和清华大学这两所国内顶尖高校是很多考生梦寐以求的，也是遥不可及的梦想。为了读一所好的大学，高中拼搏三年，能考入一所985或者211类院校，家长和考生已经是非常满意了。但有这样一名考生周某，高考取得了优异成绩，被北京大学顺利录

取，就读两年后，他发现所学专业并不是自己喜欢的，毅然从北京大学退学，转到北京一所职业专科院校去学习自己喜欢的专业，实现自己的理想。

周某是一个地地道道的青海小伙，高考取得660分的优异成绩，是青海省理科的第五名。他从小就喜欢机械，家里的大部分电器都被他拆开重装过。成绩出来后，他想去北京航空航天大学。北京航空航天大学有很多机械实训性课程，正好是自己所喜欢的。他把自己的想法告诉了老师和家长，但是老师和家长都认为660分的好成绩不去北大或清华真的非常可惜，为了家人殷切的希望，他选择了北京大学生命科学专业。

在北京大学就读的两年时间里，他努力学习，想让自己喜欢上这个专业。周围浓厚的学习氛围、激烈的竞争环境、上不完的理论课程使他感觉到压抑，生命科学专业更加注重理论学习，大一大二基本没有实操，他对这个专业完全没有兴趣。通过两年的学习，他了解到生命科学专业以学术和科研为主，一般都会攻读硕士研究生。为了找到自己的兴趣所在，他尝试过转专业，但是自己的学分和绩点达不到转专业的条件，周某感到很迷茫。

为了更加了解自己，他决定休学一年，这一年他做过电话接线员、车间工人等工作。重回北大后，他找到了另外一条适合自己的路，那就是退学，然后去北京××技师学院学习数控技术，那才是自己喜欢的专业。转入技师学院后，学校高度重视这位北大高才生，没有让他从头开始学习理论课程，对他进行小班授课。

在这里，周某找到了自己的兴趣所在，代表学校参加了全国数控技能大赛，取得了优异成绩，夺得冠军。从北京××技师学院毕业后，他被一家大型企业录用，薪资待遇丰厚，他现在已是一名优秀的技术工人。有人问他：你后悔吗？他说："我现在过得很快乐，从没后悔过。"

问题与思考：

（1）你是如何看待周某从北大退学到职业专科院校读书的？

（2）你了解高等职业教育吗？

知识详解与能力训练

一、高等职业教育的定位与目标

教育部《关于全面提高高等职业教育教学质量的若干意见》（教高〔2006〕16号）明确规定：高等职业教育作为高等教育发展中的一个类型，肩负着培养面向生产、建设、服务和管理第一线需要的高技能人才的使命，在我国加快推进社会主义现代化建设进程中具有不可替代的作用。2021年中共中央办公厅、国务院办公厅印发了《关于推动现代职业教育高质量发展的意见》，指出：职业教育是国民教育体系和人力资源开发的重要组成部分，肩负着培养多样化人才、传承技术技能、促进就业创业的重要职责。在全面建设社会主义现代化国家新征程中，职业教育前途广阔、大有可为。高等职业教育的主要目标是：到 2025 年，职业教育类型特色更加鲜明，现代职业教育体系基本建成，技能型社会建设全面推进。办学格局更加优化，办学条件大幅改善，职业本科教育招生规模不低于高等职业教育招生规模的 10%，职业教育吸引力和培养质量显著提高。到 2035 年，职业教育整体水平进入世界前列，技能型社会基本建成。技术技能人才社会地位大幅提升，职业教育供给与经济社会发展需求高度匹配，在全面建设社会主义现代化国家中的作用显著增强。

二、高等职业院校发展现状

2021 年，全国共有高等学校 3 012 所。其中，普通本科学校 1 238 所，本科层次职业学校 32 所，高职（专科）学校 1 486 所，成人高等学校 256 所。各种形式的高等教育在学总规模 4 430 万人，高等教育毛入学率 57.8%。

全国普通、职业本专科共招生 1 001.32 万人。其中，普通本科招生 444.60 万人，职业本科招生 4.14 万人，高职（专科）招生 552.58 万人。

全国普通、职业本专科共有在校生 3 496.13 万人。其中，普通本科在校生 1 893.10 万人，职业本科在校生 12.93 万人，高职（专科）在校生 1 590.10 万人。

高等职业教育已经占据了高等教育的半壁江山。

案例探讨

新生小涛来大学报到后两周，和父母提出要退学或者在外面租房上学，因为同宿舍的同学睡觉打鼾影响自己睡觉，多名同学共住一室还有很多不方便的地方。家长很头疼。

大学一年级的小芳，第一次高数章节测验后，她一直闷闷不乐，她只考了 60 多分，数学一直是她的强项呀，自己上课也认真听讲了呀，怎么会变成这样呢？

讨论：

（1）小涛和小芳的问题是什么？

（2）高等职业院校的生活、学习与之前有什么不同？

三、高等职业院校生活、学习的变化

（一）生活的变化

1. 生活自主性的变化

中学生的生活主要依靠父母的帮助完成，大学生的衣、食、住、行、时间、金钱、娱乐等都由自己处理和安排，自主、自立、自律是大学生活的特色。

2. 人际交往的变化

学生的人际交往从中学的单一化向多元化转变，生活不只是从学校到家庭，而是更多地接触社会，接触面大大增加。

（二）学习的变化

学习是构成高等职业院校丰富多彩生活的中心内容，也是大学生最重要的职责与使命。与中学阶段相比，高等职业院校的学习在学习内容、学习方法等方面发生了较大变化。对于刚进入大学的新生而言，如何适应这些变化，尽快了解和掌握大学学习的基本规律，是摆在每一名新生面前的首要问题。

1. 学习内容的变化

与中学时期相比，高等职业院校学习内容广、课程多、难度大。中学阶段，学生一般只学习十门左右的课程，而且主要讲授的都是一般性的基础知识。高等职业院校里所开设课程分为公共课、基础课、专业基础课、专业课四个层次，大约 35 门课程，每个层次又由许多门课程综合而成。每一个学期学习的课程都不相同，内容量大，学习任务远比中学重。

2. 学习方式的变化

在学习方式上，学生要从中学时期的被动学习转变为高职阶段的主动学习。自觉学习是大学生走向成熟的标志，也是大学生应有的素质。从泛泛而学到探究式学习、分专业学习，要求学习者学会独立思考；从随大流学习到个性化学习，要求学习者寻找并探索适合自己的学习方式。

3. 学习方法的变化

在学习方法上，中学老师教学生是“手拉手”领着教，老师安排得详细周到，不少同学养成了依赖老师、只会记忆和背诵的习惯。而高等职业院校老师则是提倡学生自主学习，课外时间要自己安排，逐渐地从“要我学”向“我要学”转变，不采用题海战术和死记硬背的方法，提倡多实践、多提问、多思考、多讨论。

4. 学习目标的变化

中学学习是为了考大学，高职学习更多的是为了提升技能与素质。高职院校除课堂教学外还有很多社会实践、实习实训活动、社团活动，旨在提升学生综合能力。

小思考

作为大一新生，面对以上变化，你对如何度过高职三年有什么想法？

四、高职学生学业生涯规划

学业生涯规划是指学生根据自身特点和兴趣爱好，结合社会未来发展需要，在学习期间对学业及学业目标所进行的安排和规划。学业生涯规划不仅仅是学习生涯规划，还包括专业知识技能以外综合能力的训练及理想信念、道德品质、高尚情操、职业意识等的培养。学生的学业生涯规划是职业生涯规划的基础，也是高职学生学习期间的行动指南，有助于学生顺利完成学业，实现自己的职业理想。

小活动

学长访谈

主题：了解大学阶段的学习特点。

目标：同学们对同专业高年级的学长和已参加工作的同专业校友进行访谈，吸取他们的经验和智慧，避免走弯路。

建议访谈问题：

(1) 学长好，我刚进入大学，感觉一切都很新奇，又感觉到有些迷茫，您刚进入大学时的感受是什么？对哪些事情感到迷茫？又是怎样克服的？

(2) 大学活动丰富多彩，您认为哪些活动对您来说最有意义？

(3) 您大学中最大的收获是什么，怎么得来的？

(4) 您大学中感觉最遗憾的是什么，可以避免吗？

(5) 您大学时有学业规划吗？

(6) 您大学中一直坚持的事情有哪些？

(7) 您对大一新生有什么嘱咐？

（一）树立正确的学业观

观念是行为的先导，行为是观念的外化和表现。拥有什么样的学业观，对待学业就会有什么样的态度和表现。同学们要重视自己的学业，从培养刻苦学习和努力钻研的精神做起，从磨砺自己坚忍不拔的坚强意志做起，做一名有理想、有目标、脚踏实地、积极向上的有为青年。同时，每一名大学生都应该认真思考自己的专业、学业、职业之间的关系，根据社会的发展趋势和个人兴趣、特长及所学专业等规划自己的学业目标和职业生涯。

（二）明确学习目标

高职院校每一个专业都有相应的人才培养目标、课程体系、实习实训体系，大学生在进行学业生涯规划时要以此为依据制定明确的学习目标，知道自己要做什么，也知道应该怎样去做，从而远离与学业无关的琐事，重视和把握现在，集中时间和精力完成学业。学习目标要定位准确，需合理评估个人学习目标与自身现状之间的距离，学习目标不可过高或过低，要因人而异，适合自己且清晰明确的学习目标才具有现实的可执行性，同时学习目标要不断强化和修正，通过运用激励与惩罚措施，激发自己的潜能和积极性，防止惰性的产生，保持持久的学习动力。

（三）掌握科学的学习方法

大学生除了要有勤奋学习的精神外，还需要掌握科学的学习方法。既要爱学习，又要会学习；掌握科学的学习方法、技巧，可以在有限的时间内做很多事情，既有效率，又有助于提高成绩；在进行学业规划时，要对自己所学专业的情况、行业现状和发展前景有比较深入的了解，比如课程设置、专业技能要求、职业素质要求、人才供给、岗位设置等；结合自己的学习兴趣、学习能力、优势、劣势，在对自我和外部学习环境客观分析的基础上，选择适合自己的学习方法，不断增强自己的学业竞争力，实现学业目标与职业理想。对于大学生来说，不仅要学习专业知识，更重要的是培养学习的能力，即形成自主学习能力。大学生应该掌握三种能力：自学能力、从理论到实践的能力、批判式思维的能力。以上三种能力的形成不仅有利于大学生充实地完成大学学业，而且会对大学生职业生涯的发展产生深远影响。完成学业没有捷径可走，只能是学习和积累，持续不断地付出艰辛劳动、辛勤耕耘，这样才会有所收获。

（四）制订学习计划

在学生的学业生涯中，学习目标可以根据不同专业、不同年级、不同学生的特点分为总体目标和阶段性目标。学习总体目标制定以后，要自上而下分解，针对学习总体目标制定出具体实施步骤，如：首先制定高职三年的学业生涯规划总的学习目标，然后分解为学年目标、学期目标、月目标、周目标甚至日目标，避免计划目标大而空，要使学业规划落实到学习生活的每一天，确保学习计划充实有效。另外，在学业规划实施过程中，应定期对环境条件及自己的执行情况进行评估，对评估结果进行有效反馈，以便对规划做及时调整、修正和改进。大学生执行学业规划时有三忌：一忌拖，应尽早制订具体学习计划，同时学习计划要宏观、微观兼顾，长短结合。二忌僵，学习计划要个性化，并随着各种学习因素的变化进行调整。三忌荒，学习计划必须坚持，即重在行动，贵在持之以恒。

课堂活动

撕纸小游戏

假如现在你个人的生命处于0～100岁的某个时点，接下来我们来玩一个游戏。

请准备一张长条纸，用笔将它划分成10份（中间部分刚好每两列一份代表生命中的10年，分别写上10、20等，最左边的空余部分写上“生”字，最右边的空余部分写上“死”字）。

下面我问大家几个问题，并提一些要求，请大家按我的要求去做：

第一个问题：请问你现在几岁？（把相应的部分从前面撕掉）

过去的生命是再也回不来了！请彻底撕干净！

第二个问题：请问你想活到几岁？（如果不想活到100岁的话就从后面把那部分撕掉）

第三个问题：请问你想几岁退休？（请把相应的退休以后的部分从后面撕下来，不要撕碎，放在桌子上）

第四个问题：请问一天24小时你会如何分配？

一般人通常是睡觉8小时，占了1/3。吃饭、休息、聊天、娱乐等又占了1/3，那么真正可以工作的时间约8小时，只剩1/3。

所以请将剩下来的长条纸折成三等份，把其中的2/3撕下来，放在桌子上。

第五个问题：比比看。

用左手拿起剩下的1/3，用右手把退休那一段和刚才撕下的2/3加在一起。你要用左手的1/3工作，满足自己另外2/3的吃喝玩乐及退休后的生活需求。

第六个问题：想一想，你要赚多少钱、存多少钱才能养活自己，这还不包括给父母、子女、配偶的哦！

第七个问题：请问你现在有何感想？

第八个问题：请问你会如何看待你的未来？

这个游戏，你按要求做完了吗？你有什么感想？你珍惜生命吗？你想在有生之年有所作为吗？生命是由分分秒秒的时间所组成的，时间管理的实质就是生命管理。

第二节　初识职业生涯规划

学习目标

1. 理解职业生涯规划的含义及类型。
2. 掌握职业生涯规划的原则与步骤。
3. 能够撰写符合自身实际的职业生涯规划表。
4. 理解当代大学生职业生涯规划的必要性和重要意义。

案例导读

我的职业我选择

黄兰的父母都是教师，她从小也渴望做一名教师，但是当了一辈子教师的父母对她说，做教师太清贫了，也没有什么前途。在高考填报志愿的时候，父母觉得掌握一门技术有利于进入社会找工作，就帮她选择了过程装备与控制工程专业。

大学四年，当黄兰每天刻苦地学习专业知识，疲于应付机械制图、化学实验等对她来说晦涩难懂的实践课程时，她开始困惑，尤其是大三去化工厂实习时，她不禁问自己，难道今后就要每天面对这冷冰冰的机器，绘制这没有生命的图纸吗？她出色的语言表达能力如何施展，她渴望的教书育人愿望如何实现……于是她决定对自己的职业人生重新进行规划。

毕业时，她主动寻求和本专业相关的学校招聘信息，不断尝试，终于被西南某大学录用为专业课教师。在担任教师期间，她不断寻求契合自己兴趣与特长的专业，坚持自学，终于在毕业后第 6 年如愿考上了应用心理学专业的研究生，毕业后从一名机械制图教师转型为心理健康教师，从而实现了自己的职业理想。

问题与思考：

(1) 你是如何看待黄兰的职业生涯规划的？这个案例带给了你怎样的启示？

(2) 如果面临同样的困惑，你会如何更好地规划自己的职业生涯？

知识详解与能力训练

一、职业生涯与职业生涯规划的含义

（一）职业生涯的含义

职业生涯是指个体一生中从事职业的全部历程，包括一个人所有的工作、职业、职位及其变更，以及个人态度和内心的成长与体验，整个历程可以是连续的或间断的。狭义的职业生涯只针对客观的工作经历及与工作有关的行为，开始于任职前的职业学习和培训，终止于退休；广义的职业生涯则贯穿人的一生，是个体在一生中关于职业的经历或历程。

（二）职业生涯规划的含义

职业生涯规划简称生涯规划，又称职业生涯设计，是指在对职业生涯的主、客观条件进行测定、分析、总结的基础上，对自己的兴趣、爱好、能力、特点进行综合分析与权衡，结合时代特点，根据自己的职业倾向确定最理想的职业奋斗目标，并为实现这一目标做出行之有效的安排。

一份行之有效的职业生涯规划应该具有下列特点：

(1) 可行性。规划要从个人的实际出发，要切实可行，并非是美好幻想或不着边际的梦想。

(2) 适时性。规划是预测未来的行动，确定将来的目标。因此，各项主要活动何时实施、何时完成，都应有时间和时序上的妥善安排，以作为检查行动的依据。

（3）适应性。未来的职业生涯涉及多种可变因素，因此规划应有弹性，以增加其适应性。

（4）连续性。职业生涯是一个连续不断的过程，因此要注重规划的连续性。

小思考

有人说，现在大学生就业这么难，计划总赶不上变化，更不要说一生的职业规划了。有工作一定是先就业，然后再说择业。对上述观点，你有何想法呢？

目前我们听到的最多的声音就是“先就业，再择业”，但职业规划专家认为，只有让“择业”与“就业”保持同步才是科学合理的，具体地说，就是择业好了才能去就业。因为，先就业后择业，很可能导致为了找一份工作而找工作，缺乏理性的选择和思考，更谈不上长远的规划，这样做的后果很有可能出现人职不匹配的情况，三五年后仍业绩平平，甚至频繁换工作，结果耽误了职业发展的宝贵时间。我们特别提醒，尽管竞争激烈，高职学生还是应该树立职业规划的意识，只有这样，才能确保职业的持续发展。

二、职业生涯规划的分类

按照不同的标准，职业生涯规划可以有不同的分类，通常按照规划的时间长短分为人生规划、长期规划、中期规划和短期规划四种类型。

（1）人生规划。即整个职业生涯的规划，包括从求学阶段的学业规划到退休之后的生活规划，设定整个人生的发展目标，时间长达 40 年左右。

（2）长期规划。5～10 年的规划，主要是设定较长远的规划。如规划 30 岁时成为一家中等规模公司的经理，规划 35 岁时成为分公司的副总经理，以及为实现此目标应该采取的具体措施。

（3）中期规划。一般为 2～5 年的目标与任务，是最常用的一种职业生涯规划。如规划到不同业务部门做经理，规划从大型公司部门经理到小公司做总经理。

（4）短期规划。一般为 2 年以内的规划，主要是确定近期目标，规划近期完成的任务。如对专业知识的学习，掌握相关的业务知识和技能等。

个人的职业生涯规划从短期到中期再到长期乃至整个人生，是一个连续递进的过程。不过在实际执行过程中，如果涉及的时间段过长，将不利于根据环境、形势的变化作出调整；如果涉及的时间段过短，又缺乏实际指导意义。因此，建议个人职业生涯规划以 2～5 年的中期规划为宜。

探索活动

主题：初设职业目标

目标：

（1）初步设定自己职业长、中、短期目标。

（2）了解实现目标所要付出的行动和掌握的知识技能。

建议时间：30 分钟。

材料准备：轻缓音乐、个人职业生涯目标规划表。

活动步骤：

（一）职业幻游

（1）跟随教师的指导语进行职业幻游，想象自己 10 年后的工作、学习、生活状态。

教师指导语：让我们一起坐在时光隧道机里，来到 10 年后的世界，算一算，这时你多少岁？容貌有变化吗？请充分运用你的想象力和创造性思维，想象自己的理想工作或者工作环境是什么样子的……

（2）小组分享你的职业幻游经历或者花些时间思考这些经历。

（二）完成个人职业生涯目标规划表（见表 1-1）

表 1-1　个人职业生涯目标规划表

<table>
<tr><td>姓名</td><td></td><td>性别</td><td></td></tr>
<tr><td>年龄</td><td></td><td>学历</td><td></td></tr>
<tr><td>所学专业</td><td></td><td>职业类别</td><td></td></tr>
<tr><td colspan="4">人生目标
（1）职业目标：
（2）收入目标：
（3）社会影响目标：
（4）重大成果目标：
（5）其他目标：
人生观简要文字说明：
目标实现所需的知识与技能：
实现人生目标的实施要点：</td></tr>
<tr><td colspan="4">长期目标
（1）职业目标：
（2）收入目标：
（3）社会影响目标：
（4）重大成果目标：
（5）其他目标：
目标实现所需的知识与技能：
实现长期目标的实施要点：</td></tr>
</table>

续表

中期目标
（1）职业目标： （2）收入目标： 目标实现所需的知识与技能： 实现中期目标的实施要点：
短期目标
（1）岗位目标： （2）专业或技术等级目标： （3）收入目标： 短期目标的相关细节： （1）短期内完成的主要任务： （2）有利条件： （3）主要障碍及其对策： （4）可能出现的意外和应急措施： （注：年度目标及年度计划的细节通常另行安排，以保持个人职业生涯规划的相对稳定性）
职业生涯规划人（签字）： 日期：　　年　　月　　日

（三）小组讨论

分享各自的目标，讨论目标的科学性、合理性及有哪些可以帮助实现的措施。

活动总结：

确定目标是制定职业生涯规划的关键，有效的职业生涯规划需要切实可行的职业生涯目标。通过活动，学生进一步明确自己的职业生涯目标，为以后的人生发展指明方向。

三、职业生涯规划的内容与基本原则

（一）职业生涯规划的内容

职业生涯的发展是一个过程，它是随个体对职业生涯认知的深入和对自我的再认识，在职业生涯规划大目标确认以后，对具体的行为进行评价和调整的过程。因此，职业生涯规划一般包括自我分析、目标设定、策略制定、反馈与修正四方面的内容。

（二）职业生涯规划的基本原则

职业生涯规划的制定需要遵守以下基本原则。

1. 客观性原则

客观性原则指个体根据自己的实际情况制定职业生涯规划。例如，一位个性活泼开朗，但有点儿粗枝大叶的大学生非要选择财务管理作为自己的职业目标，这就不客观，因为财务管理岗位不仅需要有相关的知识，还需要从业者个性稳定、态度认真。这名大学生选择市场营销作为职业可能更合适。

2. 全程原则

在制定职业生涯规划时必须考虑到生涯发展的整个历程，做通盘考虑。

3. 一致性原则

职业生涯规划的总目标与分目标要保持一致、目标与实施措施要保持一致。总目标是指职业生涯规划的总体目标，分目标是指实现总目标所必须经历的阶段性具体目标。比如一个人的总目标是要做一个商业巨头，其具体的目标可以是从什么行业开始、从什么时间开始、做些什么等；实施措施是通过融资进入市场，还是通过实业进入市场等。

4. 清晰性原则

职业生涯规划要清晰、明确，以便能够将其转化为一个个可以实施的行动。

5. 具体原则

职业生涯规划各个阶段的路线划分与安排必须具体可行。具体指的是时间具体、方法具体和目标具体。

6. 挑战性原则

在客观、具体的基础上，职业规划还应具有一定的挑战性，没有挑战性的职业生涯规划，不能满足大学生的成就感，不能调动人的积极性。

7. 激励性原则

职业生涯规划的制定，其前提是满足大学生的某种需要，这样才能有激励的作用。

8. 可变性原则

职业生涯规划必须符合个体的职业兴趣与个性，与个体的能力相匹配，同时也要与社会环境协调一致。随着社会环境、个体的认知与能力的改变，职业生涯规划的内容也要随之调整和改变。

案例分析

随波逐流的于江

2020 年，于江毕业于北京某高职院校法律文秘专业。2023 年 3 月，他从网上看到北京某公司招聘办公室管理人员岗位。于江一直很喜欢这家公司的企业文化，而且这家公司离家比较近，他很想去这家公司工作。

于江仔细翻看招聘启事，感觉这个工作岗位和自己学习的专业对口，招聘条件他也都满足。于江大学期间曾担任院学生会宣传部部长，专业课程成绩优良，况且工作快 3 年了，感觉自己有一定的工作经验。于江就准备好相关材料信心满满地去公司应聘。

但是招聘主管看过他的个人简历后，委婉地拒绝了于江的申请。在进一步和公司主管交流后，于江发现，公司拒绝的理由是他毕业后从来没有确立自己的职业理想，也没有对自己的职业生涯进行规划，短短三年他先后从事过医药销售、饮料销售、二手车销售、直播卖货等七八种工作，却没有从事过和文秘相关的工作。

分析：

于江的案例说明了盲目就业对自身发展带来的影响。高职学生在校期间就应该进行职业生涯规划，尽早明确自己的职业目标，并朝着既定的目标不懈努力，毕业时才能够甄别信息，选择最适合自己的工作，少走弯路，在工作中体现价值感和成就感，才能尽快实现自己的人生目标。

四、职业生涯规划的制定步骤

（一）职业生涯规划的基本步骤

职业生涯规划的基本步骤包括自我分析、评估职业机会、确定职业生涯目标、设定职业生涯路线、制订行动计划等多个环节。

1. 自我分析

自我分析是制定职业生涯规划的第一步，即对自己的现状进行全面的评估。自我分析的重点在于评价自己的个性、职业倾向、专业特长、人际交往能力和业务能力等。自我分析的方法通常有自我测评法和哈里窗分析法两种。

自我测评法是指通过专业的心理测验或量表，判断自己的个性和职业倾向，常见的心理测验包括霍兰德职业倾向测验以及与职业倾向有关的量表。

哈里窗分析法是通过对公开的我、隐私的我、潜在的我和未知的我做出客观的评价，来判断自己真正的优势和动机。

能力训练

主题：自我分析训练。

目标：通过自我分析训练更全面地了解自己，为职业生涯规划做铺垫。

建议时间：30 分钟。

材料准备：自我分析练习表（见表 1－2）。

训练方法：完成自我分析练习。

表 1-2　自我分析练习表

活动	目标
第 1 步：我现在处于什么位置？ 思考一下你的过去、现在和未来。画一张时间表，列出重大事件	了解职业现状
第 2 步：我是谁？ 在每张卡片上写下“我是谁”的答案	对自己进行角色分析
第 3 步：我喜欢去哪儿，我喜欢做什么？ 思考你目前和未来的生活。写一份自传来回答三个问题：你觉得已经获得了哪些成就？你未来想要做些什么？你希望给别人留下怎样的印象？	预测未来的目标
第 4 步：未来一年的理想？ 考虑下一年的计划。如果你有无限的资源，你会做什么？理想的环境是什么样的？理想的环境是否与第 3 步吻合？	实现目标的可行性分析
第 5 步：一份理想的工作 现在，思考一下通过可利用资源来获得一份理想的工作。考虑你的角色、资源、所需要的培训或教育	明确所需要的资源
第 6 步：通过自我总结来规划职业发展 是什么让你每天心情愉悦？ 你擅长做什么？人们对你有什么样的印象？ 为了达到目标你还需要什么？ 在向目标进军的过程中你会遇到什么样的阻碍？ 目前你做什么才能迈向你的目标？ 你的长期职业生涯目标是什么？	总结现状，确定初步目标

2. 评估职业机会

评估职业机会是指评价客观环境因素，如社会环境、国家政策、行业的发展以及就业市场对自己职业生涯发展的影响过程。除此之外还应该对职业所处的组织进行分析，包括组织文化、领导人的管理风格、组织实力等。

一个组织的文化通常有两种倾向：一种是竞争的；另一种是合作的。如果我们的价值观和组织的文化不同，不仅自己痛苦，而且会影响团队。另外，领导人的风格和组织实力也对组织有较大的影响。

3. 确定职业生涯目标

职业生涯目标的确定，是职业生涯规划的核心。按照时间顺序，职业生涯目标可以分为短期目标、中期目标和长期目标。

4. 设定职业生涯路线

所谓职业生涯路线，是指一个人职业生涯发展的轨迹。个体的发展路线不同，对其要求也不尽相同。在现实生活中，即便是选择同一职业，也存在不同岗位，我们必须选择一条自己喜欢的、适合的、行得通的、可以成功的职业生涯路线。

通常职业生涯路线的选择须考虑以下四个问题：我想往哪一条路线发展？我适合往哪一条路线发展？我可以往哪一条路线发展？哪条路线可以取得发展？第一问是指个体的打算，第二问回答自己能力所适合的职业生涯路线，第三问是经过对职业机会的分析以后找到的可以发展的路线，而第四问回答自己走哪条路线能够成功。

5. 制订行动计划

具体的行动计划是实现职业生涯目标的保障。这里所说的行动，是指落实目标的具体措施，主要包括工作、训练、教育、轮岗等措施。例如，作为一个企业家，为了保障企业的正常运营，必须学会制度的建立和激励的运用，这些行动计划必须非常具体。再如，建立企业制度，由谁来建立、实行多长时间、如何评估等都要非常具体，以便定时检查。

（二）职业生涯规划的调适与管理

随着个体人格的发展与对职业生涯的领悟与认知，以及外部环境条件的变化，职业生涯规划也需要作出相应的修改与调适。这种修改与调适的过程，就是职业生涯规划日趋成熟的过程。在这个过程中，最初确定的职业生涯目标往往都是比较模糊或抽象的，有时甚至是错误的。经过一段时间的实践以后，个体可以有意识地对已经走过的道路进行回顾与总结，检验自己的职业定位与职业方向是否合适。

通过反馈与修正，纠正最终职业目标与分阶段职业目标的偏差，保证职业生涯规划的行之有效。同时，通过评估与修正还可以极大地增强个人实现职业目标的信心。修订职业生涯规划的内容主要包括重新选择职业、重新选择生涯路线、修正生涯目标、变更实施策略等。

拓展阅读

比尔·拉福的成功经验

比尔·拉福（美国拉福公司创始人）在大学并没有选择与商业有关的贸易专业，而是选择了工科中最基础、最普通的专业——机械制造专业。他的父亲认为，要想做一个好的商人，单纯地学习商业管理知识是绝对不够的，必须具备一定的专业知识。而在大型商业贸易中，工业产品占多数，如果不了解产品的性能、生产制造情况，就很难保证或者控制生产及销售过程。与此同时，工科学习不仅能够培养人的知识技能，还能帮助人们建立一套严谨求实的思维方式及脚踏实地的工作态度，这些素质都是成功商人所应该具备的条件。比尔·拉福就这样在麻省理工学院度过了四年。在这四年中，他没有拘泥于本专业，还广泛接触了化工、建筑、电子等方面的基本知识，这些知识在他后来的商业活动中都发挥了不可忽视的作用。

大学毕业后，比尔·拉福又考入芝加哥大学，开始攻读经济学硕士学位。因为他深知现代商业在程序、规则、内容等方面都相当复杂，都有自身的规律与特征。这需要专门的了解，而不能等到涉足商界后再边干边学。如果不了解经济规律，不学习经济学的知识，就无法进行商业活动，更无从谈商业盈利。在攻读硕士学位的这三年中，他系统地学习了经济学的基本知识，搞清了影响商业活动的众多因素，并学习了相关法律知识、管理知识和财务知识。这样，他在知识上完全具备了经商的素质。

拿到硕士学位后，比尔·拉福以为自己可以在商界大展身手了。出人意料的是，他的父亲让他到政府部门工作。对此，他父亲的解释是，经商最重要的是与人交往的能力。在政府部门工作，一方面可以锻炼这方面的能力，另一方面还可以拓宽交往范围，为以后的商业运作打下基础。于是，带着这个任务，比尔·拉福在政府做了五年的公务员。在这五年中，他仔细观察、细心揣摩，终于成长为一名老成、世故、不动声色的人。在环境的影响和自我锻炼下，比尔·拉福树立起强烈的自我保护意识。与此同时，他还有目的地结识各界人士，建立起广泛的关系网络。这个网络后来为他提供了丰富的信息及大量的便利条件。

结束了五年的政府工作，比尔·拉福又在父亲的引荐下到通用公司工作。在通用公司，他的目的就是熟悉商务活动，学习如何进行业务来往。两年后，他认为自己已经掌握了经商的技巧及所有环节，于是他从通用辞职，创办拉福商贸公司。自此，比尔·拉福终于开始了他渴望已久的商业生涯，正式实施自己多年前的计划。由于他具备充分的商业头脑、人际关系、生产经验，拉福公司飞速发展。在成立的20年后，也就是当拉福还是壮年时，公司的资产已由最初的20万美元发展到2亿美元，成为经济史上的传奇。

当比尔·拉福成为世界传奇时，他对记者说，他之所以有今天，应该感谢他的父亲为他制订了一个完美的职业生涯发展规划，这个规划最终使他功成名就。

第二章 遇见不一样的自己——职业自我

成功学大师拿破仑·希尔曾说过："一切的成就、一切的财富，都是始于自我认知。"正确认知自我，其目的在于使个体在社会生活的实践中能够适应社会环境，充分发挥自身价值。健康积极的自我认知包括以下几种情况：能够把个人的感受准确地表达出来；能够意识到个人的强项和弱项；能够准确地表达对某项活动的喜好；能够积极发挥自己的能力；能够为自己确立一个合适的目标；对个人的生活体验有很好的认识，知道并能够控制自己的各种欲求；能够独立积极地不断探索、发展自我。对当代大学生而言，正确的自我认知能够更好地发挥学生的主观能动性。大学生对自己有了正确的认识和评价，才有可能准确地分析自己目前的状态，才能给自己设定合理的目标和方向。因此，对大学生进行职业生涯规划教育，特别是在进行职业定位之前，应教育大学生做好对自身条件全面客观的分析。

系统的职业生涯规划是一个"从内而外"的过程，因此在进行规划时，要先认识自己。职业生涯规划的第一步，就是要投入精力清楚地认识自己，发现自己的所想、所爱、所适、所能，即认知自我的职业价值观、职业兴趣、职业性格、职业能力。只有确定了自己的位置，才能确定自己的行动目标。

第一节 自我职业价值观探索

学习目标

1. 了解价值观、职业价值观。
2. 掌握职业价值观的分类。
3. 明确职业价值观与职业生涯发展的关系。
4. 应用社会主义核心价值观塑造职业价值观。

案例导读

“两弹一星”元勋：空气动力学家郭永怀院士

郭永怀，中共党员，著名力学家、应用数学家、空气动力学家，1957 年被聘为中国科学院学部委员（现为中国科学院院士）。中国科学技术大学化学物理系首任系主任，我国近代力学事业的奠基人之一。

郭永怀 1909 年 4 月 4 日出生于山东荣成；1935 年毕业于北京大学物理系；1945 年获美国加州理工学院博士学位。1968 年 12 月 5 日，郭永怀因飞机失事不幸牺牲，12 月 25 日被追认为烈士。2018 年 7 月，国际小行星中心正式向国际社会发布公告，将编号为 212796 号的小行星永久命名为“郭永怀星”。

郭永怀院士牺牲时用自己的生命保护了我国导弹研发的绝密资料，为我国第一颗热核导弹试验获得成功奠定了基础。1968 年 10 月 3 日，郭永怀又一次来到试验基地，做中国第一颗热核导弹试验前的准备工作。1968 年 12 月 4 日，在青海基地整整待了两个多月的郭永怀在试验中发现了一条重要线索，他需要赶回北京，就匆匆地从青海基地奔赴兰州。在兰州换乘飞机的间隙，他还认真地听取了课题组人员的情况汇报。当夜幕降临的时候，郭永怀拖着疲惫的身体登上了赶赴北京的飞机。5 日凌晨，飞机在首都机场徐徐降落。在离地面 400 多米的时候，飞机突然失去平衡，坠毁在 1 千米以外的玉米地里。当人们找到郭永怀的遗体时，他身上的那件夹克服已烧焦了大半，和警卫员牟方东紧紧地拥抱在一起。当人们费力地将他俩分开时，才发现郭永怀的那只装有绝密资料的公文包安然无损地夹在他们胸前。

问题与思考：

请同学们谈一谈对郭永怀院士英雄事迹的看法，并思考是什么力量让他在生命的最后一刻还想着去护住资料。

知识详解与能力训练

一、价值观与职业价值观

（一）价值观

1. 价值观的概念

价值观是指个人在做选择和判断时所最为看重的原则、标准和品质。价值观是个人内心最重要的东西，是个人对客观事物（包括人、事、物）及对自己的行为后果的意义、作用、效果和重要性的总体评价。它对人们自身行为的定向和调节起着非常重要的作用，直接影响和决定着一个人的理想、信念、生活目标和追求方向的性质。

2. 价值观的形成

价值观受制于人生观和世界观，一个人的价值观是从出生开始，在家庭和社会的影响下逐渐形成的。一个人价值观的形成受其所处的社会的生产方式及个人经济地位的影响。具有不同价值观的人，对待同一事件会有不同的态度和行为。

3. 价值观对职业的影响

因为每个人的物质条件、家庭背景、所受教育等客观因素不同，所以对职业就会有不同的看法和选择。比如有些人喜欢与人交往、帮助他人的职业，有些人喜欢独立自主的职业，有些人喜欢充满挑战性、高风险高回报的职业，有些人则喜欢舒适轻松、收入稳定的职业等。不同的人喜欢不同的职业，正是职业价值观的体现。

价值观对职业的影响作用大致体现在以下两个方面：

（1）价值观对职业选择动机有导向作用。

价值观支配和制约职业选择动机。在同样的客观条件下，具有不同价值观的人，其动机模式不同，产生的行为也不同。动机的方向受价值观的支配，只有那些经过价值判断认为是可取的，才能转化为行为的动机，并以此为目标引导人们的行为。

（2）价值观影响职业决策，反映个人需求。

价值观决定了一个人对于什么是好、什么是对以及什么是令人喜爱的意见。每一个求职者由于所受教育的不同和所处的环境的差异，在职业取向上的目标和要求也是不相同的。在许多场合，我们往往要在一些得失中做出选择，而左右我们选择的，往往就是我们的职业价值观。例如，是要工作舒适轻松，还是要高标准的工资待遇；是要成就一番事业，还是要安稳太平。当两者有矛盾冲突时，最终影响我们决策的是存在于我们内心的职业价值观。

拓展阅读

需要、需求与价值观

需求是人们生理、心理的满足没有平衡的时候所产生的需要的倾向。需求往往指向事物的倾向。价值观是我们做选择时的标准。价值观与需求是一个交集关系。有可能需求指向了价值观，也有可能价值观指向了需求，但从另一个角度来讲，满足需求的时候，不同途径的选择也来自价值观。所以，价值观可能是需求的一种方式，也可能是满足需求在选择过程中的一种标准。它可能直接指向内心的需求，也有可能在选择需求的过程中会体现出来。

价值观随着需求层次的变化，个人认知的变化，个人地位的变化以及经济文化、环境的变化而不断变化。

小思考

我眼中的好工作

刘磊已是高职三年级的学生了，很快就会面临毕业找工作的问题：是找一份收入一般但稳定且福利好的工作，还是找一份薪水较高但挑战很大且极不稳定的工作呢？

张新明是刘磊的同学，也在考虑找工作的问题。他看到自己的表哥在一家外企当“白领”，表面上风光无限，其实工作很累，加班到深夜两点是常有的事，这也促使他思考找工作的问题：一份收入很好但很累的工作是否真的适合自己？

请同学们思考一下自己眼中的好工作。

（二）职业价值观

1. 职业价值观的概念

职业价值观是价值观在职业选择上的体现。职业价值观是指个人追求的与工作有关的目标，亦即个人在从事满足自己内在需求的活动时所追求的工作特质或属性。从某种角度来讲，职业价值观就是人们最期待从工作中获得的东西。它是人们对待职业的一种信念和态度，它既决定了人们的择业倾向，也决定了人们的工作态度。

职业价值观决定了人们的职业期望，影响着人们的职业目标选择。职业价值观是个人和工作匹配的基础之一。价值观与职业的契合度越高，职业的满意度就越高。这种满意度也在一定程度上决定着人们就业后的工作态度和工作质量。

2. 职业价值观分类

美国心理学家洛克在其所著的《人类价值观的本质》一书中，提出了 13 种价值观：成就感、审美追求、挑战、健康、收入与财富、独立性、爱、家庭与人际关系、道德感、欢乐、权利、安全感、自我成长和协助他人。我国学者阚雅玲将职业价值观分为如下 12 类：

（1）收入与财富。

工作能够明显有效地改变自己的财务状况，因而将薪酬作为选择工作的重要依据。工作的目的或动力主要来源于对收入和财富的追求，并以此改善生活质量，显示自己的身份和地位。

（2）兴趣特长。

以自己的兴趣和特长作为选择职业最重要的因素，能够扬长避短、趋利避害、择我所爱、爱我所选，可以从工作中找到乐趣、获得成就感。在很多时候，人们会拒绝做自己不喜欢、不擅长的工作。

（3）权力地位。

有较高的权力欲望，希望能够影响或控制他人，使他人照着自己的意思去行动；认为有较高的权力地位会受到他人尊重，从中可以得到较强的成就感和满足感。

（4）自由独立。

在工作中能有弹性，不想受太多的约束，可以充分掌控自己的时间和行动，自由度高，不想与太多人发生工作关系，既不想治人也不想治于人。

（5）自我成长。

工作能够给予受培训和锻炼的机会，能够在一定的时间内使自己的经验与阅历得以丰富。

（6）自我实现。

工作能够提供平台和机会，使自己的专业和能力得以全面运用和施展，实现自身价值。

（7）人际关系。

将工作单位的人际关系看得非常重要，渴望在一个和谐、友好甚至被关爱的环境中工作。

（8）身心健康。

工作能够免于危险、过度劳累，免于焦虑、紧张和恐惧，使自己的身心健康不受影响。

（9）环境舒适。

工作环境舒适宜人。

（10）工作稳定。

工作相对稳定，不必担心经常出现裁员和辞退现象，免于经常奔波找工作。

（11）社会需要。

能够根据组织和社会的需要响应某一号召，为集体和社会做出贡献。

（12）追求新意。

希望工作的内容经常变换，使工作和生活显得丰富多彩，不单调枯燥。

从价值观的角度来说，判断个人职业发展成功还是失败的标准是个人是否过上了想要的生活，职业价值观是否和生活方式相一致。如果符合，你就会感觉很快乐；如果不符合，即使你拿着高薪，也还是感到不满足。

课堂活动

主题：职业价值观与生涯发展探索

目标：思考自我职业中最看重的要素，明确自我的职业价值观

建议时间：15 分钟

材料准备：职业价值观探索表

活动步骤：

第一步：每个人希望从职业或工作中获得的、追求的、重视的东西都不同。现在暂且不考虑具体的职业或工作是什么，请在下面的 15 项工作价值观中选出你认为最重要的 5 项，填写在下面的方框中。

◆ 声望：受到大家的尊重与礼遇。

◆ 独立：能够自己作出决定。

◆ 助人：能够协助或教导别人。

◆ 变化：工作内容不单调，有变化、有挑战、需创新。

◆ 领导：工作时能够领导、指挥、监督他人，分配工作。

◆ 兴趣：符合自己的喜好。

◆ 待遇：薪水高、利润多。

◆ 休闲：自己拥有较长的休闲时间或者可以自由安排的时间。

◆ 福利：工作的地方能够提供良好的福利。

◆ 前景：这个职业将来会有很好的发展。

◆ 安定：收入稳定，不受环境等的影响。

◆ 升迁：有明确的升迁制度和机会。

◆ 意义：有意义，对人、社会或世界的贡献比较大。

◆ 环境：工作环境舒适。

◆ 人际：同事修养好，人际关系和谐。

第二步：请同学们两两组合，谈谈自己最想从职业或工作中获得什么，或者说对职业或工作最重视的因素有哪些。

____

____

第三步：如果不得不放弃其中的一项，你会选择放弃______________

请你再放弃一项，思考后做出选择______________

请再放弃一项______________

迫不得已，你还得放弃一项______________

现在，你剩下的最后一项是____

第四步：请思考，也可和其他同学交流：你为什么留下那一项？通过这个活动，你对自己的价值观有些什么样的了解？价值观会对职业选择和人生产生什么样的影响？其他人的价值观会对你的生活造成什么样的影响？

____

____

二、职业价值观与职业生涯发展的关系

职业与价值观关系密切，二者若能很好地匹配，就能帮助工作者降低工作压力、提升工作士气、提高工作效率、赢得他人的合作、提升理解力、获得成就感、变得成熟。

职业价值观决定了人们的职业期望，影响着人们的职业目标选择。例如，在求职择业过程中，有人追求丰厚的收入、有人热衷于较高的社会地位、有人喜欢公平公正的工作环境等。这些职业价值观折射出我们的世界观和理想，进而影响着人们对就业方向和具体职业岗位的选择。

职业价值观是个人和工作匹配的基础之一。价值观与职业的契合度越高，职业的满意度就越高。这种满意度也在一定程度上决定着人们就业后的工作态度和工作质量。

三、社会主义核心价值观对职业价值观的塑造

社会主义核心价值观的基本内容是：富强、民主、文明、和谐、自由、平等、公正、法治、爱国、敬业、诚信、友善。社会主义核心价值体系的内核是社会主义核心价值观，反映了社会主义核心价值体系的根本性质和基本特征，体现了社会主义核心价值体系的全部内容，高度凝练地集中表达了社会主义核心价值体系。

大学生未来职业发展和其职业价值观息息相关。社会主义核心价值观作为价值观的重要组成部分，对大学生形成良好的职业价值观有着积极的引领作用，对培养青年人良好的职业道德、职业定位等都有极高的教育价值，对塑造青年人良好的职业价值观，使其在职业发展方面拥有大好前途有着不可估量的价值。

拓展阅读

2012年“感动中国”给予林俊德院士的颁奖词：大漠，烽烟，马兰。平沙莽莽黄入天，英雄埋名五十年。剑河风急云片阔，将军金甲夜不脱。战士自有战士的告别，你永远

不会倒下。

林俊德院士1938年3月13日出生于闽南山乡永春县介福乡紫美村，靠助学金上完中学和大学。1960年林俊德从浙江大学机械系毕业，分配到国防科委下属研究所工作，单位派他到哈尔滨军事工程学院进修两年。

为国铸核盾

1963年5月，林俊德接受了研制测量核爆炸冲击波压力自记仪的任务并担任组长，按期完成了参试前的全部技术准备和考核工作，并参加了首次核试验。

从1964年中国的第一颗原子弹爆炸，到1996年中国进行的最后一次地下核试验，林俊德参与了中国的全部45次核试验。林俊德是核试验冲击波机测仪器研制小组组长。面对西方国家的技术封锁，他们用半年时间研制出了第一台样机，成功用于中国的第一次核试验。

1964年10月16日15时，罗布泊一声惊雷，蘑菇云腾空而起。林俊德研制的仪器第一时间准确测得了核爆炸的冲击波参数。当天晚上，时任中华人民共和国总理的周恩来向全世界宣布“中国第一颗原子弹爆炸成功”。

1967年6月17日8时，中国第一颗氢弹爆炸成功，林俊德带领回收小组在爆心附近步行几十千米，圆满完成了核试验爆炸数据的采集任务。

1969年冬，中国进行了首次地下核试验。林俊德的战场从大气层转到了地下，为尽快掌握地下核试验爆炸应力波测量和核试验工程设计技术，他和战友从大山深处的平洞试验到戈壁滩上的竖井试验，先后建立了10余种测量系统，为中国地下核试验安全论证和工程设计提供了重要数据。

1996年7月29日，中国成功进行了最后一次地下核试验，实现了既定目标。

连克难关

林俊德带领项目组发展了声电报靶技术、声电落点定位技术，解决了国际上大面积立靶自动检测的难题，研制的设备系统已装备于中国多个试验靶场和公安部门射击训练场。

20世纪90年代，林俊德积极参与核试验地震、余震探测及传播规律研究，全面收集分析全球地震数据，把地下核试验应力波测量技术向核试验地震核查技术拓展，为中国参与国际禁核试核查赢得了重要发言权。

2001年当选院士后，林俊德主动担纲某重大国防科研实验装备的研制任务，在各种方案分歧很大的情况下，他带领攻关小组连续攻克方案设计、工程应用、实验评估等难关，最终取得了关键技术的重大突破，研制了适合各种实验要求的系列重要装备。

因病逝世

2012年5月4日，解放军总医院的检查结果证实林俊德罹患胆管癌晚期，但是他拒绝接受手术。

2012年5月26日，病情突然恶化的林俊德被送入重症监护室。醒来后，得悉生命留给自己的时间只能以日来计算后，他坚决要求搬出无法工作的重症监护室，转回普通病房。

2012年5月29日，转回普通病房的林俊德出现完全肠梗阻，心率每分钟达130次。医生建议做肠梗阻手术，林俊德再一次拒绝了。

2012年5月30日下午，感到坐在病床上无法工作的林俊德要求把办公桌搬进病房。

2012年5月31日上午，林俊德已极度虚弱，胀气和腹水使膈肌上抬，导致呼吸困难，林俊德先后9次向家人和医护人员提出要下床工作。病危的林俊德在众人的搀扶下，走向数步之外的办公桌，2小时后，已近昏迷的林俊德被抬回了病床。

2012年5月31日20时15分，林俊德离开人世，享年74岁。

林俊德将有限的生命投身到无限的科学事业中去，他是用一个战士冲锋的姿态跨越了生死之界，他的跨越是那样的壮美、壮烈。

第二节　兴趣与职业生涯发展

学习目标

1. 了解兴趣、职业兴趣。
2. 了解霍兰德职业兴趣分类。
3. 探索自我职业兴趣类型。
4. 能应用职业兴趣理论指导职业选择。

案例导读

网红女“焊”子获大奖——为学电焊放弃当高铁乘务员

充满臭氧气味的工作间、厚厚的工作服、火光四射的焊接现场，除了红色的电焊防护面罩右下角一个娟秀的“莲”字，这些场景似乎跟一个20岁的女孩没有太大的关系。然而，就是这个“莲”字面罩的主人郑莲，多次在各种焊接大赛上斩获奖项。面罩后清秀的脸庞和工作间里的钢筋水泥形成的鲜明对比，让她被网友们戏称为女“焊”子，郑莲却毫不在意，她说：“焊接就是我最喜欢的职业。”

穿着厚厚的白色防护服，戴着沾满污渍的红色防护手套，郑莲眉头微皱，盯着需要焊接的部位，一手拿过面罩遮住脸部，一手果决地拿起焊枪，一时间火花四射。这是郑莲日常工作中的常见场景，她说，这样的场景在过去的几年中基本占据了她学习生活的大部分时间，而刹那间的电光石火，正是她与焊接技术结缘的关键。

“我从小生活在工业园区，经常看见有人在路边做焊接，妈妈总是拉着我让我不要看，但是我总忍不住偷看，焊接时的火花像焰火一样。”就是这一次次的忍不住偷看，在郑莲心里埋下了对焊接的兴趣与好奇。初中毕业后，郑莲做了一个与大部分孩子不太一样的决定：放弃升高中考大学，直接学习一门技术。最终，她选择了常州铁道高等职业技术学校的“焊接技术与自动化”专业。

“当初入学的时候，除了焊接，我还考虑过学高铁乘务专业。”郑莲说，身边不少人都觉得高铁乘务员更适合女生，但是她和妈妈都坚定地觉得要学一门技术。郑莲的妈妈李女士表示，她和女儿的想法比较一致，加上女儿从小对焊接有兴趣，就尊重了孩子的决定。“我当然也希望女儿可以选择一份轻松的工作，但是她喜欢焊接，那就让她去学。”

如今，郑莲在一家公司实习，指导她的是工厂有名的焊接大师张忠。“我们现在实习每天从早上 8 点到下午 5 点，挺辛苦的，但是跟着大师学自己最喜欢的技术，还是很开心。”郑莲表示自己目前的职业规划就是成为一名焊接大师，“虽然还差得很远，但是我要朝这个目标努力。”

问题与思考：

（1）你如何看待郑莲的选择？

（2）我们应该怎样选择职业？

知识详解与能力训练

“学之者不如好之者，好之者不如乐之者。”人的兴趣在职业活动中起着重要作用。如果一个人的兴趣与自己从事的职业相匹配，那对于个人发展与事业都是有益的。事业有成就的人，必然喜爱自己的工作，唯有对自己从事的职业感到满足的人，才能创造出非凡的价值。

一、兴趣

兴趣是人们力求认识、掌握某种事物，或经常参与某种活动的心理倾向，其表现为一个人对某种事物或某项活动的选择性态度和积极的情绪反应。兴趣使人的探究和认识活动染上强烈的、肯定的情绪色彩，一个人对某种事物感兴趣，就会产生对这种事物的倾向，并积极参与相关活动，表现出乐此不疲的极大热情。

有研究发现：当人们在专心致志地、积极地参与某种活动，并且忘记了时空和自己的时候，他们感到最为愉快和满足。这种状态即“忘我”的状态，也就是人们参与感兴趣的活动时的状态。

二、兴趣对职业发展的影响

（一）兴趣是职业生涯选择的重要依据

兴趣是职业生涯选择的重要依据。兴趣可以使人集中精力去获得自己喜欢的职业知识，启迪智慧并开创性地开展工作。当一个人对某种职业产生兴趣时，他就能发挥积极性，积极地感知和关注该职业知识、动态，并且积极思考、大胆探索；就能情绪高涨、想象丰富；就能增强记忆效果，增强克服困难的意志。正像一个人在日常生活中喜欢参与自己感兴趣的活动一样，具有一定兴趣类型的人更倾向于寻找与此有关的职业，特别是在外界环境限制较小时，更倾向于选择自己感兴趣的职业。

（二）兴趣可以提高工作效率，充分发挥才能

个人对工作有兴趣时，枯燥的工作会变得丰富多彩、趣味无穷。因为兴趣可以调动人的全部精力，促进能力的发挥，兴趣和能力的合理结合会大大提高工作效率。有研究显示：一个人如果从事自己感兴趣的职业，能发挥个人全部才能的80%～90%，长时间保持高效率且不感到疲劳；而从事自己不感兴趣的工作，则只能发挥全部才能的20%～30%。

（三）兴趣是保证职业稳定、职场成功的重要因素

对工作感兴趣，就愿意钻研，就会出成绩，这正是兴趣的作用所在。兴趣可以为一个人的职业生涯选择提供有效的信息，用于预测其工作满意度和工作稳定性。从事自己感兴趣的职业不但能够让一个人感到满意，而且能够让其工作单位感到满意，并由此导致工作的长期性和稳定性。多方面的兴趣也可以使人善于应付多变的环境。如需变换工作，只要自己感兴趣，就能够很快地胜任工作。因此，兴趣是职场成功的一个重要因素，它能将一个人的潜能最大限度地调动起来，使其长期专注于某一方向，做出艰苦的努力，取得令人瞩目的成绩。

某著名主持人曾说："我做事只有两个原则：一是做自己喜欢的事；二是做自己擅长的事。碰巧电视节目主持是我既喜欢又擅长的工作……"因此她主持的节目受到了许多观众的喜爱。其职业选择是成功的选择，在她的职业生涯中，因个人的兴趣爱好，她的潜能得到了充分发挥。

案例分享

郭晶晶：做己所爱，爱己所做

2008年8月17日，2008北京奥运会女子3米跳板跳水决赛在国家游泳中心"水立方"举行。"跳水皇后"郭晶晶以总分415.35分的高分成功卫冕。

郭晶晶曾是跳水“梦之队”的领军人物，多次获得世界冠军。然而，辉煌的背后是她一步步走过的荆棘之路。5岁练跳水，15岁首次参加奥运会一无所获，1998年参加世锦赛，仅获女子3米跳板亚军，在之后的几年赛事中，她始终与奥运会冠军宝座失之交臂，其中包括悉尼奥运会3米跳板单人、双人亚军。巨大的压力，残酷的现实，并没有让她意志消沉、打退堂鼓。相反，基于对跳水运动的喜爱，她以坚强的毅力，更为艰苦地训练着。2004年，她终于从雅典奥运会拿回2枚金牌；2008年奥运会上，她获得了2枚沉甸甸的金牌，演绎了一出完美的落幕。

作为一名老运动员，郭晶晶承受着长年伤痛的困扰，在一次次大型比赛中取得了如此辉煌的骄人战绩，是什么让她征战赛场多年却依然保持着良好的成绩？她成功的背后又有什么经历和特质？是什么在一路支撑着她？

郭晶晶说：“因为喜欢，才会投入，才会愿意付出。”

成功的背后是她走过的荆棘之路，我们寻找她动力的源泉，可以看到，对跳水的热爱是支持着她战胜种种艰辛、勇往直前的精神支柱。

郭晶晶在跳水上的成功，是职业与兴趣结合的最佳体现。她喜欢跳水这项运动，为了实现那完美一跳而不停地去修正肢体动作，不断地在重复练习中改进不足，缔造完美。

三、职业兴趣及其类型

（一）职业兴趣的概念

职业兴趣是一个人探究某种职业或从事某种职业活动所表现出来的特殊个性倾向，它使个人对某种职业给予优先的注意，并具有向往的情感。职业兴趣不同于日常生活中的兴趣爱好，它们所指的对象不同，兴趣的对象指向某种事物，职业兴趣的对象则指向某一职业。

职业兴趣不是与生俱来的，会受到环境、教育的影响，而且会受到一定的社会历史条件制约。大学生可以通过专业学习、社会实践等方式培养自己的职业兴趣。

（二）职业兴趣的类型

职业兴趣可以按不同角度进行分类。根据目标指向的不同，职业兴趣可以分为直接兴趣和间接兴趣；根据内容的不同，职业兴趣可以分为物质兴趣和精神兴趣，等等。其中，美国著名职业指导专家约翰·霍兰德于1959年提出的职业兴趣理论是目前的职业生涯规划指导领域影响最广泛、使用最普遍的分类模式。

职业兴趣理论认为，人的人格类型、兴趣与职业密切相关，兴趣是人们活动的巨大动力，凡是具有职业兴趣的职业，都可以提高人们的积极性，且职业兴趣与人格之间存在很高的相关性。

霍兰德认为人格可分为六种类型，后常用此分类代替职业兴趣分类，具体为：实用型（Realistic Type，简称 R）、研究型（Investigative Type，简称 I）、艺术型（Artistic Type，简称 A）、社会型（Social Type，简称 S）、企业型（Enterprising Type，简称 E）和事务型（Conventional Type，简称 C）。

霍兰德认为，同一职业团体内的人有相似的人格特质，因此他们对情景和问题会有类似的反应，从而产生特定的职业氛围即职业环境，它具有特定的价值观念、态度倾向和行为模式。由此，工作类型也可以分为六种类型，这六种类型的名称与兴趣类型的分类名称一致，职业兴趣类型和职业环境之间的适配增加个人的工作满意度、职业稳定性和职业成就感。例如“艺术型”的人需要艺术型的环境或职业，因为只有这种环境或职业才能给予其所需的机会与奖励，即达到了人和职业的最佳匹配与和谐。霍兰德职业兴趣类型与职业环境、典型职业对照表如表 2-1 所示。

表 2-1　霍兰德职业兴趣类型与职业环境、典型职业对照表

类型	喜欢的活动	重视	职业环境要求	典型职业
实用型（R）	用手、工具、机器制造或修理东西。愿意从事实物性的工作、体力活动，喜欢户外活动或操作机器，而不喜欢在办公室工作	具体实际的事物，诚实，有常识	使用手工或机械技能对物体、工具、机器、动物等进行操作，与“事物”工作的能力比与“人”打交道的能力更为突出	园艺师、木匠、汽车理工、工程师、军官、兽医、足球教练员
研究型（I）	喜欢探索和理解事物，学习研究那些需要分析、思考的抽象问题，喜欢阅读和讨论有关科学性的论题，喜欢独立工作，对未知问题充满兴趣	知识，学习，成就，独立	分析研究问题，运用复杂和抽象的思考创造性地解决问题的能力，谨慎缜密，能运用智慧独立地工作，有一定的写作能力	实验室工作人员、生物学家、化学家、心理学家、工程设计师、大学教授、医生
艺术型（A）	喜欢自我表达，喜欢文学、音乐、艺术和表演等具有创造性、变化性的工作，重视作品的原创性和创意	有创意的想法，自我表达，自由	创造力，对情感的表现能力，以非传统的方式来表现自己；相当自由、开放	作家、编辑、音乐家、摄影师、厨师、漫画家、导演、室内装潢设计师

续表

类型	喜欢的活动	重视	职业环境要求	典型职业
社会型（S）	喜欢与人合作，热情、关心他人，愿意帮助别人，愿意为他人提供服务	服务社会与他人，公正，理解，平等，理想	人际交往能力，教导、医治、帮助他人等方面的技能，对他人表现出精神上的关爱，愿意担负社会责任	教师、社会工作者、牧师、心理咨询师、护士、律师
企业型（E）	喜欢领导和支配别人，通过领导、劝说他人或推销自己的观念、产品而达到个人或组织的目标，希望成就一番事业	经济和社会地位上的成功，忠诚，冒险精神，责任	说服他人或支配他人的能力，敢于承担风险，目标导向	政治运动领袖、营销商、市场部经理、电视制片人、保险代理
事务型（C）	喜欢固定的、有秩序的工作或活动，希望确切地知道工作的要求和标准，愿意在一个大的机构中处于从属地位，对文字、数据和事物进行细致有序的系统处理以达到特定的标准	准确、条理、节俭、盈利	文书技巧，组织能力，听取并遵从指示的能力，能够按时完成工作并达到严格的标准，有组织、有计划	文字编辑、会计师、银行家、簿记员、办事员、税务员和计算机操作员

课堂活动

主题：职业兴趣非正式测评

目标：明确自身职业兴趣

建议时间：15 分钟

材料准备：A4 纸

活动内容：

恭喜你！你获得了一次免费度假旅游的机会，有机会去下面六个岛屿中的一个，请不要考虑其他因素，仅凭你的兴趣选出一个岛屿，你会选哪一个？如果不是旅游，是永久居住，你会选择哪个岛屿？

A 岛——“美丽浪漫岛”

这个岛上到处是美术馆、音乐厅，弥漫着浓厚的艺术文化气息。岛民们保留着传统的舞蹈、音乐与绘画。许多文艺界人士都喜欢来到这里寻求灵感。

C 岛——“现代井然岛”

处处耸立着的现代建筑，标志着这是一个进步的、都市形态的岛屿，岛上的户政管理、地政管理及金融管理都十分完善。岛民们个性冷静保守，做事有条不紊，善于组织规划。

E 岛——“显赫富庶岛”

该岛经济高度发展，处处有高级饭店、俱乐部、高尔夫球场。岛民性格热情豪爽，善于企业经营和贸易活动。岛上往来者多是企业家、经理人、政治家、律师等。这些商界名流与行业精英在岛上享受着高品质生活。

I 岛——“深思冥想岛”

这个岛平畴绿野，人少僻静，适合夜观星象。岛上有很多天文馆、科技博物馆、科学图书馆。岛民们最喜欢“猫”在自己的小房子里，天天钻研学问，沉思冥想，探究真知。哲学家、科学家和心理学家们在这里约会，讨论学术，交流思想。

R 岛——“自然原始岛”

这是个自然生态优良的绿色之岛。岛上不仅保留有热带雨林等原始生态系统，而且建立了相当规模的植物园、动物园、水族馆。岛民以手工制造见长，他们自己种植花果，栽培蔬菜，修缮房屋，打造器物，制作工具。

请回答下列问题：

1. 你所选的岛屿的代码是什么？

2. 找到和你的选择一样的同学，看看你们具有什么相同点。

3. 你喜欢的工作是什么？

第三节　性格与职业生涯探索

学习目标

1. 了解气质的含义和类型。

2. 了解 MBTI 性格理论。

3. 认识自己的性格特征，思考自己的性格特征对职业选择的影响。

4. 了解每个人都有与众不同的特质，性格与职业的最佳匹配使得我们成为更有效的工作者，可以提升我们对工作的兴趣。

案例导读

刘萧萧（化名），26 岁，经济管理专业毕业。22 岁大学毕业后，到一家民营企业做销售工作。她性格开朗，善于和他人沟通，销售业绩很好，很快提升为销售小组长。她自己干劲十足，每天工作很开心，但是家里更希望她有一份稳定的工作，鼓动她考取了一家事业单位的会计岗位，每天主要是做账，很少与人打交道，自此她变得情绪低落。在会计岗位工作一年后，她和家长进行了一次长谈，感觉这份工作和自己的性格不匹配，做起来难受，还是想做销售类的工作，最终家长尊重了她的选择。她又到一家民企做起了销售，她的笑脸又回来了。

问题与思考：

（1）你觉得性格对职业选择有影响吗？

（2）你了解自己的性格吗？性格有哪些分类？

知识详解与能力训练

人们常说“性格决定命运”。性格并无好坏之分，但性格类型与职业类型的匹配度，却对事业的发展有着重要影响。

一、性格的含义

一般来说，性格是指个人在先天生理素质的基础上，在社会实践活动和不同环境熏陶下逐渐形成的、对现实较为稳固的心理特征。近年来，一些用人单位在选人方面有一种新观念，即认为性格比能力重要。其原因是，如果一个人能力不足，可通过培训提高，一年不行两年，两年不行三年，总可以开发出来。但一个人的性格不好，却很难改变，正所谓“江山易改，本性难移”。所以，这些单位在招聘新人时将性格测试放在首位，当性格与职业相吻合时，才对其能力进行测试考查。

在进行职业生涯规划时，正确地测定自己的性格是非常重要的环节，职业生涯规划是与职业性格、气质、能力、兴趣、潜力、价值观等因素相关联的，性格若能与职业相匹配，工作中就能更加得心应手、轻松愉快、富有成就感，反之则会不适应、困难重重，给个人和组织发展造成不利影响。

借助科学手段了解自己的性格类型，有利于进行准确的职业定位，更有利于职业生涯的发展。许多职业对性格品质有着特定的要求，要选择某一职业就必须具备这一职业所要求的性格特征。但是，性格在很大程度上来源于后天的培养，并不是无法改变的，每个人在社会中都会因为种种外界原因而改变原先的性格，也许这种改变会让你意外地发现自己的潜力。另外，人的性格并不能决定其社会价值与成就水平。当你发现你的性格与职业的匹配度不高时，可以通过个人努力来弥补自身不足。

二、气质的含义及类型

现代心理学认为，气质是指一个人心理活动典型的、稳定的动力性特征。气质这种心理活动的特征，主要表现在人们与外界事物接触中反映出来的感受性、耐受性、反应的敏捷性、情绪的兴奋性以及心理活动的内向性和外向性等特点。气质在人性结构中处于基础地位，它使人的各种心理活动和行为表现染上个人独特的色彩。与性格相比，气质具有更多的先天成分，并在出生以后就表现出来。如有的婴儿一出生就表现得很好动，喜欢吵闹，对外界的事物反应迅速；有的婴儿则表现得比较平稳、安静，对外界事物反应缓慢。

气质类型是指表现为心理特征的神经系统基本特征的典型结合。构成气质类型的各种心理特征，多数是某一种神经特性的表现，但有的也可能是两种神经特性的结合。例如：感受性是神经系统强度特性在心理上的表现，反应的速度是灵活性特征在心理上的体现。而情绪兴奋性既体现兴奋或抑制过程的强度，也体现两者的平衡性。人们的心理反应可以从多方面表现出神经系统的基本特性，我们既可以从实验结果中又可以从生活指标中判定不同人的气质类型。

气质是一个古老的概念。早在古希腊时期，希波克利特就认为人体内有 4 种体液：黏液汁、黄胆汁、黑胆汁、血液。根据体液在人体内占优势程度的不同，他把人的气质分为 4 种类型：多血质、胆汁质、黏液质和抑郁质。虽然后来的现代生理学研究表明气质的生理基础是人的高级神经活动，气质的类型与人的体液无关，但希波克利特把人的气质分为 4 种基本类型比较符合实际，所以被许多学者所采纳并沿袭至今。

（一）多血质（活泼型）

这种气质类型的人的特点是活泼好动、善于交际、乐群性高、容易适应环境，思维敏捷、反应迅速，注意力易转移，容易接受新事物，但印象不很深刻，情绪发生快，但体验不深刻，具有外倾性。这种气质类型的人的优点是乐观、开朗、灵活、热情、善交际；缺点是不稳定、易动摇，缺乏持久性。

（二）胆汁质（不可遏止型）

这种气质类型的人的特点是直率热情、精力旺盛，能经得起强刺激，脾气急躁、易冲动，思维、语言、动作反应迅速，心境变化激烈，但体验不强，具有外倾性。这种气质类型的人的优点是有毅力、坚强、勇敢；缺点是暴躁、易着急。

（三）黏液质（安静型）

这种气质类型的人的特点是安静、稳重、交际适度，善于忍耐，能克制自己，情绪不易外露，思维动作反应慢且不灵活，注意力稳定不易转移，偏内倾性。这种气质类型的人的优点是稳定、安静、可靠；缺点是固执、刚愎自用。

（四）抑郁质（脆弱型）

这种气质类型的人的特点是羞涩、好静、孤立，情绪发生慢，不易外露，体验深刻，即使是微不足道的小事也容易引起情绪波动，反应迟缓、敏感，注意自己的内心世界，办事认真，具有内倾性。这种气质类型的人的优点是敏感、细心；缺点是自卑、脆弱。

在现实生活中，具有上述 4 种气质类型的典型代表只是少数，大多数人是接近某种气质，同时又具有其他气质的某些特点。因此，判断一个人的气质，主要是观察和测定某个人具有哪些气质特点，而不能简单地用模式去套。

气质是天生的，各种气质类型本身并没有优劣之分。了解自己的气质类型，可以让我们更好地扬长避短；了解他人的气质类型，能够促使彼此更好地达成一致意见。

拓展阅读

性格、人格、气质、个性的区别

性格是人们对现实的稳定的态度和习惯化行为方式的总和，表现为个体独特的心理特征。人们经过无数论证，发现先天因素与后天因素共同决定人的性格，除了遗传，0～6岁关键期的成长环境对性格的形成和影响尤其重要。

人格是个人性格、气质、能力等特征的综合，也是在某种社会文化背景下，大家普遍推崇的综合素养。人格是相对稳定的态度。人们为了更好地适应环境而不断表现出来的行为方式，受遗传、性格、后天环境各种复杂因素的影响。

气质是个人生来就具有的心理活动的典型而稳定的动力特征，是人格的先天基础。气质是100%遗传的。

个性就是一个人在思想、性格、品质、意志、情感、态度等方面不同于其他人的特质，这个特质表现于外就是一个人的言语方式、行为方式和情感方式等，是以上三者共同作用的产物。

三、MBTI 性格类型理论

MBTI（Myers-Briggs Type Indicator，迈尔斯-布里格斯类型指标）是一种迫选型、自我报告式的性格评估测试，用以衡量和描述人们在获取信息、做出决策、对待生活等方面的心理活动规律和性格类型。

经过长达几十年的研究和发展，MBTI 已经成为当今全球著名和权威的性格测试指标体系。

MBTI 从四个维度考察个人的性格倾向，以区分人与人之间的差异，这四个维度为：

（1）精力支配。

Extraversion（E） 外倾	VS	Introversion（I） 内倾

(2) 接收信息。

Sensing (S) 感觉	VS	Intuition (N) 直觉

(3) 判断事物。

Thinking (T) 思考	VS	Feeling (F) 情感

(4) 行动方式。

Judging (J) 判断	VS	Perceiving (P) 知觉

其中两两组合，可以组合成 16 种性格类型，如表 2-2 所示。

表 2-2 MBTI 性格类型与匹配的职业

ISTJ 内倾感觉思考判断 稽查员	ISFJ 内倾感觉情感判断 保护者	INFJ 内倾直觉情感判断 咨询师	INFP 内倾直觉情感知觉 治疗师、导师
ESTJ 外倾感觉思考判断 督导	ESFJ 外倾感觉情感判断 供给者、销售员	ENFJ 外倾直觉情感判断 教师	ENFP 外倾直觉情感知觉 倡导者、激发者
ISTP 内倾感觉思考知觉 操作者、演奏者	ISFP 内倾感觉情感知觉 作曲家、艺术家	INTJ 内倾直觉思考判断 智多星、科学家	INTP 内倾直觉思考知觉 建筑师、设计师
ESTP 外倾感觉思考知觉 发起者、创设者	ESFP 外倾感觉情感知觉 表演者、演示者	ENTJ 外倾直觉思考判断 统帅、调度者	ENTP 外倾直觉思考知觉 企业家、发明家

MBTI 性格类型系统中有四种性格倾向组合，这四种组合如图 2-1 所示。

SJ Legalist/Guardian 感觉+判断=传统主义者	NF Idealist/Empathist 直觉+情感=理想主义者
SP Realist/Artisan 感觉+知觉=经验主义者	NT Rationalist/Analyst 直觉+思考=概念主义者

图 2-1 MBTI 性格类型四种性格倾向组合

(一) 直觉+思考=概念主义者 (NT 型)

代表人物：比尔·盖茨、爱因斯坦、撒切尔夫人。

概念主义者自信、有智慧、富有想象力。他们的原则是所有的事情都要做到最好。他们天生好奇，喜欢不断地学习知识，能够看到同一问题的多个不同方面，习惯于全面地思考问题和一分为二地看待问题，从而对真实或假设的问题构思出解决方案。

概念主义者是四种类型中最独立的一种人。他们工作原则性强、标准高，对自己和别人的要求都很严格。他们不会被别人的冷遇和批评干扰，喜欢以自己的方式做事。

概念主义者喜欢能提供自由、变化和需要有较高的智力才能完成的工作。他们喜欢看到自己的想法能够得到实施，喜欢与有能力的上司、下属、同事共事。许多概念主义者推崇权力，易于被有权力的人和权力地位所吸引。

比尔·盖茨就是一个典型的概念主义者。当比尔·盖茨只有十三岁的时候，就对学校的那台新电脑产生了浓厚的兴趣。他逃掉数学课，偷偷溜到机房，沉浸在电脑编程的世界里。就是在这一年，他第一次编写出一个能让人和电脑一同游戏的小软件。电脑对他来说仿佛是有魔力的。上机次数对每个学生来说是有限的，他就和几个同学在电脑里植入Bug，让上机次数变成无限。当学校管理人员发现他的才华之后，他开始为学校编写程序，给学生安排班级。后来他以极其优异的成绩从中学毕业，进入哈佛大学。他编写的算法解决了一个一直难以解决的编程问题，运算速度记录保持了三十多年。在哈佛大学读书的那段时期，他一直没有非常明确的专业计划，而是把大部分时间都用于研究电脑。后来，他在大三的时候，看到了软件行业的广阔前景，便说服父母支持自己辍学创业，并在一年之后发布震惊IT业的《致爱好者的公开信》，提出软件的知识产权保护。从此，比尔·盖茨在复杂的软件世界里如鱼得水，天马行空，并长期占据世界富人前列的位置。

（二）感觉+感知=经验主义者（SP型）

代表人物：迈克尔·乔丹、海明威、毕加索。

经验主义者关注五官带给他们的信息，而且相信那些可以测量和证明的东西；同时喜欢面对各种各样的可能性，喜欢自由随意的生活方式，是反应灵敏和主动的人。

经验主义者是四种类型中最富冒险精神的。他们最可贵的地方在于机智多谋，令人兴奋，而且很有趣。他们为行动、冲动和享受现在而活着，一想到某件事情就有立即去做的冲动，而且喜欢一气呵成，一口气把事情做完，但又不喜欢花太长时间做同一件事情。

经验主义者喜欢可以提供自由、变化和行动的工作，他们以能够巧妙而成功地完成工作为乐。他们喜欢充满乐趣的生活，无论做什么，都必须让他们感到十分有乐趣，才能令他们感到满意。

作家海明威就是一个经验主义的艺术创造者。在海明威62年的生命中，他一直努力尝试做好每一件事情。他曾在佛罗里达州和古巴享受静美的田园生活，也曾奔波于“一战”“二战”前线。他把自己的游艇改装成巡逻艇侦察德国潜艇的情报；他当过救护车的司机，把巧克力和香烟送上战场前线；他曾因为双腿严重受伤在医院躺了 6 个月……他是一个小说家，写出了影响整整一代人和几代人的故事，获得了诺贝尔文学奖，给世人留下了《永别了，武器》《老人与海》《丧钟为谁而鸣》等不朽之作，开了一代文风；他还是一个勇敢的战地记者，将数百篇新闻报道送到后方。他笔下的人物常有的形象是“硬汉”，在面对外界的巨大压力时，仍然坚强不屈，勇往直前，甚至视死如归。他们可能最后还是失败了，但是却保持了人的尊严和勇气，有着胜利者的风度。他的作品中洋溢着对生活的热爱，和对年轻人迷惘和痛苦的安抚。他说过这样一句话：“一个人并不是生来要给打败的，你尽可以把他消灭掉，但你打败不了他。”

（三）直觉＋情感＝理想主义者（NF 型）

代表人物：乔布斯、列宁、甘地。

理想主义者感兴趣的是事物的意义、关系和可能性，并基于其个人的价值观念做出决定。他们做人的原则是：真实地面对自己。

理想主义者是四种类型中精神上最具哲理性的人，他们乐于接受新的思想，善于容纳他人。他们非常崇尚人与人之间和各种关系中的真实和正直，容易将别人理想化。

对理想主义者而言，一份好工作应该是对他们个人很有意义的工作，而不是简单的常规工作或只是一种谋生手段。他们喜欢民主，能够激励各种层次的人们高度参与组织，会被那些促进人性价值的组织或那些允许他们帮助别人完成工作的职业所吸引。

乔布斯是一个典型的理想主义者，是一个让大家又爱又恨的天才。他在公司里经常莫名其妙地愤怒，甚至董事会成员中有一个人不插手任何其他事务，专门负责帮助处理乔布斯的人际关系。他的员工很委屈，只要产品不能达到他完美的期望，就会被劈头盖脸地大骂一通。员工只要和他碰巧坐了同一趟电梯就会提心吊胆。他永远不愿意改变自己的形象，无论是去公司上班还是和总统吃饭，他都一身黑毛衣和牛仔裤，显得特别格格不入。硅谷是创业者云集的地方，可他和大部分创业者的交集甚少，比较孤僻。

但是，每一次苹果的产品发布会，乔布斯都会亲自演示。如果说其他公司和品牌的市场宣传算是优秀的话，那么苹果的市场宣传和公关造势则算是卓越的。没有乔布斯，就没有苹果的今天。

（四）感觉＋判断＝传统主义者（SJ 型）

代表人物：乔治·布什、伊丽莎白二世、乔治·华盛顿。

传统主义者相信事实、已证实的数据、过去的经验和五官所带给他们的信息，喜欢有结构、有条理的世界，喜欢做决定，是既现实又有明确目标的人。

传统主义者是四种类型中最传统的一类。他们重视法律、秩序、安全、得体、规则和本分。他们尊重权威、等级制度和权力，而且一般具有保守的价值观。他们很有责任感，而且经常努力去做正确的事情，这使得他们值得信赖和依靠。

传统主义者需要有归属感，需要服务于别人，需要做正确的事情。他们注重安稳、秩序、合作、前后一致和可靠，而且严肃认真，工作努力。他们在工作中对自己的要求十分严格，而且希望别人也是如此。

苏联有个名叫亚历山大·亚历山德罗维奇·柳比歇夫的教授，他就是传统主义者的代表。他生前撰写了70余部学术著作。各种各样的论文和专著，他一共写了500多印张，等于12 500张打字稿。即使以专业作家而论，这也是个庞大的数字。他很博学，但他又是诸多狭隘领域的专家。单单地蚤分类这一项，工作量就颇为壮观：到1955年，柳比歇夫已搜集了35箱地蚤标本，共13 000只。其中有5 000只地蚤做了器官切片。这些地蚤都要鉴定、测量、做切片、制作标本。他收集的材料比动物研究所多5倍。

是什么造就了这样不可思议的成就？

翻开柳比歇夫的日记，一切变得明晰。他从1916年开始记日记，一天也没有间断过。其实那不算是日记，而是一个个时间明细账：

> 乌里扬诺夫斯克。一九六四年四月七日。
>
> 分类昆虫学（画两张无名袋蛾的图）：三小时十五分钟
>
> 鉴定袋蛾：二十分钟
>
> 附加工作：给斯拉瓦写信：两小时四十五分钟
>
> 社会工作：植物保护小组开会：两小时二十五分钟
>
> 给伊戈尔写信：十分钟
>
> 读《乌里扬诺夫斯克真理报》：十分钟
>
> 列夫·托尔斯泰的《塞瓦斯托波尔纪事》：一小时二十五分钟
>
> …………

从1916年到1972年他去世的那一天，五十年如一日，他以5分钟为单位，一丝不苟地记下他所有的时间支出。他能精确地计算出任何一项研究和工作花费了他多少时间。在《论生物学中运用数学的前景》一文的手稿的最后一页，他写道：

> 准备（提纲、翻阅其他手稿和参考文献）：十四小时三十分钟；
>
> 写：二十九小时十五分钟；
>
> 共费：四十三小时四十五分钟；
>
> 一九二一年十月十二日至十九日。

性格的形成不仅受先天影响，而且在很大程度上也受到后天环境的影响，所以性格具有很强的可塑性。当性格类型与职业的要求不能实现最佳匹配时，我们不断地在工作中强化我们不习惯的行为方式，按照职业的要求不断改变自己原有的性格特点，这样在潜移默化中就形成了一些新的特点，这些变化会让我们更适合这一工作，发现自己意想不到的潜力，并且效率越来越高。亚伯拉罕·马斯洛曾说："心若改变，你的态度跟着改变；态度改变，你的习惯跟着改变；习惯改变，你的性格跟着改变；性格改变，你的人生跟着改变。"

四、性格与职业生涯发展的关系

（一）适配——帮助寻找合适的职位

性格与工作匹配：效率高、持久。

性格与他人匹配：关系稳定。

在稳定关系中不断保持效率，在这个行业中就会有长足的发展。年龄越小，探索性格越有意义，因为还有机会去适配，所以知己知彼的时间越早越好。

（二）平衡——通过别的角色满足自己的本性

（1）从其他角色补充能量。

（2）丰富业余生活。

（3）获得理解与支持。

（三）接纳——尊重自己和他人，理解自己和他人

（1）各种性格类型本身没有优劣之分，在应对现实的过程中各有利弊。不要以己之短比他人之长，也不要以己之长比他人之短。

（2）只有相对的适配性，没有绝对的适配性。

（3）接纳自己，理解他人。

（四）完善——不断提高自己的适应能力

接纳并享受性格带来的优势，改变或回避性格带来的局限。

（1）如果有选择机会，就应扬长避短，毕竟适配的才是最好的。

（2）如果暂时没有更好的选择机会，就应扬长补短，即用能力来弥补性格方面的不匹配。

所以，对于职业，有机会匹配就匹配；没机会匹配的，要么平衡，要么适应，要么改变认知。

小思考

乔布斯说："成就一番伟业的唯一途径就是热爱自己的事业。如果你还没能找到让自己热爱的事业，就继续寻找，不要放弃。跟随自己的心，总有一天你会找到的。"

但卡尔·纽波特教授可不这么认为。他建议：第一，不要追寻激情。事实上，没有预

设的激情，只有在你拥有了优秀而有价值的才华之后，激情才会尾随而来。第二，脱颖而出。职业成功没有捷径，只有勤奋，让自己在某个方面迅速成长为专家，让人们无法忽视你的才华和技能。第三，入木三分。努力工作，尤其是深度工作。不要分散注意力，专注在需要认知能力、能够创造价值的任务上。总的来说，卡尔·纽波特认为如何做事情比做哪件事情更为重要。在兴趣和专长之间，他更倾向于专长。专长能带给人们更快乐的职业体验。在有价值的事情上，通过努力工作，成为一名专家，这个路径可以帮助人们从工作中找到快乐。

思考：你赞成谁的观点，请陈述理由。

气质类型测评

根据气质类型测评表（见表 2－3）完成气质类型测评，并根据评价与评分表（见表 2－4）了解自己的气质类型。

表 2－3　气质类型测评表

题目	2：很符合	1：比较符合	0：介于符合与不符合之间	－1：比较不符合	－2：完全不符合
1. 做事力求稳妥，一般不做无把握的事					
2. 遇到可气的事就怒不可遏，把心里的话全说出来才痛快					
3. 宁可一个人干事，不愿很多人在一起					
4. 到一个新环境很快就能适应					
5. 厌恶那些强烈的刺激，如尖叫、噪声、危险镜头					
6. 和人争吵时总是先发制人，喜欢挑衅					
7. 喜欢安静的环境					
8. 善于和人交往					
9. 羡慕那种善于克制自己感情的人					
10. 生活有规律，很少违反作息制度					
11. 在多数情况下情绪是乐观的					
12. 碰到陌生人觉得很拘束					
13. 遇到令人气愤的事，能很好地克制自我					
14. 做事总是有旺盛的精力					
15. 遇到问题总是举棋不定、优柔寡断					
16. 在人群中从不觉得过分拘束					

续表

题目	2：很符合	1：比较符合	0：介于符合与不符合之间	−1：比较不符合	−2：完全不符合
17. 情绪高昂时，觉得干什么都有趣；情绪低落时，又觉得干什么都没意思					
18. 当注意力集中于某一事物时，别的事很难使自己分心					
19. 理解问题总比别人快					
20. 碰到危险情况，常有一种极度恐怖感					
21. 对学习、工作、事业怀有很高的热情					
22. 能够长时间做枯燥、单调的工作					
23. 符合兴趣的事情干起来劲头十足，否则就不想干					
24. 一点小事就能引起情绪波动					
25. 讨厌做那种需要耐心、细致的工作					
26. 与人交往时不卑不亢					
27. 喜欢参加气氛热烈的活动					
28. 爱看感情细腻、描写人物内心活动的文学作品					
29. 工作和学习时间长了，常感到厌倦					
30. 不喜欢长时间谈论一个问题，愿意实际动手干					
31. 宁愿侃侃而谈，不愿窃窃私语					
32. 别人总是说我闷闷不乐					
33. 理解问题常比别人慢些					
34. 疲倦时只要短暂的休息就能精神抖擞，重新投入工作					
35. 心里有话宁愿自己想，也不愿说出来					
36. 认准一个目标就希望尽快实现，不达目的誓不罢休					
37. 学习、工作一段时间后，常比别人更疲倦					
38. 做事有些莽撞，常常不考虑后果					
39. 老师讲授新知识时，总希望他讲得慢些，多重复几遍					

续表

题目	2：很符合	1：比较符合	0：介于符合与不符合之间	−1：比较不符合	−2：完全不符合
40. 能够很快地忘记那些不愉快的事情					
41. 做作业或完成一件工作总比别人花的时间多					
42. 喜欢运动量大的剧烈体育运动或参加各种文艺活动					
43. 不能很快地把注意力从一件事转移到另一件事上去					
44. 接受一项任务后，就希望能把它迅速完成					
45. 认为墨守成规比冒风险强些					
46. 能够同时注意几件事物					
47. 当我烦闷的时候，别人很难使我高兴起来					
48. 爱看情节起伏跌宕、激动人心的小说					
49. 对工作抱认真严谨、始终如一的态度					
50. 总是处理不好和周围人的关系					
51. 喜欢复习学过的知识，重复做熟悉的工作					
52. 希望做变化大、花样多的工作					
53. 小时候背过的诗词，自己似乎比别人记得清楚					
54. 别人说我“恶语伤人”，可我并不觉得这样					
55. 在体育活动中，常因反应慢而落后					
56. 反应敏捷、头脑机智					
57. 喜欢那些有条理而不甚麻烦的工作					
58. 兴奋的事情常使我失眠					
59. 老师讲新概念常常听不懂，但是弄懂了以后很难忘记					
60. 假如工作枯燥无味，马上就会情绪低落					

表 2-4　评分与评价表

记分：
胆汁质型得分：2、6、9、14、17、21、27、31、36、38、42、48、50、54、58 的得分和
多血质型得分：4、8、11、16、19、23、25、29、34、40、44、46、52、56、60 的得分和
黏液质型得分：1、7、10、13、18、22、26、30、33、39、43、45、49、55、57 的得分和
抑郁质型得分：3、5、12、15、20、24、28、32、35、37、41、47、51、53、59 的得分和
气质类型的确定标准：
1. 如果某类气质得分明显高于其他三种，均高出 4 分以上，则可定为该类气质。如果该类气质得分超过 20 分，则为典型；如果该类气质得分在 10～20 分，则为一般型。 2. 两种气质类型得分接近，其差异低于 3 分，而且又明显高于其他两种，高出 4 分以上，则可定为这两种气质的混合型。 3. 三种气质得分均高于第四种，而且接近，则为三种气质的混合型，如多血质-胆汁质-黏液质混合型或黏液质-多血质-抑郁质混合型。
气质类型的说明：
1. 胆汁质气质类型特点：精力充沛、情绪发生快而强、言语动作急速且难以控制；热情、显得直爽或胆大、易怒、急躁等。 2. 多血质气质类型特点：活泼好动、敏感、情绪发生快而多变、注意和兴趣容易转移、思维言语动作敏捷、善于交际、亲切、有生气，但也往往表现出轻率、不真挚等。 3. 黏液质气质类型特点：安静、沉稳、情绪发生慢而弱、言语动作和思维比较迟缓、注意稳定、显得庄重、坚忍，但也往往表现出执拗、淡漠。 4. 抑郁质气质类型特点：柔弱易倦、情绪发生慢而强、体验深沉、言行迟缓无力、胆小，善于觉察到别人不易觉察到的细小事物，容易变得孤僻。
气质本身无优劣之分，任何一种气质都有其积极和消极的方面，气质也不能决定一个人活动的社会价值和成就的高低。 气质特征会对学习活动产生影响。胆汁质学生思维敏捷，学习热情高，刚强但粗心、急躁；多血质学生机智灵敏，适应性好，兴趣广泛，但急躁、不踏实；黏液质者刻苦认真，但迟缓、不灵活；抑郁质者思维深刻，谨慎细心，但迟缓、精力不足。了解自己的气质，可以有的放矢地调整，使学习更上一层楼。 不同专业、职业对气质特点有不同要求，某些气质特征往往能为个人从事某种职业活动提供有利条件。胆汁质者可以成为出色的导游、推销员、节目主持人、演讲者、外事接待人员、演员、监督员等，他们适应喧闹、嘈杂的工作环境，而对于需要长期安坐、细心检查的工作则难以胜任。多血质者适宜的工作有外交工作、管理工作、公关人员、驾驶员、医生、律师、运动员、新闻记者、演员、军人、警察等，但他们不适宜做过于细致的工作，也难以胜任单调机械的工作。外科医生、法官、管理人员、会计、保育员、话务员、播音员等是黏液质者比较能适应的工作，变化、需要灵活的工作使他们感到压力。对于抑郁质者来说，胆汁质者无法胜任的工作他们倒能很好地应对，如校对员、打字员、检查员、化验员、保管员、机要秘书等都是他们理想的工作岗位。

续表

了解自己和他人的气质在人际交往中也有重要意义。如向黏液质者提出要求，应让他有时间考虑，对抑郁质者应多给予关心和鼓励，与胆汁质者打交道应避免发生冲突等，当然，这都是从一般意义上来说的，不可有先入之见。 因此，要正确对待自己的气质类型，经常有意识地控制自己气质的消极品质，发扬积极品质，以利于形成良好的个性。充分发挥个性，改造气质，克服气质弱点，有利于自己将来选择各种不同的职业和专业。

MBTI 性格测试

根据 MBTI 性格测试表（见表 2－5）完成性格测试。

表 2－5　MBTI 性格测试表

内容	选择
1. 我倾向从何处得到力量： (E) 别人。 (I) 我自己的想法。	
2. 当我参加一个社交聚会时，我倾向于： (E) 在夜色很深时，一旦我开始投入，也许就是最晚离开的那一个。 (I) 在夜晚开始的时候，我就疲倦了并且想回家。	
3. 下列哪一种听起来比较吸引人？ (E) 与我爱的人到有很多人且社交活动频繁的地方。 (I) 待在家中与我爱的人做一些特别的事情，例如说观赏一部有趣的影视剧并享用我最喜爱的食物。	
4. 在约会中，我： (E) 整体来说蛮健谈的。 (I) 较安静并有所保留，直到我觉得舒服。	
5. 过去，我倾向遇见我大部分朋友： (E) 在宴会中、夜总会、工作上、休闲活动中、会议上，或当朋友介绍我给他们的朋友时。 (I) 通过私人的方式，例如个人广告、网聊，或是由亲密的朋友或家人介绍。	
6. 我倾向拥有： (E) 很多认识的人和很亲密的朋友。 (I) 一些很亲密的朋友和一些认识的人。	
7. 过去，我爱的人和家人倾向于对我说这些： (E) 你难道不可以安静一点吗？ (I) 可以请你从你的世界中出来一下吗？	
8. 我倾向通过以下方式收集信息： (N) 我对有可能发生之事的想象和期望。 (S) 我对目前状况的实际认知。	

续表

内容	选择
9. 我倾向相信： (N) 我的直觉。 (S) 我直接的观察和现成的经验。	
10. 当我置身于一段关系中时，我倾向于相信： (N) 永远有进步的空间。 (S) 若它没有被破坏，别修补它。	
11. 当我对某个约会觉得放心时，我倾向于谈论： (N) 未来、关于改进或发明事物、生活的种种可能性。例如，我也许会谈论一个新的科学发明，或用一种更好的方法来表达我的感受。 (S) 实际的、具体的、关于"此时此地"的事物。例如，我也许会谈论品酒的好方法，或我即将要参加的新奇旅程。	
12. 我是这种人： (N) 喜欢先看整个大局面。 (S) 喜欢先把握细节。	
13. 我是这种类型的人： (N) 与活在现实中相比，我宁愿选择活在我的想象里。 (S) 与活在我的想象里相比，我宁愿选择活在现实中。	
14. 我通常偏向于： (N) 去想象一大堆关于即将来临的约会的事情。 (S) 拘谨地想象即将来临的约会，只期待让它自然而然地发生。	
15. 我倾向于如此做决定： (F) 首先依我的心意，然后依我的逻辑。 (T) 首先依我的逻辑，然后依我的心意。	
16. 我能够察觉到： (F) 当人们需要情感上的支持时。 (T) 当人们不合逻辑时。	
17. 当和某人分手时： (F) 我通常让自己的情绪深陷其中，很难抽身而出。 (T) 虽然我觉得受伤，但一旦下定决心，我会直截了当地将过去恋人的影子甩开。	
18. 当与一个人交往时，我倾向于： (F) 情感上的兼容性——表达爱意；对另一半的需求很敏感。 (T) 智能上的兼容性——沟通重要的想法；客观地讨论和辩论事情。	
19. 当我不同意我爱的人的想法时： (F) 我尽可能地避免伤害对方的感受；若是会对对方造成伤害的话，我就不会说。 (T) 我通常毫无保留地说出来，并且对我爱的人直言直语，因为对的就是对的。	

续表

内容	选择
20. 认识我的人这样形容我： (F) 热情、敏感。 (T) 逻辑清晰。	
21. 我把大部分和别人的相遇视为： (F) 友善及重要的。 (T) 另有目的。	
22. 若我有时间和金钱，我的朋友邀请我到国外度假，并且在一天前才通知，我会： (J) 先检查我的时间表。 (P) 立即收拾行装。	
23. 在第一次约会中，若我所约的人来迟了，我： (J) 会很不高兴。 (P) 一点都不在乎，因为我自己常常迟到。	
24. 我偏好： (J) 事先知道约会的行程：要去哪里、有谁参加、我会在那里待多久、该如何打扮。 (P) 让约会自然而然地发生，先前不做太多的计划。	
25. 我选择的生活循环着： (J) 日程表和组织。 (P) 自然发生和弹性。	
26. 以下哪一项更为常见： (J) 我准时出席而其他人迟到。 (P) 其他人都准时出席而我迟到。	
27. 我是这样的人： (J) 下定决心并且做出肯定的结论。 (P) 开放我的选择并且持续收集信息。	
28. 我是这种类型的人： (J) 喜欢在一段时间里专心于一件事情直到完成。 (P) 享受同时做好几件事情。	

说明：

全套 MBTI 测试题共 4 组，每组 7 题，形成了四个维度、八种偏好、十六种人格类型的人格类型量表。当它们合并起来时，将说明你的性格类型。

在答题时，将你选择的该题的答案记下，汇总各答案的数目记入统计表（见表 2－6）中，然后把每一组得分较高的数目圈起来，最后得出你的性格类型。例如：第一组选择的答案中，E 占多数，第二组选择的答案中，N 占多数，第三组选择的答案中，F 占多数，第四组选择的答案中，J 占多数，那么你的性格类型就是：ENFJ。

表 2-6　你的性格类型统计表

第一组	第二组	第三组	第四组
I	S	T	P
E	N	F	J

第四节　能力与职业生涯探索

学习目标

1. 了解能力的概念和能力的分类。
2. 重视对个人技能的剖析，并有意识地培养自己所欠缺的技能。
3. 能列举自己的五项可迁移技能、自我管理技能和专业知识技能。
4. 了解自己的职业能力，为职业规划做好准备。

案例导读

我怎么这么笨

高磊是某高职院校一年级学生，从小父母对她要求严格，除各科学习之外，又报了钢琴、篮球、口才等各种兴趣班。高磊也一直很努力，很想把各方面都做得很好。但是父母总喜欢把他与邻居家小孩对比，每当她犯点小错，父母都会数落说："你怎么这么笨，我们为你付出那么多，你怎么什么事都做不好。"高磊性格比较内向，不太爱说话，也不擅长和他人交流，班里的活动她也不敢去参加。高磊为此很苦恼，她想全方位提升自己，想提升自己的人际沟通能力，想提升自己的领导能力，但是她不清楚怎么去提升。进入大学后，在老师的帮助下，高磊发现了自己做事认真、肯吃苦、爱钻研等特点，并不断总结学习方法，慢慢地学习成绩上来了，自信心也增强了。

问题与思考：

(1) 你认为困扰高磊的原因有哪些？高职生的能力包括哪些？

(2) 如果你是高磊，你觉得怎样才能提升自己的能力？

知识详解与能力训练

“你的能力如何?”是每位应聘者都需要心中有数的问题，也是一个人能否从事某个职业的先决条件，即个人素质的核心。当人的能力能适应所从事的职业时，人们往往“成竹在胸”，否则，即便达成目标的意愿很强，也只能“心有余而力不足”地“望洋兴叹”。发现、培养和展示自己的能力是谋得理想职位不可或缺的。

一、能力概述

（一）能力的概念

能力是一个多维度的概念，它可以从不同的角度来理解：能力是顺利完成某种活动的心理条件，是和具体活动紧密相连的，离开了具体活动，能力就无法形成和表现；能力是顺利完成某种活动的直接而有效的心理特征，不是顺利完成某种活动的全部心理条件；能力的产生和发展与社会生活密不可分。能力是综合的心理条件，必须在社会活动中形成并且表现。

（二）能力的分类方法

1. 按倾向性划分——二因素论

（1）一般能力：是指在不同种类的活动中表现出来的基本能力，它是有效掌握知识和顺利完成活动所需的心理条件，能保证人们有效地认识世界，又称智力。一般能力包括常规能力、逻辑思维能力、社交能力、言语能力等。一般能力是正常人都应该具备和拥有的。

（2）特殊能力：是指顺利完成某种专业活动所必备的能力，如计算能力、音乐能力、绘画能力、空间判断能力等。

2. 按发展趋势划分

（1）流体能力（智力）。这是一个人的先天禀赋。

（2）晶体能力（智力）。这是后天习得、不断积累的能力。

流体能力与晶体能力的发展趋势如图 2 - 2 所示。

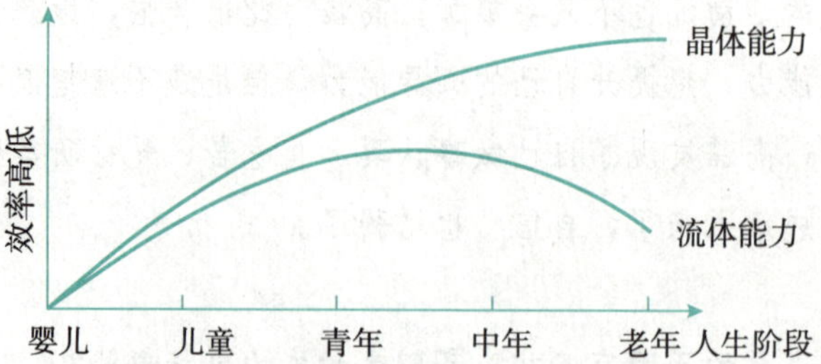

图 2 - 2 流体能力与晶体能力的发展趋势

3. 按信息加工及能力表现划分

（1）认知能力：是指加工、存储和提取信息的能力。

（2）操作能力：是指肢体运用能力，如跑步、机械操作、手眼协调等。

（3）社交能力：是指社会交往能力。

4. 按创造性大小划分

（1）模仿能力：是指效仿他人的言行举止而引起的与之相类似的行为的能力。模仿是人们彼此之间相互影响的重要方式，是实现个体行为社会化的基本历程之一。

（2）创造能力：是指在创造活动中产生新思想、新发现和创造新事物的能力。

5. 按获得方式划分

（1）能力倾向：是指每个人被先天赋予的特殊才能，如音乐、运动、空间感等。

（2）技能。具体到职业技能，又可分为专业知识技能、可迁移技能和自我管理技能。

1）专业知识技能。知识是人类历史经验的总结。专业知识技能就是一个人所掌握的理论知识，用名词表示，需要通过背诵、记忆获得，不仅要全面，还要系统。

2）可迁移技能。即个体所能胜任的活动，具体表现为一个人所能从事的工作内容，通过观察、实践、思考、熟练等过程掌握，用动词表示；因其往往具有通用性，所以被称为可迁移技能，是用人单位最看重的部分。

3）自我管理技能。这是一个人在工作中所表现出来的特征和品质，通常通过认同、模仿、内化等途径获得，用形容词和副词表示。自我管理技能有时候又被称为职业素养，是影响职业生涯的关键。

课堂活动

主题：模拟面试

目标：自我技能澄清

活动时间：10 分钟

材料准备：提问清单、笔记本

活动内容：

假如我是一名人力资源经理，我可以给你任何你想要的职位，和其他几万名求职者一样，你有幸来到我的面前，在给你理想工作机会之前，我必须问你以下三个问题，也请你如实回答我这三个问题：

第一个问题：请你用 3～5 个名词概括你所学习过的专业理论知识，它们都属于哪些学科？请告诉我，能精确到学科更好（如民法、刑法、职业心理学等）。

第二个问题：假如我可以满足你期待的薪资要求和福利条件，请用 3～5 个动词描述你所能做的事（如写文案、咨询、培训、整理、讲课等）。

第三个问题：假如和你应聘同一个职位的人，他们也有着和你一样的专业知识和技术，你身上有哪些优秀的特点和品质让我有充分的理由选择你而不选择他们呢？请用3～5个形容词或者副词描述这些特质（如乐于助人、耐心、仔细等）。

上述三个问题的漏斗法则：

假如你要找到一个相对专业的工作，那么第一个问题的答案基本划定了行业和领域，第二个问题的答案基本划定了工作内容和岗位，第三个问题的答案基本告诉你在这个过程中成功的可能性或者职位的高低。

清晰地看到专业学习和未来工作之间的关系，我们就能更好地理解为什么学习专业知识对当下的工作岗位不一定有用，但是到一定程度和高度，就一定需要专业的理论框架。专业工作与非专业工作要素比较如图2－3所示。

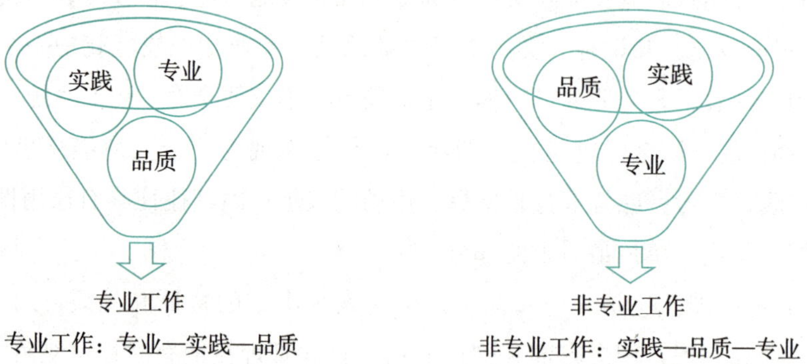

图2－3 专业工作与非专业工作要素比较

课堂活动

主题：你的核心竞争力是什么

目标：寻找核心竞争力

活动时间：8分钟

材料准备：提问清单、笔记本

活动内容：

回答以下三个问题，并填入图2－4中

第一个问题：你知道什么？（你懂什么？）或者，相对其他人而言，你可以称为专业的领域有哪些？（用一种笔的颜色填写）

第二个问题：如果我雇用你，你会做什么？（用另外一种颜色的笔填写）

第三个问题：对于刚才你知道且会做的事情，你做得怎么样？（用第三种颜色的笔填写）核心竞争力就是三者交会的地方。

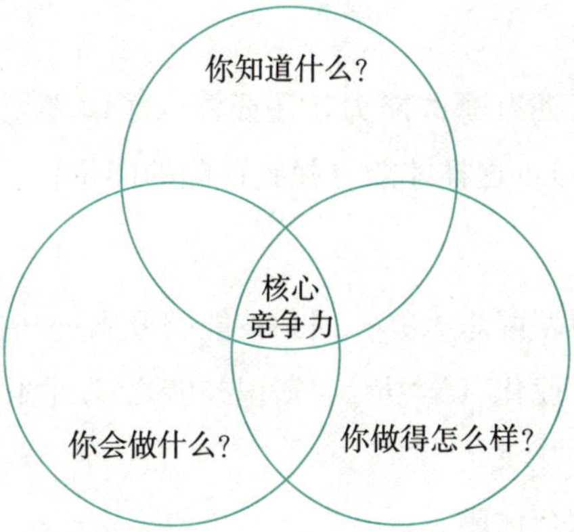

图 2－4　寻找核心竞争力

课堂活动

主题：证明你自己
目标：展示你的能力
活动时间：5 分钟
材料准备：提问清单、笔记本
活动内容：
对于毕业生而言，就要出具证明：
(1) 请出示你的学历、学业、培训等相关证明。——专业知识能力
(2) 请出示你的成绩单。——专业知识能力
(3) 请提供相关的职称、技能鉴定、组织证明等资料。——可迁移技能
(4) 你的老师、同学、朋友、家人如何评价你？——自我管理能力

二、职业技能与生涯发展的关系

职业技能与生涯发展的关系如图 2－5 所示。

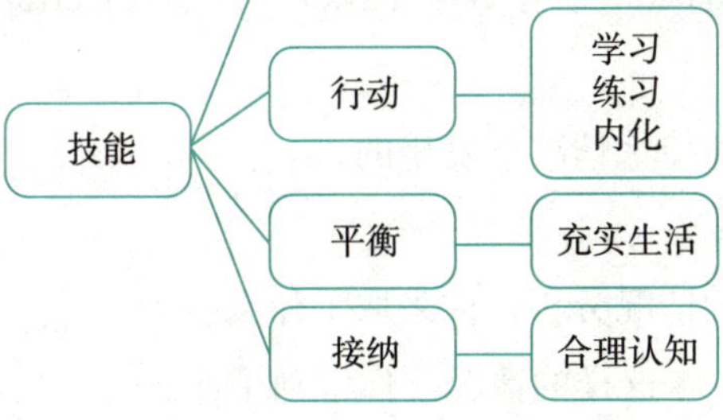

图 2－5　职业技能与生涯发展的关系

（一）适配

一个人不仅要知道自己拥有哪些能力，还要深入了解环境（公司的基本岗位有哪些、岗位要求的基本能力是什么），这样才能寻找到适配的岗位。

（二）行动

如果能力与岗位要求不匹配怎么办？回到技能的概念——去行动、去学习。

学习分为三个层次：专业化（学习专业知识技能）、职业化（练习可迁移技能）、事业化（领悟自我管理技能）。

（1）区别专业学习与业余休闲。

（2）进行职业化训练。

（3）提升职业素养。

（三）平衡

工作只是生活的一部分，不是人生的全部。工作的一个重要目标是充实生活。

能够平衡自己的生活是一种智慧。

（四）接纳

学习不是一件容易的事情，包括技能的学习。只要你熟练掌握了一项技能，并踏实肯干，就能做得很好。要善于接纳自己当下的状态，接纳真实的自己。

能力训练

撰写成就故事

应用STAR法则写下生活中令你有成就感的具体事件，然后对其进行分析，看看你在其中使用了哪些技能（尤其是可迁移技能）。只要符合以下两条标准，就可以被视为“成就”：

（1）你喜欢做这件事时体验到的感受。

（2）你为完成这件事感到自豪。

说明：

STAR代表情境（Situation）、任务（Task）、行动（Action）、结果（Result）四项，其具体含义如下：

Situation——事情是在什么情况下发生的；

Task——任务是什么；

Action——针对这样的情况分析，你采取了什么行动；

Result——结果怎样，在这样的情况下你学到了什么。

简而言之，STAR法则就是一种讲述自己故事的方式，或者说，是一个清晰、条理化的作文模板。熟练运用此法则，可以轻松地向面试官描述事物，表现出自己分析阐述问题的条理性和逻辑性。

实例：

这学期，职业生涯规划课要求我们在学期当中必须自选题目并用 PPT 进行一次演示讲解。在此之前，我没有学过如何制作 PPT。我请同宿舍的同学用了大约二十分钟的时间教我 PowerPoint 软件的基本使用方法，我又在学校的机房琢磨了一下午，并向机房的管理人员请教了几个不明白的问题。选定了我要讲的题目以后，我上网搜索了相关的资料和图片，然后制作了十分钟课程的辅助教学 PPT。在课堂讲解演示中，由于我制作的 PPT 图片精美、文字与内容搭配得宜，我获得了 95 分的高分，得到了老师和同学的称赞。

此实例展示了我的如下能力：面对新情况，表现出灵活性和很强的适应能力；敢于迎接挑战；快速学习能力；善于利用人际资源；清晰地沟通；积极主动；搜索信息；图片文字的处理、编辑和组织；耐心；关注细节；克服压力等。

第三章 职业世界面面观——初探职业

每个人都生活在一定的环境中，成长与发展都与环境息息相关。物竞天择，适者生存。在制定个人职业生涯规划时，要分析环境的特点、环境的发展变化、自己与环境的关系、在特定的环境中的地位、环境对自己提出的要求或挑战以及环境对自己的有利条件与不利条件等。只有充分了解这些环境因素，才能做出与环境相适应的职业生涯规划，才能做到在复杂的环境中避害趋利，使自己的职业生涯规划得以实现。

第一节 职业认知与发展

学习目标

1. 了解职业的产生与发展。
2. 熟悉职业分类的依据和方法，掌握我国职业的分类。
3. 掌握职业认知的方法，科学、理性地规划职业生涯。

案例导读

实力与学历

齐浩是某大学法律专业学生。随着毕业的日子临近，齐浩即将踏入社会。一想到要承担起自己、家庭、社会的责任，加之社会上大学生就业难的呼声，齐浩就感到彷徨无助，内心充满了危机感，常常夜不能眠。

这学期，齐浩选修了职业生涯规划课，老师分析了当前的就业形势，鼓励大家走出去认识社会、了解就业形势，他决定出去历练一下。就这样，齐浩去参加国际展览中心的招聘会。他把自己仔细打理了一番，满怀信心地向招聘会现场走去。此时，招聘会的各个招聘点已经人头攒动。看着一个个招聘条件，齐浩先前的信心一点点地被吞噬，最后竟然不敢在任何一个招聘点前停下。那一条一条要求使他成了一只泄气的皮球："至少2～3年的工作经历""有经验者优先""需求市场开发师、市场拓展师"……

齐浩虽然遭遇了试找工作的尴尬，但无形中也进行了一次职业探索，了解了用人单位对人才能力和素质的具体要求等。这次职业探索让他知道了自己的问题所在，也知道了自己努力的方向。

问题与思考：

（1）说说你所知道的职业。

（2）你要怎样探索自己的目标职业，使自己的职业兴趣与目标职业相匹配？

知识详解与能力训练

人一生中最重要的阶段是在工作中度过的，工作不仅为人们提供了赖以生存的物质基础，也为人们提供了参与社会活动、承担社会义务、获得社会福利的条件。职业是工作的基础和载体。深入了解职业，可以帮助人们树立正确的职业观，使职业发展道路更顺畅。

职业是一种社会历史现象，是人类历史发展到一定阶段的产物。现代意义上的职业，是社会分工的产物，是一种专业化的社会劳动岗位。从国家的角度来看，每一种职业都是一种社会分工；从社会的角度来看，职业是劳动者获得的社会角色，如医生、教师、律师、公务员等；从个人的角度来看，职业则是劳动者"扮演"的社会角色，并为社会承担一定的义务和责任，同时获得相应的收入报酬。

职业的外延包括三层意思：一是有工作，即有事可做，有事可为；二是有收入，即获得工资或其他形式的经济报酬；三是有时间限度，一般规定为不超过全天活动时间的1/3。

一、职业概述

生产力发展带来职业细分。随着社会科学技术的进步，职业不断发生变化，新的职业不断出现，旧的职业逐渐消失。

（一）职业的产生与发展

1. 职业的产生

职业是人类社会生产力发展到一定阶段的产物，是随着社会分工的产生而出现的。在原始社会，人们只能采摘果实，外出打猎，从事原始农业。确切地说，当时还没有真正意义上的职业，因为没有固定从事某项专门工作的人群。

随着人类征服自然能力的提高和社会生产力的逐步发展，人类社会产生了三次大分工。第一次社会大分工是在原始社会后期，畜牧业从原始农业中分离出来，一部分人长期从事打猎的实践活动，开始脱离农业种植劳动，专门从事畜牧业劳动；第二次社会大分工是手工业从农业中分离出来，当时少数人从事手工业劳动，逐渐脱离了农牧业；第三次社会大分工是商人和商人阶层的产生。由于三次社会大分工，便出现了人类社会最初的职业，即农夫、牧人、工匠、商人等。

2. 职业的发展

社会分工的发展决定和制约着职业的发展。科学技术的进步、生产工具的改进、生产的社会化使分工日益发达，专业化程度越来越高，职业门类也越来越多。

社会分工的发展还决定和制约着职业的变化。职业的变化同科学技术与生产力的发展也有一定的关系。科学进步的重要标志是不断有新技术、新工艺和新产品出现，这必然导致职业的新旧更替，并产生新的职业种类。比如，电子科技的发展导致了印刷行业的巨大变革，随着激光照排技术的产生和广泛应用，印刷业逐渐告别铅与火的时代，这必然使铅字铸造业逐步消亡，取而代之的是文字录入、照排职业的产生。

随着科学技术的发展，职业对从业者的要求也越来越高。人们要获取职业，需要一定的条件和过程，并不是任何一项职业都适合每一个人。每项职业都要求从业者具备适当的条件，例如，一定的身体条件、知识和技能、思想品德和心理素质等。同样，每个人的身体、文化、技能、思想、心理素质以及家庭经济情况都不同，对各种不同职业也会有各自的需求与选择，于是就产生了职业对人的选择和人对职业的选择。

（二）职业发展趋势与预测

1. 当代职业发展呈现的新趋势

（1）职业的种类大量增加。职业产生初期，种类少，发展缓慢。因为传统生产技术相对稳定，一项重要的技术发明在生产上的应用往往会持续相当长的一个时期，所以使社会职业也具有相对稳定性。但随着社会的发展以及科技发展速度的加快，职业种类增加的速度也逐渐加快。当代新兴行业不断涌现，新的职业大量出现。因此，新旧职业更替速度加快。1999 年，劳动和社会保障部组织制定了《中华人民共和国职业分类大典》，该大典将我国职业分为 8 个大类、66 个中类、413 个小类、1 838 个细类。从 2004 年起，国家根据社会经济发展需要，建立新职业定期发布制度，不断补充与修订国家职业分类体系。2015 年 7 月，国家颁布了 2015 版《中华人民共和国职业分类大典》，将中国职业体系划分为 8 个大类、75 个中类、434 个小类，1 481 个细类（职业）。新增职业包括“网络与信息安全管理员”“快递员”“文化经纪人”“动车组制修师”“风电机组制造工”等，取消的职业包括“收购员”“平炉炼钢工”“凸版和凹版制版工”等。

2022 年 7 月，人力资源和社会保障部向社会公示了《中华人民共和国职业分类大典（2022 年版）》。新版大典包括大类 8 个、中类 79 个、小类 449 个、细类（职业）1 636

个。与2015年版大典相比，增加了法律事务及辅助人员等4个中类，数字技术工程技术人员等15个小类，碳汇计量评估师等155个职业（含2015年版大典颁布后发布的新职业）。

（2）第三产业职业数量增加。随着科学技术水平的提高，产业结构的调整，第三产业在国民经济发展中所起的作用越来越大，如金融、商务、传播、物流、卫生、教育、旅游等。第三产业的就业人数不断增加，这是现代社会发展的大趋势。

（3）职业活动的内容不断弃旧从新。同样的职业，时代不同，技术方法、工作手段有着天壤之别。例如，工程设计绘图，过去用图纸、丁字尺等，现在用CAD技术；机械加工，以前用普通车床，现在用数控车床。一些职业，因新的工作设备和条件变化，对职业内容有了新的要求。如行政工作人员，在以前只要求具备较好的组织协调能力、分析问题解决问题能力、文字能力、口头表达能力等，但现在除要求从业者具备上述能力以外，还要求从业者具备社会交往及计算机辅助管理、办公自动化操作能力等。职业的演变提高了对从业者素质、技能的要求。

（4）职业将向高科技化、智能化、专业化方向发展。目前，得到世界各国公认并列入21世纪重点开发的领域有：信息技术、航天技术、生物技术、新能源技术、新材料技术和海洋技术等。近年来，我国兴建了一批高新技术产业开发区，出现了一批高新技术公司，建立了一批高新技术企业。在加快高新技术发展政策实施的过程中，与此有关的职业将得到较快发展。随着科学技术的发展，职业的专业化和复合化程度越来越高。

（5）职业的流动性强。随着社会职业种类的不断增加，职业选择的机会增多，打破了职业的相对稳定性。现代社会职业兴衰演化迅速，职业的更新速度不断加快，导致一个人一生中面临的职业变化也会越来越频繁。

（6）永久性职业减少。只有少数人能拥有“永久性”的工作，而从事计时、计件或临时性职业的人会越来越多。

（7）绿色职业、数字职业受到高度重视。我国的职业体系在借鉴发达国家经验的基础上，结合自身实际，对具有“环保、低碳、循环”特征的职业活动进行研究分析，将部分社会认知度较高、具有显著绿色特征的职业标示为绿色职业，旨在注重人类生产生活与生态环境的可持续发展，推动绿色职业发展，促进绿色就业。

《职业分类大典（2022年版）》更是首次标注了数字职业（标注为S）。数字职业是从数字产业化和产业数字化两个视角，围绕数字语言表达、数字信息传输、数字内容生产三个维度及相关指标综合论证得出。标注数字职业是我国职业分类的重大创新，对推动数字经济、数字技术发展以及提升全民数字素养，具有重要意义。2022年版《职业分类大典》中共标注数字职业97个，标注绿色职业133个（标注为L），既是绿色职业又是数字职业的有23个（标注为L/S）。总之，《职业分类大典（2022年版）》反映了数字经济发展的需要，顺应了碳达峰碳中和的趋势，契合了创新、协调、绿色、开放、共享的新发展理念。

探索活动

你童年时最喜欢模仿什么角色？

现在你最崇拜哪些职业榜样？

你想过怎样的退休生活？

2. 21 世纪部分热门职业与紧缺人才预测

（1）计算机软件职业。

（2）电子通信职业。

（3）现代制造业。

（4）广告、房地产、建筑及装饰技术职业。

（5）金融、证券、投资、保险业。

（6）医疗保健职业。

（7）环境保护类职业。

（8）法律类职业。

（9）信息咨询与服务业。

（10）经纪、代理类职业。

（11）商业策划、市场营销类职业。

（12）文化休闲与旅游业。

（13）现代制造业的经营管理和工程技术人才。

（14）生物工程技术人才。

（15）现代农业科技人才。

（16）咨询、策划人才。

（17）国际贸易和外语人才。

（18）教育工作者。

（19）法律工作者。

（20）传媒与出版业人才。

（21）数字职业。

（三）职业声望

职业声望是指人们对职业的社会贡献及社会地位（如权力、工资、晋升机会、发展前景等）的一种主观评价。不同国家和不同民族由于经济发展水平及传统文化的差异，对职业声望的评价也有所不同。

职业声望最早是由社会学家马克斯·韦伯提出的，他认为社会分层应该从财富、权力和声望三个方面进行考察。所谓职业声望，是指“人们对某种职业社会地位高低的看法”，是“社会舆论对一种职业的评价”。广义的职业评价，包括该职业的收入水平、晋升机会以及对社会的贡献（意义）等因素。

1. 职业声望的测量

职业声望测量一般采用以下方式：列出一些职业让被调查者按主观感觉的声望高低程度进行等级排序，研究人员再根据被试排序的结果赋予相应的分值，然后计算出每个职业的声望得分，再根据得分高低排列各类职业的声望等级，由此观察职业声望分层的基本规则。

2. 职业声望的影响因素

影响职业声望的因素主要有以下几点：

（1）职业环境。职业环境包括职业的自然环境和社会环境，如工作的技术条件、空间环境、劳动强度、工资收入、福利待遇、晋升机会等，它是任职者所能获得的工作条件与社会经济权利的总和。

（2）职业功能。职业功能是该职业对国家的政治、经济、科学、文化水平的意义以及在社会生活中对人们的共同福利所担负的责任。

（3）任职者素质。任职者素质包括文化程度、能力、道德品质等；职业环境越好，职业功能越大，对任职者素质的要求越高，职业声望就越高。

（4）社会报酬。职业的社会报酬是指职业提供给任职者的工资收入、福利待遇、晋升机会、发展前景等。一般来说，工作收入高、福利待遇好、晋升机会多、发展前景广的职业，其职业声望也较高。

职业声望在一定时期具有相对稳定性，但在不同社会经济发展阶段、不同经济文化背景的群体和不同年龄性别的群体对同一职业的评价也会存在明显差别。

3. 职业声望的稳定性

职业声望的高低和认可程度并不是固定不变的，在不同的社会发展时期，以及不同的文化环境和职场群体中，职业声望往往是不同的，主要表现在以下三点：

（1）在不同的社会发展阶段，人们对同一种职业的评价往往并不相同。

（2）具有不同经济文化背景的群体，对同一职业的评价不同。

（3）不同年龄和性别的群体，对同一职业的评价也存在差异。

4. 职业声望与职业地位的关系

职业声望是人们对职业社会地位的主观评价。职业地位是由不同职业所拥有的社会地位资源所决定的，但是它往往通过职业声望的形式表现出来。没有职业地位，职业声望就无从谈起；没有职业声望，职业地位高低也无法确定和显现，人们正是通过职业声望调查来确定职业地位的高低。

二、职业的分类

（一）职业分类的概念及作用

职业分类是采用一定的标准和方法，依据一定的分类原则，对从业人员所从事的各种专门化的社会职业进行全面、系统的划分与归类。我国职业分类是以工作性质的同一性为基本原则，对社会职业进行的系统划分与归类。所谓工作性质，是指一种职业区别于另一种职业的根本属性，一般通过职业活动的对象、从业方式等的不同予以体现。需要说明的是，对工作性质的同一性所做的技术性解释，要视具体的职业类别而定。

职业分类是一个国家形成产业结构概念和进行产业结构、产业组织及产业政策研究的基础，对于社会各个行业的发展有着十分重要的意义，任何一个国家的职业分类都影响并制约着其国民经济各部门管理活动的成效。首先，职业分类是劳动力社会化管理的基础。其次，现代职业分类是教育培训与就业工作的基础。最后，现代职业分类为国民经济信息统计和人口普查提供服务。

（二）职业分类的基本依据和方法

任何一个国家的职业分类都是建立在一个分类结构体系之上的，针对体系中的每个层次，依据不同的原则和方法，才能实现总体结构的职业划分与归类。

根据国际职业分类的通行做法，职业分类一般划分为大类、中类、小类、细类四个层次。大类层次的职业分类是依据工作性质的同一性，并考虑相应的能力水平进行的；中类层次的职业分类是在大类范围内，根据工作的任务与分工的同一性进行的；小类层次的职业分类是在中类的范围内，按照工作的环境、功能及相互关系的同一性进行的；细类层次的职业分类即为职业的划分和归类，它是在小类的基础上，按照工作分析法，根据工艺技术、对象、操作流程和方法的同一性进行的。

职业分类的基本方法是工作分析法。职业分类工作分析法是将任何一种职业活动依据其工作的基本属性进行分析，按照工作特征的相同与相异程度进行职业的划分与归类。

国家职业标准是在职业分类的基础上，根据职业（工种）的活动内容，对从业人员工作能力水平的规范性要求。它是从业人员从事职业活动，接受职业教育培训和职业技能鉴定以及用人单位录用人员的基本依据。

职业分类与职业选择、就业咨询、就业指导之间有着密切的联系。高校毕业生与用人单位在就业市场进行“双向选择”，实际上就是求职者选择职业和职业选择求职者的过程。因此，对于高校毕业生来说，不了解职业的种类及分类的依据，不了解职业对于劳动者素质的不同要求，就很难做出正确的择业决策。

（三）我国的职业分类

在职业分类中，产业、行业与职业三者之间存在着归属关系。不同产业相应地包含着各种行业，不同的行业也相应地包含着各种职业。

产业是国民经济中最基本的分类。按照国际上通行的原则，一个国家的国民经济都可以划分为三大产业：第一产业包括农业、林业、畜牧业、渔业和采集业；第二产业包括机械制造业、加工业和建筑业；第三产业指广泛的服务业（除第一、第二产业以外的其他各业），包括流通部门，如交通运输业、邮电通信业、批发零售贸易业等；为生产服务的部门，如综合技术服务和信息咨询服务等单位；为居民生活服务的部门，如旅馆、理发店、餐饮业、生活用品修理部等单位；为提高居民文化和身体素质服务的部门，如学校、医院、体育馆、电影院等单位；为社会管理服务的部门，如国家各级行政机关、社团组织等。行业是指从事相同性质的经济活动的所有单位的集合。行业是根据经济活动的同质性原则划分的，即每一个行业类别都按照同一种经济活动的性质划分。

我国于 1984 年颁布《国民经济行业分类和代码》，把我国国民经济分为 13 个门类，1994 年、2002 年分别进行了修订，2017 年颁布了新的《国民经济行业分类》国家标准。由国家统计局牵头修订的新标准，按照国际通行的经济活动同质性原则划分行业，立足于中国国情，考虑与国际标准的兼容，充实了第三产业。根据我国的具体国情，新标准将国民经济行业划分为门类、大类、中类和小类四级，共有 20 个行业门类，97 个大类，473 个中类，1 380 个小类。

下面仅列出 20 个行业门类。

农、林、牧、渔业：包括农业、林业、畜牧业、渔业以及农、林、牧、渔专业及辅助性活动五大类。

采矿业：包括煤炭开采和洗选业、石油和天然气开采业、黑色金属矿采选业、有色金属矿采选业、非金属矿采选业、开采专业及辅助性活动、其他采矿业七大类。

制造业：包括农副食品加工业，食品制造业，酒、饮料和精制茶制造业，烟草制品业，纺织业，纺织服装、服饰业，皮革、毛皮、羽毛及其制品和制鞋业，木材加工和木、竹、藤、棕、草制品业，家具制造业，造纸和纸制品业，印刷和记录媒介复制业，文教、工美、体育和娱乐用品制造业，石油、煤炭及其他燃料加工业，化学原料和化学制品制造业，医药制造业，化学纤维制造业，橡胶和塑料制品业，非金属矿物制品业，黑色金属冶炼和压延加工业，有色金属冶炼和压延加工业，金属制品业，通用设备制造业，专用设备制造业，汽车制造业，铁路、船舶、航空航天和其他运输设备制造业，电气机械和器材制造业，计算机、通信和其他电子设备制造业，仪器仪表制造业，其他制造业，废弃资源综合利用业，金属制品、机械和设备修理业 31 大类。

电力、热力、燃气及水生产和供应业：包括电力、热力生产和供应业，燃气生产和供应业，水的生产和供应业三大类。

建筑业：包括房屋建筑业，土木工程建筑业，建筑安装业，建筑装饰、装修和其他建筑业四大类。

批发和零售业：包括批发业和零售业两大类。

交通运输、仓储和邮政业：包括铁路运输业、道路运输业、水上运输业、航空运输业、管道运输业、多式联运和运输代理业、装卸搬运和仓储业、邮政业八大类。

住宿和餐饮业：包括住宿业和餐饮业两大类。

信息传输、软件和信息技术服务业：包括电信、广播电视和卫星传输服务，互联网和相关服务，软件和信息技术服务业四大类。

金融业：包括货币金融服务、资本市场服务、保险业和其他金融业四大类。

房地产业：包括房地产业大类。

租赁和商务服务业：包括租赁业和商务服务业两大类。

科学研究和技术服务业：包括研究和试验发展、专业技术服务业、科技推广和应用服务业三大类。

水利、环境和公共设施管理业：包括水利管理业、生态保护和环境治理业、公共设施管理业、土地管理业。

居民服务、修理和其他服务业：包括居民服务业，机动车、电子产品和日用产品修理业，其他服务业三大类。

教育：包括教育大类。

卫生和社会工作：包括卫生和社会工作两大类。

文化、体育和娱乐业：包括新闻和出版业，广播、电视、电影和影视录音制作业，文化艺术业，体育，娱乐业五大类。

公共管理、社会保障和社会组织：包括中国共产党机关，国家机构，人民政协、民主党派，社会保障，群众团体、社会团体和其他成员组织，基层群众自治组织六大类。

国际组织：包括国际组织大类。

拓展阅读

2022 年 6 月，人力资源和社会保障部向社会公示了以下 18 个新职业：

（1）机器人工程技术人员：从事机器人结构、控制、感知技术和集成机器人系统及产品研究、设计的工程技术人员。

（2）增材制造工程技术人员：从事增材制造技术、装备、产品研发、设计并指导应用的工程技术人员。

（3）数据安全工程技术人员：从事数据安全需求分析挖掘、技术方案设计、项目实施、运营管理等工作的工程技术人员。

（4）退役军人事务员：在退役军人服务中心（站）从事退役军人政策咨询、信访接待、权益保障、安置服务、就业创业扶持等事务办理的人员。

（5）数字化解决方案设计师：从事产业数字化需求分析与挖掘、数字化解决方案制订、项目实施与运营技术支撑等工作的人员。

（6）数据库运行管理员：对系统所使用的数据库进行维护及管理等工作的人员。

（7）信息系统适配验证师：从事信息系统基础环境、终端、安全体系、业务系统的适配、测试、调优、数据迁移、维护等工作的人员。

（8）孪生应用技术员：使用仿真技术工具和数字孪生平台，构建、运行维护数字孪生体，监控、预测并优化实体系统运行状态的人员。

（9）商务数据分析师：从事商务行为相关数据采集、清洗、挖掘、分析，发现问题、研判规律，形成数据分析报告并指导他人运用的人员。

（10）碳汇计量评估师：运用碳计量方法学，从事森林、草原等生态系统碳汇计量、审核、评估的人员。

（11）建筑节能减排咨询师：应用节能减排技术，从事建筑及其环境、附属设备测评、调适、改造、运维等工作的咨询服务人员。

（12）综合能源服务员：从事客户用能情况诊断，综合能源方案策划，并组织实施和运维管理的人员。

（13）家庭教育指导师：从事家庭教育知识传授、家庭教育指导咨询、家庭教育活动组织等的人员。

（14）研学旅行指导师：策划、制定、实施研学旅行方案，组织、指导开展研学体验活动的人员。

（15）民宿管家：提供客户住宿、餐饮以及当地自然环境、文化与生活方式体验等定制化服务的人员。

（16）农业数字化技术员：从事农业生产、农村生活数字化技术应用、推广和服务活动的人员。

（17）煤提质工：以煤为原料，操作干燥窑、热解窑、提质煤冷却器、急冷塔等设备，提高煤品质的生产人员。

(18) 城市轨道交通检修工：使用制动测试台、车轮轮缘尺、红外热像仪、扭矩扳手、液压起道器等检测设备和维护工器具，检修及维护保养城市轨道交通设备和设施的人员。

(四) 国外的职业分类

社会分工是职业分类的依据。在分工体系的每一个环节上，劳动对象、劳动工具以及劳动的支出形式都各有其特殊性，这种特殊性决定了各种职业之间的区别。

世界各国因国情不同，划分职业的标准也有所区别。国外将职业进行如下分类。

1. 按脑力劳动和体力劳动的性质、层次进行分类

这种分类方法把工作人员划分为白领工作人员和蓝领工作人员两大类。白领工作人员包括：专业性和技术性的工作，农场以外的经理和行政管理人员、销售人员、办公室人员。蓝领工作人员包括：手工艺及类似的工人、非运输性的技工、运输装置工人、农场以外的工人、服务性行业工人。这种分类方法明显地表现出职业的等级性。

2. 按心理的个别差异进行分类

美国霍普金斯大学心理学教授、职业指导专家约翰·L. 霍兰德（John L. Holland）根据“人格-职业”类型匹配理论，将职业划分为以下六种基本类型：

(1) 现实型。主要是指熟练的手工和技术工作，通常指运用手工工具或机器进行的工作，在西方常被称为“蓝领”职业。从业者包括木匠、鞋匠、锁匠、产业工人、运输工人（司机）等。

(2) 研究型。主要指科学研究和试验工作。从事这些工作的人包括研究自然界和人类社会是怎样构成和发展变化的工作人员。

(3) 艺术型。指艺术创作类工作。从事这些工作的人用语言、音响、动作、色彩等创作，包括作家、音乐家、舞蹈演员、摄影师、书画家、雕塑家等。

(4) 社会型。指为人办事的工作，即教育人、医治人、帮助人、服务人的工作。从事这些工作的人包括教师、医生、护士、服务员、家庭保姆等。

(5) 企业型。指那些劝说、指派他人去做某事的工作。从事这些工作的人包括国家机关及工作机构的负责人、经理、厂长、律师、工业顾问、推销员等。

(6) 常规型。通常指办公室工作，即与组织机构、文件档案和活动安排打交道的工作。从事这些工作的人包括办公室办事员、图书管理员、统计员、银行出纳员、商店收款员、邮电工作人员等。

探索活动

运用所学习的知识，找出与自己所学专业对口的职业或者相关职业。

对口职业 1：______________________________

对口职业 2：________________

对口职业 3：________________

相关职业 1：________________

相关职业 2：________________

相关职业 3：________________

三、职业认知

职业认知也称职业探索，是对自己喜欢或要从事的职业进行理论分析和实际调研的过程，目的是对目标职业有充分的了解，并在明确与职业的差距中制定求职策略，从而有效地规划大学学习生活。

认识职业世界，是个体正确和合理地进行职业选择的前提和基础。

（一）职业认知的核心

对具体职业的探索是整个职业探索的核心部分。在探索时要尽可能全面地掌握关于职业的信息，主要包括以下方面。

1. 职业描述

职业描述，就是定义职业的内涵。具体包括职业名称、各方对其的定义。在罗列现有的对这个职业的看法后，大学生自己也要给这个职业下一个定义，为自己对职业的探索打好基础。职业描述是对职业最精炼的概括和总结，是透彻理解职业和调研职业的基础。如果不是最新的职业，一般来说对职业的定义都可以通过一些途径查询到。比如《职业分类大典》中就有对职业的定义。

2. 职业的核心工作内容

每个职业都有核心的工作职责，职责背后对应的就是工作内容，通俗地说，就是这个职业一般都干什么活、什么工作是这个职业必须要做的。了解职业的核心工作内容，有助于了解完成工作所必需的胜任能力，从而找到自己和胜任能力之间的差距，有目的地培养相关能力以完成工作。在多大程度上了解核心工作内容，是衡量一个人对工作的熟悉和喜欢程度的重要标准。成熟的职业都有权威人事部门给其总结确定的核心工作内容，一些企业的招聘广告中也有对工作内容的描述。

3. 职业的发展前景及其对社会和生活的作用

职业的发展前景，是国家、社会等对该职业的需求程度，具体包括三个方面：职业在国家发展中的作用、职业对社会和大众的影响、职业对生活领域的影响。就是说，人们不仅要知道这个职业对国家、对社会、对行业的作用，也要知道这个职业对大众、对生活的影响，人们对其的依存度和声望度怎样。职业的发展前景，尤其是国家的导向是促进职业发展的最大动力，知道自己日后从事职业的发展轨迹就能更好地判断自己是否能切入及切入点如何选择。

4. 薪资待遇及潜在收入空间

职业是社会分工的产物，职业根据参与社会分工的质和量来确定报酬。能赚多少钱是大家都关心的话题，很多人也会把赚钱多少作为择业的关键因素，所以在考量职业时要重点调研职业的薪资状况。不同的行业、企业、岗位起薪都会有差异，了解这种差异的一种有效果渠道是阅读行业薪资调查报告，如前程无忧的调查。其他诸如网友晒工资、各种论坛上的网络调查等也是了解相关职业薪资状况的有效途径。

5. 岗位设置及不同行业、企业间的差别

一般来说，一个职业是有一系列岗位划分的，如人事工作的岗位就分招聘、考核等很多具体岗位，而不同行业、不同性质、不同规模的企业对岗位的划分和理解也是有很大不同的，很可能同样的岗位名称，但干的活却完全不一样。了解职业的岗位设置，能加深对职业外延的理解。不同行业对职业（岗位）的理解和要求也是有差异的，一般来说，可以通过相关权威网站、职业分类大典、业内资深人士来了解某个职业的具体岗位设置情况。

6. 入门岗位及其职业发展通路

入门岗位是指针对应届毕业生的工作。应届毕业生即使很看好某个职业，他最初也是要从基层工作做起的，而入门岗位就是提供给毕业生的敲门砖，所以，应届毕业生一定要知道自己能通过哪些岗位进入这个职业。

7. 职业标杆人物

学习职业标杆人物，就是要了解在这个领域谁能做得最好、是怎么做到的、都取得了什么成绩、遇到了什么困难、具备什么素质等。每个职业都有一流的人物，研究职业标杆人物，可以让自己了解他的奋斗轨迹，在“追星”中加深对职业的了解，也能让自己找到在这个职业领域奋斗的途径。通常网络搜索一个职业就能发现相应的职业标杆人物，也可以通过询问业内资深人士来了解。

8. 职业的典型一天

职业的典型一天，更多的是在访谈中完成的，你要知道这个工作的一天都是怎么过来的，从早上到回家的时间都是怎么安排的。了解职业的典型一天是判断自己是否适合这个职业的重要指标，如果这个职业这样的一天你都不想度过，那么它可能并不适合你，就不用再为之而努力了，所以这个过程是很关键的。尤其是这个工作对你个人生活的影响，看你能否接受。虽然职业的核心工作内容也能让你大致了解职业的典型一天如何度过，但很难让你了解工作对个人生活的影响。因此，对职业典型一天的访谈，信息量更大，也更为贴近真实工作。

9. 从业素质要求及入门具体能力

从业素质要求是指从事这个职业的一般的、基本的要求，主要是个人通用素质能力，就是能把这个工作做好要具备的能力。通过对职业的外在素质要求的了解，对比自己是否能够胜任，还有哪些要加强和补充的能力，从而可以将之规划到大学生活里。其实每个岗位都会有任职资格介绍，只要把它整理出来，加上职业访谈中的内容，就能从岗位描述和职业访谈中归纳出10项最常用的能力，然后与自己的能力一一对照，进而了解个人在职业上的长处和不足，从而有针对性地提升自己。

10. 组织和职位对个人的潜在要求

岗位描述中的技能和通用素质是组织和职位对个人提出的明确要求，达到这个要求才有被录用的可能，但职业和不同的组织对个人会有一些潜在的要求，这些要求不一定会在岗位描述中提及。比如有些气质和性格特点的人在某些组织和职业上就会如鱼得水，而另外一些人技能合格，却不一定能做得很成功。这个部分就是组织和职业对个人潜在的要求，它包括了组织文化、潜规则对个人的要求，个人的才干、气质等。了解了这一点，我们才能做出更适合的职业选择。

比起了解具体的职业信息，对大学生而言更难的部分可能是明确自己要探索的职业到底是什么。在浩如烟海的职业中找到自己的目标职业并进行探索并非易事，这时就需要借助一些科学的方法。

（二）形成自己的预期职业库

大学生除了通过职业分类寻找要探索的职业外，还可以通过对自我各方面的探索初步形成职业范围。自我探索中的兴趣、性格探索，每一部分都有相应适合的职业出现，此外，每个人还有自己心目中的理想职业，可以把这些职业也列出来。这样就获得了一个职业清单，看看这些职业有什么共同点，就可能启发自己想到更多值得探索的职业。结合自己的能力和价值观，再次从职业清单中进行筛选，最终就能得到自己的预期职业库。

研究表明：在做决策时，太多的信息容易让人迷失，反而令人拿不定主意；而过少的信息又起不到让当事人了解客观事实的作用。所以在形成预期职业库的时候，职业库的大小要根据自己的情况进行适当的平衡，通常调查5～10个职业是比较适宜的。在职业探索过程中，要抛开自己固有的想法，保持开放的心态，进而得到客观、有用的信息。

案例分享

方某的预期职业库

方某，某理工大学贸易学院二年级学生。方某觉得自己期望从事的工作是管理方面的，但是他对职业方面的情况并不了解，因此也不能确定自己真正想要从事的职业到底是什么。方某进行了全面的职业测评，得到了一些建议。兴趣探索结果显示方某适合教师、培训、社工等工作，性格探索的结果是他适合人力资源管理、咨询顾问、教师等工作，能力探索的结果是他的能力适合在教育、销售、客户服务的领域发展，而价值观探索的结果是他期待做服务、自由职业、护理等工作。从方某自我探索得到的各种职业选择建议中可以看到，教师职业、教育工作出现的频次最高，社工、客户服务、服务、护理等其次，而这类工作虽然名称不同但都明显体现了助人的特点。所以适合方某的职业首先具有与人打交道、帮助他人的特点，其次还有沟通性、商业性等特点。由此他可以列出或搜索一些符合这些特点的职业，把这些职业也放进自己的预期职业库中进行进一步的详细调查，比如培训师、咨询顾问、客服等。

（三）获取职业信息的途径

1. 互联网

当今社会越来越多的信息都是通过网络获取的。网络上有很多与职业相关的网站，如前程无忧、智联招聘、中华英才网等。有些网站专门针对不同专业提供了不同的职业信息。通过搜索引擎查找目标公司网站（全球及中国）、行业协会网站、猎头公司网站、网上讨论区及相关新闻，就可获得比较充分的行业、公司及职位信息。

2. 书面材料

书面材料包括：(1)《中华人民共和国职业分类大典》，这是对职业进行科学分类的权威性文献。(2) 有关专业（行业）期刊、报纸、对外发布的行业分析报告等。(3) 其他书面材料，包括各种活动、展会资料，也包括行业展会、研讨会、专题讲座、咨询沙龙、商会活动等收集的信息材料。

3. 关系网络

同学、老师、校友、亲戚、邻居等可以提供你感兴趣的行业、职位信息，以及招聘市场现状及趋势的信息。

4. 见习与顶岗实习

通过实地参观、见习、业余兼职、专业实习等实践途径，获取直接工作经验，进而了解某职业的实际情况。

5. 生涯人物访谈

生涯人物访谈是通过与一定数量的职场人士（通常是自己感兴趣的职业从业者）会谈而获取一个行业、职业和单位“内部”信息的一种职业探索活动。通过访谈，了解该职业岗位的实际情况，获取相关职业领域的信息，进而判断自己是否真的对该职业感兴趣，这实际上是一次间接、快速的职业体验。

生涯人物访谈活动对于没有工作经验和社会阅历的大学生来说，是了解职业的一个比较好的方法。下面介绍基本的访谈流程：

（1）了解自我。通过自我探索，在了解自己的职业兴趣、性格、能力、价值观的基础上，结合自己的兴趣、技能、工作价值观、教育背景和已掌握的职业知识列出自己未来可能从事的几个职业。

（2）寻找生涯人物。通过亲戚朋友介绍或网络搜索，在自己未来可能从事的每个职业领域寻找不少于3位在职资深工作者或至少具备三年以上工作经验者作为访谈对象。

（3）设计访谈问题。访谈问题通常包括：你是如何找到这份工作的？你的职位、工作任务或内容是什么？做好这份工作需要哪些教育、培训背景或经验？学校开设的哪些课程对在这个行业就业有帮助？还需要哪些个人资格、技巧和能力？工作地点在哪里？工作环境怎样？从事这份工作将面临什么问题？喜欢这份工作的什么方面、不喜欢这份工作的什么方面？拥有什么样个人品质、性格和能力的人更能做好这份工作？在你所在的工作领域，刚毕业的大学生和工作一年后员工的薪资水平如何？目前存在的困难及前景如何？对打算进入这个领域的人有什么建议？你所在行业内，单位一般会为新进员工提供哪些培训？

（4）预约生涯人物。预约方式有电话、QQ、电子邮件等，其中以电话为首选。预约时首先介绍自己，然后说明找到他的途径、采访目的、感兴趣的工作类型以及进行采访所需要的时间，确认采访的时间和地点。联系前的准备要充分，电话联系时还应备好纸和笔，礼貌地告诉对方你对该职业比较感兴趣，希望能更进一步了解该职业的相关资讯及他从事该职业的心得和经验，请他安排半个小时至一个小时的时间，让你到他的工作场所拜访他。如对方工作繁忙，也可通过微信、邮件、QQ等其他方式进行交流。

（5）采访生涯人物。访谈方式可以是面谈、电话访谈、QQ访谈，当然最好是面谈。面谈前，采访者一般可以用已经从其他渠道了解的生涯人物的好消息轻松打开话题。之后就可以按设计好的问题开始访谈了。生涯人物谈兴正浓时，采访者要乐于倾听，给生涯人物留出提供其他信息的机会。关注访谈中的细节问题，突出重点，访谈过程中应善于倾听、提问，并做好记录。在访谈结束时，请生涯人物再给自己推荐其他相关的生涯人物，这样就可以以滚雪球的方式拓展自己的职业认知领域。

（6）用信息加工的观点进行分析。在一个职业领域采访三个以上的生涯人物后，用职业信息加工的观点来辩证地分析访谈的内容。对照之前自己对该职业的认知进行比较，找出主观认识与现实之间的偏差，确定自己是否适合这一行业、职业和工作环境，是否具备所需能力、知识与品质，形成书面总结报告，进而详细制订大学期间的自我培养计划。如果访谈结果与自己之前的认知严重脱节，就有必要进入另一个职业领域开展新一轮生涯人物访谈。

四、科学认知，理性规划

高等院校是大学生即将开始职业生涯的起跑线，大学时期是为成功的职业生涯奠定基础的关键阶段。因此，理性认识大学生活，了解专业发展，客观评价自我，建立起对职业的系统认识，是我们每一个大学生在进行职业生涯规划之前所必须做好的准备工作。

职业生涯是人生中最重要的历程，是追求自我实现的重要人生阶段，对人生价值起着决定性作用。一个人要想实现自己的价值观，得到社会的认可，一定要尽自己所能为社会作出贡献，这是成功的必要条件，可以说，人生的成功有赖于职业生涯的成功。

大学教育属于专业教育，其任务是向大学生传授从事专业工作所需要的专业知识并进行一定的专业训练，培养方向是高级专业人才。随着现代科学技术的发展，社会对专业人员的需求量增大，对专业人员的素质要求也越来越高。大学教育是培养高级专业人才的主要途径，在培养专业人才方面，高等学校具有优越的条件：拥有一支专业齐全、素质优良的师资队伍；拥有后勤、管理、政工队伍的协调配合；拥有系统、严密的教学体系和教学管理体系；拥有必要的物质基础；拥有优良的办学传统和良好的学风、校风和教风，大学生自身所处的年龄段，也决定了这时是接受专业教育和培养的最佳时期。

（一）大学生的社会角色

大学教育是青年社会化的一条重要途径。所谓青年社会化，是指青年在社会成熟过程中，社会运用一定的文化、价值观、行为规范、生产生活技能、法律、道德、习俗等教化陶冶青年，使之被社会接纳，成为社会一员的过程。社会化有广义和狭义之分。广义的社会化是指人的一生都要受社会观念、社会文化和社会规范的教化，都存在不断学习、不断调适的任务，都有跟上时代和社会发展步伐不断超越自我的努力和现实表现。狭义的社会化是指未成年的个人学习社会知识、各种规范和技能，学习参与社会生活并成为合格社会成员的过程，青年社会化属于狭义的社会化。大学生所处的时期，是社会化最重要的时期，是初次社会化趋于完成的时期。因此，我们首先要认识大学生的社会角色。

1. 具有坚定信念的社会主义事业的接班人

我国正处在现代化建设的重要时期，也是建立社会主义市场经济体制的关键时期。如何把发展市场经济与思想道德建设统一起来，真正地促进社会全面进步则是一项长期而艰巨的任务。

当代大学生是开创 21 世纪中国特色社会主义大业的主力军，担负着坚持发展社会主义的历史重任。社会主义信念是当代大学生的力量源泉和精神支柱。为了坚定社会主义信念，大学生必须认真学习习近平新时代中国特色社会主义思想，坚持马列主义、毛泽东思想、邓小平理论、“三个代表”重要思想、科学发展观。

2. 社会主义事业的建设者

当代大学生作为社会主义事业的建设者和接班人，担负着振兴中华的崇高历史使命。将大学生培养成有理想、有道德、有文化、有纪律的积极献身于中国特色社会主义事业的建设者和接班人，是社会主义事业的奠基工程，也是广大人民群众的期望与心愿。虽然我国的建设事业面临重重困难，但这恰恰给予了我们更多施展才华的机会。当代大学生就应适应时代的要求，继承和发扬我国知识分子艰苦奋斗、顽强拼搏、勇攀高峰的优良传统，使自己真正成为社会主义事业的建设者和接班人。

3. 推动中国融入世界的主力军

当代国际形势下，各国都在信息产业革命的推动下展开了更为激烈的竞争。发达国家利用高科技优势进一步拉大了同发展中国家的差距。当代大学生应该增强紧迫感、危机感，有志气、有决心，用自己的双手把中国建设成为富强民主文明和谐美丽的社会主义现代化强国。中国融入经济全球化的世界，也为大学生的成长发展和发挥自己的聪明才智提供了优越的条件和良好的机遇，每一个有志气、有才华的大学生，都应珍惜时代提供的机会，勤奋学习，奋发向上，力争在中国走向世界、走向未来的伟大事业中有所作为，在担负起推动中国融入世界的历史使命时不负众望。

（二）当前大学生的职业问题

1. 职业价值观模糊不清

这主要表现在：做重大决策的时候往往有些意气用事；自己期望的和社会现实存在较大的差距；很多人总在问自己要什么，而没有问自己能够付出什么；经常受社会舆论的影响，难以把握自己的方向。

2. 自我定位方法简单

大部分大学生自我定位方法简单。这主要表现在有些大学生根据自己的外在因素定位，如自己毕业的学校、所学的专业等，忽略了自己的内在素质和发展潜力；容易通过攀比来定位，如和同学比，和同事比，以此来确定自己的位置，这样容易迷失自我，会因别人的评价去选择一份工作或辞去一份工作。

3. 工作积累不够扎实

这表现在：过于重视知识、经验和技能，而忽视了职业责任、内在品质、良好的人际关系、基础能力（如思维能力、解决问题能力等）等方面的提升；在实际工作中只注重做事，不注重做人，不懂得如何看待自己的“积累”，常以为表面的经验、职位是下一步发展的基础，而没有把实实在在的能力和人品作为坚实的台阶。

4. 心理素质较弱，尤其是心理承受力和耐力较差

这表现在：心态比较浮躁，希望尽快见到结果，对于细节的处理缺乏耐性；对工作

环境的适应比较艰难，缺乏相应的心理准备和自我调节能力；承受工作压力的能力较弱。

5. 处理问题的方法存在不足

有些大学生重视结果，而不在意方法，在处理矛盾、冲突、人际关系等问题上显得有心无力，缺乏合适的方法和技巧。

以上这些职业问题和我们大学期间的学习、生活有直接的联系。对大学生来说，所面对的各种知识浩如烟海、各门类学科交叉渗透，想要百科皆通，掌握方方面面的知识是不可能的；大学生活丰富多彩，各种活动都去参加也是不现实的。这就要求大学生在校期间要合理安排学习进程，为自己的职业生涯积攒后劲，只有这样，才能成为受社会各界欢迎的大学生。

（三）做受社会欢迎的大学生

1. 注重基础理论的学习

理论是指导实践的指针，是完成实践活动的基础。理论的获得，无疑是勤奋学习的结果。理论知识作为知识结构的根基，是每个大学生的就业之本。我国的高等教育对大学生培养的根本一点是要扩大学生的知识层面，培养宽口径、厚基础的应用型人才。只有把基础知识面拓宽，大学生毕业后的发展才会有后劲。

大学生注重基础理论的学习还有助于培养科学的思维方法和良好的心理素质，而这又是工作中必备的优秀品质。大学生切不可为了培养其他方面的能力而忽视了对基础知识的学习。大学生在学习基础理论的时候，还要注重拓宽自己的知识面，这是提高实际工作能力的基础。拓宽知识面不是什么都要学，而是要科学地、有选择地学。要根据自己的实际情况，考虑自己的精力和承受能力，量力而行，这样才能达到学习目的。正确的方法是首先要学好必修课，理解和熟悉本专业国内外最新的科学技术成就和科技前沿动态，其次是了解一些同本专业发展相关的基础知识，以适应社会的需要。

2. 勇于实践，积极创新

（1）注重实习过程。大学生在校学习期间，按教学计划安排，都有一定时间的实习。大学生一定要充分利用好这些机会，向现场有经验的技术人员学习，向生产一线的工人师傅学习，吸取他们多年积累的经验，充实自己。在实习过程中，大学生可以学习到很多书本上学习不到的知识，既能培养自己综合运用知识的能力和实际动手能力，又能使自己的创造性思维能力得以提高。同时，通过实习，大学生还可以增强对未来从事职业岗位的工作环境、工作性质、工作要求以及专业的应用范围的感性认识，从而发现自己的长处和不足，明确自己为适应未来工作而学习和努力的方向。

（2）参加各项实践活动。大学生在书本上学到的知识必须和具体的实践结合起来，才能够培养自己分析问题的能力。能力的提高也是通过在实践过程中不断发现问题、处理问题来实现的。因此大学生要有计划、有针对性地进行社会调查，广泛接触社会，从而增进对社会的了解，正确评价自我，摆正自己在社会活动中的位置，从而提高自己的社会活动能力和交往能力，提高自己分析问题和解决问题的能力。

(3) 积极参加课外科技活动或模拟科技活动。现在越来越多的高校开始重视学生的课外科技活动。比如“挑战杯”全国大学生课外学术科技作品竞赛、全国大学生数学建模竞赛、各种计算机网络大赛等，不少品学兼优的大学生在参加活动的过程中学到了知识，提高了能力。实践证明，在校期间参加过这些活动的大学生就业后上手快、科研能力强，很快就会成为业务骨干。所以说，在校参加科技活动是锻炼实践能力的重要途径。

(四) 理性规划大学生活

对于刚刚跨入大学校门的学生来说，几乎所有人对未来都有过憧憬，你可能努力过，积极参加社团活动，认真听课，认真地准备考试，然而，大学生活的最后一年，很多人会发现，现实中的选择和想象中的大相径庭，而自己大学时所做的那些事，有很多是无意义的，无法对未来产生有益的影响，而另外一些有意义的事根本没想到去做。所以回首过去，许多人会感到遗憾，这样的情况，一方面缘于未来的不确定性，另一方面则是因为缺乏对大学生活的规划。对大学生活进行科学的规划，是职业生涯准备中的重要内容。

1. 构建合理的知识结构

全面掌握学科基本理论知识，熟练掌握学科基本方法、基本技巧，把握学科和时间的纵横联系，优化知识结构，构建良好的专业学科知识体系，提高专业理论素养。专家建议大学生对所学专业知识要精深、广博，除了要掌握宽厚的基础知识和精深的专业知识外，还要拓宽知识面，掌握或了解与本专业相关、相近的若干专业知识和技能。

2. 培养职业需要的实践能力

大学生在学习知识的同时，要积极投身于社会实践和技术创新，从中找差距，发现自己的不足；在实践中发现自己的优势；在实践中发掘潜能，尝试创新，寻找在社会发展中最合适的位置，努力拓展事业发展空间，成就人生理想。因此，作为大学生，尤其是高职院校学生，要注重实训和实践，积极主动地参加各种实训活动，将理论知识与实际运用相结合，在实践中不断提高技能。

3. 了解职业意义，渗透职业意识

从某种意义上说，大学只是职业探索中的一个重要发展阶段。大学生要积极根据人生追求、社会需要、职业要求、职业兴趣和能力特长选择合适的专业，学习专业知识，培养专业素质与技能，探索职业意义，从而规划自己未来的职业发展。

第二节　职业环境分析与探索

学习目标

1. 了解职业环境分析的内容。
2. 熟悉影响职业生涯的社会环境因素。
3. 掌握职业环境探索的内容。

案例导读

小李的困惑

小李在一所理工类院校的环境监测与治理技术专业就读。入学后，她发现该专业鲜有女生报考，专业老师也在入学教育中提到该专业可能存在就业性别歧视。尽管如此，她仍努力学习，并准备考取相关职业技能证书。同时，她对英语比较感兴趣，已经通过了大学英语四级，准备大三继续报考大学英语六级；她的口语不错，曾在一家英语幼教机构有过兼职经历，也比较喜欢和孩子们打交道。她对人文、历史都很感兴趣，还喜欢旅游，经常到不同的地方见识新鲜的人和事，在网上也自学了一些相关的课程。她自认为是一个“外向型”的女孩，她加入了学校的各种社团，参加和组织了多项活动，周围的人都认为她热情、有亲和力、善良而富有同情心。

虽然小李成绩不错，综合能力也比较强，但她对自己的职业发展比较困惑。临近毕业面临着实习与就业，她到底是选择专业对口的工作，还是选择自己感兴趣的其他工作呢？如果选择其他工作，大学的专业学习是否会浪费？她是否需要通过专升本来进一步提升自己的专业竞争力？这些问题都困扰着她。

问题与思考：

小李到底该如何解决这些关于职业发展的困惑呢？

知识详解与能力训练

一、职业环境分析的内容

进行职业环境分析，主要是为了了解各种环境因素对职业生涯发展的影响。环境因素是客观的，是不以人的意志为转移的，但是环境因素却是可以被选择、被利用的。通过职业环境分析弄清环境对职业发展的要求、影响及作用，对各种影响因素加以衡量、评估，才能在复杂的环境中趋利避害，使职业生涯规划更有实际意义。职业环境分析主要包括社会环境分析、区域环境分析、学校及家庭环境分析。

（一）社会环境分析

所谓社会环境分析，就是对我们所处的社会政治环境、社会经济形势、社会文化环境、行业发展动向等宏观因素的分析。人是社会的产物，人的生存和发展离不开社会，社会环境对我们的职业生涯具有重大影响。通过对社会环境的分析，我们可以对当前所处社会的政治、经济、文化等方面有一定的了解和认知，以便更好地寻求各种发展机会。

1. 社会政治环境

社会政治环境是指制约和影响企业的各种政治要素及其运行时所形成的环境系统。社会政治因素对企业的影响是非常巨大的，而企业的发展变化则对个人的职业生涯有着举足轻重的作用。因此，我们要了解国际、国内的政治环境，以及国家政治形势及其变化等。

2. 社会经济形势

社会经济形势对职业选择和职业发展有着重大影响。社会经济繁荣，新兴行业不断出现，这就要求社会为各个新兴行业提供所需的人才，人们也因此获得更多的就业与晋升机会。经济发展停滞甚至衰退就会导致失业率增长，个人的职业选择和职业发展也会变得更加困难。当前，我国经济增长的内在动力较强，经济保持中高速增长，增长水平在世界主要国家中名列前茅。

3. 社会文化环境

社会文化环境指在一种社会形态下形成的价值观念、生活方式、宗教信仰、人口状况、教育程度、道德规范、审美观念，以及世代相传的风俗习惯等方面的总称。这些因素是人类在长期的生活和成长过程中逐渐形成的，人们总是自觉或不自觉地接受这些准则并将其作为行动的指南。社会文化环境对我们的职业生涯规划有多方面的影响。例如，在大学生择业过程中出现的“孔雀东南飞”、公务员热、考研热、工匠热、技能大师热等现象，都是社会文化环境对职业规划产生影响的生动实例。在进行职业规划时，我们只有顺应当前的就业形势和就业政策，从个人实际、社会需求和长远发展入手，树立正确的就业观，才能在竞争激烈的就业市场中找到发挥自己能力的场所。

4. 行业发展动向

社会是发展变化的，行业变迁是社会分工变化的必然结果，社会在不同时期对不同行业有不同的需求。我们在进行行业动向分析时，一定要结合社会大环境的发展趋势。科学技术的飞速发展，会使某些行业如同夕阳，逐渐衰落、消亡，更会使许多极具发展前途的朝阳行业不断出现、发展起来。同时还要注意国家政策的影响，要了解国家对某一行业是支持、鼓励和引导，还是限制、控制和制约。要尽量选择那些有前景、发展空间较大的行业。

例如，我国近年来狠抓环境保护，推行可持续发展战略，保护生物多样性，在农业生产中控制化学制品的使用，开发“绿色食品”等，使环境保护产业如初升的朝阳，充满生机，环保设备生产、环保技术咨询等行业迅速发展，提供了大量就业岗位。而这时如果不了解情况，为了一时利益，盲目进入那些污染严重的行业谋职，对于自己的职业生涯发展可能会造成一些不良影响。

拓展阅读

我国高级技工的岗位空缺与求职人数的比率已达 2∶1

近年来，随着技能人才培养、职业技术培训制度的逐步完善，我国更加积极地参与世界技能大赛，中国技工正在以新的面貌走向世界。许多对技工操作有浓厚兴趣的学生纷纷选择投入技工学习中，技工院校培训更加注重校企结合。尽管如此，实际生产中，仍然面临高级技术人才稀缺等问题，急需完善技工评价体系，构建以职业能力为导向的新型技能人才发展环境。

切削雕磨、打孔钻铣……在全国 205 个集训基地里，一群年轻人正投身于热火朝天的训练中。他们来自五湖四海，有的是上届世界技能大赛的“老将”，有的刚从全国选拔赛中突出重围；他们是一支庞大的队伍，有 500 多人；他们将在接下来不到半年时间内历经多轮考核，最终每个项目角逐出 1 名选手。他们是技能青年，将代表中国出征俄罗斯喀山第四十五届世界技能大赛，代表着中国技能人才的最高水平。

这群年轻人为什么选择当技工？

当个好技工，有趣味、有价值也受尊重

“人生有许多条路通向成功，不单单是考大学这一条路。选择一门技术，也能够通过努力实现自己的人生梦想。”第四十四届世界技能大赛时装技术项目金牌获得者胡萍说，到北京市工贸技师学院学习服装专业，是自己的选择，源于自发的兴趣。可做出这一决定并不轻松，“一开始，亲戚和朋友都很不认可我的决定。多亏了世界技能大赛，肯定了我的价值，也让亲戚朋友改变了对我的看法。”

作为第四十四届世界技能大赛珠宝加工项目铜牌获得者，胡凡与胡萍一样，也是主动选择当技工。2014 年高考后，他放弃了二本院校，来到深圳技师学院学习珠宝设计与制作。“选择很重要，要冷静下来，思考自己适合什么、喜欢什么。在技工院校学手艺，走技能成才道路，也是一条康庄大道。”胡凡说。

虽说社会上重学历、轻技术的观念尚未完全扭转，但越来越多的年轻学子基于兴趣选择成为一名技工。他们自信活泼、充满活力，希望在各个领域中创造出属于自己的价值。

走进技工院校的大门，映入眼帘的，不仅仅是人们印象中车钳铣刨磨等传统技工操作，广告设计、室内设计、工业设计、3D 打印应用、应用生物、图文传播技术、风景园林、电子信息技术等新专业也多有设置。随着科技的进步、产业的转型升级，一些“老大黑粗”工种逐步消失，智能设备的安装、保养和调试等新专业取而代之。

“让社会更加了解技工、理解技工，是我们申办世赛、积极参赛的根本目的，希望可以吸引更多人参与技工事业。”人力资源和社会保障部职业能力建设司有关负责人说，以去年全国选拔赛为例，共 1 359 名选手参赛，约 15 万名观众到场观赛，近百家企业、院校到赛场布展，上百万观众通过网络直播观看比赛，通过参赛、观赛促进社会风尚转变，使社会更加尊重技能人才。

毕业即就业，“吃香”程度持续走高

在 2018 年的全国选拔赛中，广东队大获丰收，共有 101 名选手入围 42 个项目国家集训队，获得 20 个项目全国冠军。这些选手绝大部分是广东省各大技工院校的在校生。

广东全省共有技工院校 156 所，在校生 57.1 万人。学生们不仅上得了赛场，更下得了厂房。“我们 2017 届毕业生的就业率高达 99.53%，毕业即就业，近年来企业求人倍率（岗位空缺与求职人数的比率）已达 5∶1，‘吃香’程度继续走高。”原广州市工贸技师学院汤院长说。

“专业设置必须对接产业发展，让学生出校门就能直接适应企业，缩短了工学之间的磨合期。”原中山市技师学院郭院长说。

院校牵手企业，招生如同招工。2017 年 6 月，广东省机械技师学院和西门子共同成立了全球首家中德西门子技术国际学院，学生毕业后将取得西门子德国柏林技术学院高级工或工程师证书和技师学院毕业证书。“我们创新推行‘校企双制’办学，推动学院与一大批大中型骨干企业开展校企合作，联合招生招工、送岗送学、双制培养。”原广东省机械技师学院冯院长说，从入口到出口，企业全程参与人才培养的每个阶段，充分发挥学校育人机制和企业用人机制的耦合作用。

人数总量多，人才结构待优化

虽说我国技能人才队伍建设成效显著，但是，技能人才招人难，尤其是高级技能人才缺乏的问题仍是企业迈向高质量发展的首要困扰。

有数据显示，我国技能劳动者仅占就业人员的 20%，高技能人才数量还不足 6%，总量严重不足。从市场供需来看，近年来，技能劳动者的求人倍率一直在 1.5 以上，高级技工的求人倍率甚至达到 2 以上的水平。技工紧缺现象逐步从东部沿海扩散至中西部地区，从季节性演变为经常性，供需矛盾突出。

“我们更想在实际生产里发挥更大价值。”胡萍说，作为备战世界技能大赛的运动员，希望有一天自己的技能能经得起市场的考验。

资料来源：李心萍. 我国高级技工的岗位空缺与求职人数的比率已达 2：1. 人民日报，2019-03-05，有改动.

从上述案例可以看出，当前我国技能人才短缺，国家十分重视技能人才的培养。社会环境对我们的职业发展有着重要影响，因此，大学生要注意了解社会政治环境、经济形势、文化环境、行业发展中的变化与趋势，以便更好地规划自己的职业生涯。

（二）区域环境分析

个人职业生涯的发展离不开国家社会经济发展的大背景，也离不开个人所在地区经济发展的小背景。我国幅员辽阔，各地区都有自己独特的自然、经济和社会条件。按照以往的情况，经济发达地区特别是东南沿海地区，如上海、广州等地，人才需求旺盛，就业机会多，发展空间大；而经济相对落后地区，如云南、贵州等地，就业机会相对较少，发展空间也相对较小。但是近年来，随着国家区域协调发展战略的实施，中西部地区经济增长速度加快，对人才的需求也愈加迫切，在人才引进方面有着更多的优惠政策，所以在进行职业生涯规划时，可以把眼光投向中西部地区。

关注区域经济的发展，可以捕捉到有利于职业生涯发展的机会，也可以验证个人发展目标是否符合经济社会的发展需要。无论当地的经济和社会条件如何，只要了解当地的区域经济特色，并加以利用，就一定能为自己找到合适的就业或创业之路。

案例分享

“人们常说人要有一技之长，如果当初我没有上职校，肯定不会有今天的成就。”现任青海××有限公司××项目办主任韩伟学骄傲地说。

韩伟学回顾自己的工作经历不禁感慨万千。1998 年初中毕业的韩伟学考入了青海交通职业技术学院，进入职校后，韩伟学选择了公路与桥梁专业，正是这三年的学习为他多彩的人生打好了底色。

“我之所以想报公路与桥梁专业，是因为我深深地知道要想富先修路。我是来自循化撒拉族自治县查汗都斯乡的撒拉族农民孩子，那时候去县城上学，要骑一个小时自行车才能到，那时候我就想如果路好了，我们就不会这么辛苦了。”韩伟学说。

从青海交通职业技术学院毕业后的他，选择到公路建设的最前沿、最基层工作。韩伟学说，修路这项工作并不轻松，工作现场大多在高寒缺氧地区。“我毕业的时候正好赶上西部大开发，青海这片土地生我养我也培养了我，我想留在这里为家乡人民做更多的事，我想把我学到的回报给这片土地，所接受的职业教育给了我满满的信心。”

从工程施工到工程监理，再到项目管理，韩伟学一路走下去。“我们班当时46个同学，如今百分之八十的同学到现在跟我一样从事着本专业，我们就想为道路建设多做一点贡献，参与到青海的经济发展当中来，为家乡的老百姓修更多更好的道路。这也影响到下一代，我很多朋友的孩子都想上职校，希望学到一技之长。”

资料来源：中国高职高专教育网，https://www.tech.net.cn/web/articleview.aspx?id=20170614092725373&cata_id=lxqq，有改动.

案例中，韩伟学毕业时正好赶上西部大开发，于是他便抓住这次机会，选择回到家乡，为家乡建设贡献自己的力量，从而也实现了自己的职业规划。

（三）学校及家庭环境分析

1. 学校环境

在影响职业生涯规划的环境因素中，学校教育起到了相对主导的作用。学校教育是带有明确目标的系统性教育，是专门培养人的机构，其一切活动几乎都是围绕有目的地培养人而展开的。我们在对学校环境进行分析时，可以从以下几个方面进行：

（1）所学专业。大学期间所学专业将大致决定大学生今后所从事职业的方向。

（2）师资力量。教师是教学过程的组织者、引导者、协调者、评估者，教师在知识的启发与传授过程中占据了主导地位，教师自身的思想状态、心理倾向、教学能力、教学方法与人格魅力等在面对面的教学过程中会不断影响学生，促进学生世界观、人生观、价值观的发展与完善。

（3）校园文化。不同的学校有着不同的校园文化，培养出的学生也有不同的特点。健康的校园文化可以陶冶学生的情操，启迪学生的心智，促进学生的全面发展，潜移默化地影响学生的主流价值理念。

（4）校友文化。校友在工作岗位上所取得的成就能够为母校赢得巨大的社会声誉，校友的先进事迹能够激发在校学生奋发的意志，遍布各地、各行业的校友也能够为母校提供就业信息。从社会效应上来说，校友的就业方向、就业环境、就业理念对毕业生的就业选择都会产生较大的影响。

2. 家庭环境

家庭是人生活的重要场所，人的社会化首先从家庭开始，一个人的性格、价值观、行为模式等均带有家庭的烙印。因此，大学生在进行职业生涯规划时，家庭的经济状况、家人期望、家族文化等因素也是要重点考虑的。

家庭环境分析即对家庭软、硬环境的分析。其中，家庭软环境是指家庭给人的内在情绪和感受，它对人起着潜移默化的作用，是家庭生活中人与人之间相互联系时所形成的一种气氛；家庭硬环境是指特定的物质条件，它是人得以发展的基础条件。每个人从出生伊始就受到家庭环境的影响，这种影响往往是多方面的、深远的，往往能够影响人的一生。进行家庭环境分析可以从以下几个方面入手。

（1）家庭资源。家庭资源的合理配置可以为子女提供良好的物质环境，使他们在压力适中、条件相对较好的家庭环境中，培养独立性和自我管理能力，增进其学习的愿望和主动性。

（2）父母的文化水平。父母的文化水平会直接影响其教养孩子的方式，从而造成孩子不同的品格特点。常见的父母教养方式及孩子相应的品格特点如表 3-1 所示。

表 3-1　父母的教养方式及孩子相应的品格特点

教养类型	教养方式	孩子的品格特点
民主型	接纳—控制：关心、理解、信任、自主、尊重 对孩子高度关怀，中等程度的行为控制；既不娇惯，也不过于严厉；对孩子的行为有明确的规定和要求，并能严格执行；对孩子的期望与要求和孩子的能力相一致；亲子关系平等，如朋友一般	有社会责任感、有成就倾向、自我约束能力强、亲切温和、情绪稳定、深思熟虑、独立、自信、善于协作
专制型	冷淡—控制：命令、苛求、禁止、威胁、惩罚 父母往往表现出缺乏热情的情绪反应，很少考虑孩子自身的愿望和要求；对孩子的一举一动都横加限制，如有违反，会采取强硬措施，甚至动用暴力；亲子关系疏远，以父母为中心	缺乏安全感与归属感、缺少主动性、恐惧、自卑、懦弱、服从、焦虑、倔强、逆反、冷漠、残忍、消极、被动
娇宠型	接纳—不控制：接受、顺从、溺爱、纵容、迁就 对孩子百般疼爱，过分娇宠，处处迁就，事事代劳，对孩子的任何要求都不假思索地答应，对孩子偏袒护短，过度保护，缺乏引导与教育；贴身侍从式的亲子关系，以孩子为中心	缺乏责任感、缺乏创造性、依赖性强、被动、顺从、懒惰、自私、任性、幼稚、野蛮、无礼、唯我独尊、冲动
冷漠型	冷淡—不控制：不闻不问、放任 对孩子既缺乏爱的情感和积极反应，又缺少对行为的要求和控制，亲子间交往甚少，父母对孩子缺乏基本的关注与了解，对孩子的一切行为举止采取不加干涉的态度，给孩子一种被忽视的感觉；亲子关系淡漠，各自以自我为中心	缺乏归属感、缺少爱心、缺少责任感、冲动、不顺从、自傲、目中无人、自以为是

（3）家人的职业状况。家人的职业状况也会对孩子的学习及将来的职业规划产生影响。例如，若父母是自己创业，子女在长期的熏陶中也会积累创业的意识和技能。

探索活动

很多大学毕业生面临找工作时都会备感焦虑，预想一下，你是否也会有此感受？

二、职业环境探索

通过前面内容的学习，我们已经有了一个模糊的职业概念，为什么说是模糊的呢？因为还不清楚具体有哪些行业，不了解自己喜欢什么岗位，不知道职业与岗位怎么分布，更不熟悉工作环境。这就需要进行行业探索、宏观就业环境探索、组织环境探索、企业环境探索，确定自己喜欢的行业，了解自己想去的企业，明确自己擅长的职业与岗位，熟悉自己即将走进的工作环境，这是寻求一份理想工作的系统环境分析过程。

（一）行业探索

在就业压力较大的今天，选择正确的行业，是决定个人发展前景和薪资水平最终的原因。现在行业越来越多，各行业分工越来越清晰，新的行业不断涌现，夕阳行业、面临淘汰的行业也不断出现。

1. 行业的定义与范围

“行业”是指经济活动部门的种类，而非个人从事的工作，其包括从事生产各种有形物品与提供各种服务的经济活动。

行业的划分是社会分工的体现。如何界定一个行业以及行业的范围，这就应对目标行业进行详细的多方面调研，包括：行业的管理者，如国家部委、相应协会；行业的领导者，如行业内标杆企业负责人的言论；行业的研究者，如专注此行业的管理培训专家、学院教授；行业的从业者，如从事此行业工作较久的职场人士。综合这些方面的理解，就可以全面地了解行业的定义范围。

2. 行业的意义与前景

作为社会分工的产物，每个行业对社会都有独特的贡献，否则行业也就不存在。了解行业存在的意义，就是正确理解行业在社会中的位置及未来所扮演的角色。由此，就可以结合科技发展和大众需求，思考行业未来的发展前景和可能性变化，供个人在选择行业时参考。

3. 行业内的标杆企业

行业范围内不同的领域会有处于不同发展阶段的企业，每个具体范围内也会产生一定的龙头企业。这些企业进入行业早，整合资源能力强，有独特的核心竞争力，有大量的科技人员，有领先的技术优势。因此，研究这样的标杆企业，可以深刻地把握行业的过去和未来，在选择企业时也会有的放矢。

4. 行业的人力资源需求状况

行业的发展现状和未来趋势决定了整个行业的人力资源需求状况变动，科技和大众需求的变化会产生行业内新的发展点，同时也会淘汰旧的工艺和职位。通过行业人才招聘网站或人才招聘门户网站等，可以掌握业内的人力资源需求变动，一个比较火的行业，其招聘信息必然是各类媒体都可以看到的。

5. 行业准入资格

进入一个行业，必然要有一定的准备和积累，这就表现为入行要求。从业证书是证明具备从业资格的一种手段，如注册会计师证书、教师资格证，人力资源管理师证书。要注意的是，如果你不愿或不能从事此行业，那就没有必要考取行业所要求的资格证书。

6. 行业标杆人物

一般来说，行业标杆人物基本都来自标杆企业，也有部分关注者、研究者等间接关注一个行业。了解这些标杆人物的奋斗经历、所在企业等，是了解行业的一种有效方式，同时也提供了职场奋斗的参照榜样。需要注意的是，也要研究业内“出名”的失败者，他们可能因为某一步走错了导致满盘皆输，两面都研究就不会一叶遮目。

（二）宏观就业环境探索

宏观就业环境意味着国家或地区的社会就业结构状况和人才需求变动趋势。对趋势的了解对于人们明确求职方向和求职目标具有重要的参考价值。宏观就业环境信息主要有五类。

1. 国家或地区经济与社会发展信息

这类信息一般不直接反映国家某地区的就业需求状况，但经济与社会发展都必然牵扯到人口就业问题，影响到就业结构的变化，从而反映出劳动力的流向、需求的变动趋势。如天津市的危陋平房改造工程，带动了天津市房地产、家庭装修、家具等一系列行业的发展，为求职者提供了巨大的求职空间。

2. 国家或地区社会经济的方针、政策、规定

国家或地区社会经济的方针、政策、规定有些可直接、间接影响到劳动就业，从而对社会人员需求变动产生某些影响。比如，全面贯彻执行《中华人民共和国企业法》，实行企业经营承包政策，企业经济效益同工资总额挂钩政策，扩大、增加基础建设规模政策，鼓励城市科技人员支援乡镇企业的政策，吸引人才的各种优惠政策等。

3. 企业或地区社会性经济人力资源制度改革信息

人力资源管理和其他各项管理的改革，都可能导致企业用人数量上的变化和职工队伍的内外流动，从而对人员需求状况产生影响。

4. 国家或地区各项社会经济改革信息

针对现实社会经济发展中的问题和弊端所进行的各种改革，都会因牵扯到个人的利益而对人们的择业行为产生某种导向作用，从而引导从业人员择业需求方向的变化。比如，进行机构改革，实行政企分开时，各类公司大量涌现，以致形成了择业中的“公司热”。

而进行活动流通领域的改革，又使得相当多的人把择业方向瞄准第三产业等。

5. 就业地区经济发展水平

在宏观就业环境中，有一项因素与大学生求职关系非常密切，这就是就业地域探索。

就业地域是大学生在求职时不可避免会考虑的因素。一个国家、一个地区在一定时期内的经济状况和政治状况，直接影响求职者的就业状况。从整个国家范围来说，经济的发展和科技的进步，以及生产率的提高，职业演化速度的加快，就业岗位的增加，往往都是在发达区域进行的；而对于经济发展较为缓慢和落后的区域，其就业信息、岗位相对较少，造成职业提升也相对缓慢。

大学生在择业时普遍存在青睐北京、上海、广州、深圳（简称“北上广深”）的现象。有研究发现，影响就业区域流向的因素主要包括经济因素、社会因素和个人因素三个方面，其中经济因素包括经济发展水平、工作待遇等，社会因素包括制度环境、就业政策和高等教育的城市指向性特点等，而个人因素包括发展机会、就业价值取向和家庭环境等。这些因素可进一步归结为内在动力、外在推力和基础环境，而在这些指标上，大城市无疑占据了优势。也有学者发现，跨省流动的大学生主要是由中西部地区流向东部沿海地区，而经济因素是跨省流动的主要原因，人口特征变量、人力资本变量、社会经济背景变量也是影响大学生选择就业区域的显著影响因素。

然而近年来，由于北上广深等一线城市就业机会减少，就业压力增大，且大学生越来越关注生活质量，因此，大学生在就业选择时，二、三线城市也逐渐受到青睐。北京大学就业指导中心的数据显示，近年来北京大学毕业生留京就业的比例逐年减少，而到中西部就业的学生却每年都有增长。这些都说明，在地域的选择上，大学生不宜盲目选择大城市，而应该充分了解不同地域的特点，做出适合个人的选择。

目前，全国不同区域均具有其发展特点，也有发展的机会和空间。当不同地域的职业机会出现时，大学生应保持开放心态，进行充分探索，尽可能扩大自己的职业机会，以实现个人更好的职业发展。

（三）组织环境探索

组织是职业生涯直接依存和发展的土壤。一方面，每个组织都有自己的内在特点、发展目标和运作模式，了解其基本情况是职业选择的基础，也是未来职业生涯能良好发展的保障。另一方面，组织处在社会的大环境中，也会不断变革以适应环境的变化，这也会影响员工的职业生涯。

1. 组织的实力

组织的实力意味着职业平台的优劣，而平台对于个人发展有着巨大的影响力。组织在社会中的地位和声望如何？目前的产品、服务和活动范畴是什么？组织的发展领域在哪些方面，发展前景如何，战略目标是什么？技术力量和设施是否先进？在本行业中是否具备很强的竞争力，谁是竞争对手？是发展扩张，还是倒退紧缩？组织目前的财政状况如何？要仔细观察该组织是真正在做大做强，还是空有其壳，有没有长久的生命力等。

2. 组织的文化

组织的文化是全体员工在长期的生产经营活动中形成并共同遵守的最高目标、价值标准、基本信念和行为规范。它决定了一个组织如何看待其员工，员工的职业生涯是被组织文化所左右的。个人的价值观如果不能与组织的文化和价值观相匹配，会给个人带来巨大的困扰。如一个渴望自助、追求挑战的员工在以服从为主要导向的企业中很难有好的发展，而优秀的企业会创造积极的企业文化，让员工感到快乐和受尊重，使员工更能创造性地工作。

3. 组织的制度

制度是组织发展的保障，组织中的制度包括管理制度、用人制度、培训制度等。应尽可能了解这些信息，了解企业在组织结构上的特征与发展变化趋势，分析这种安排对自己的未来可能带来怎样的影响。特别要注意企业用人制度如何，能够提供哪些教育培训机会，提供的条件是什么；组织通常基于能力还是工作年限来提升一个人，自己在其中的空间有多大；企业的标准工作时间怎样，是固定的还是可以变通的。了解这些信息是了解一个组织的基础。

总之，通过对组织环境的探索，能够理出一条清晰的线索，确定自己的职业生涯在这个组织中有没有足够的发展空间，衡量自己的目标能够在该组织得以实现的可能性。

（四）企业环境探索

企业环境探索的内容包括以下几个方面。

1. 企业的基本信息

企业的成立时间，主营业务，企业的创始人，现任高层领导，企业的所在城市及具体位置，企业在行业内的地位，企业获得的奖励荣誉，这些内容可以从企业的对外介绍中得知。

2. 企业的主营业务

一个企业的存在源于为社会提供了什么服务，满足了哪方面的需求，具体表现为公司的核心业务就是一种产品或服务。一些规模大的公司会有多条产品线，但一定会有主营的项目，可以通过公司的名字和大众所想到的产品来定位主营业务。例如，提到联想公司人们首先想到的一定是计算机，至于手机业务等就不是联想公司的主营业务。

3. 企业的发展愿景

企业除了在主营业务上有一个定位之外，还会对自身的生命发展周期和发展规模有一个展望，长远来看就是企业的愿景，如阿里巴巴的百年老店计划；短期就是企业的经营战略，如库迪咖啡 2024 年要在哪个城市开几家店。

4. 企业的职能设置

企业所处的生命周期阶段和发展规模、主营业务的定位和行业的独特要求、领导人的意图等，都会影响企业设置或取消一些职能部门，但在一个阶段里企业的职能部门是相对稳定的。因此，要对企业的部门进行梳理，一是了解企业的组织结构；二是了解自己未来的可能入门岗位，同时也为入门后的内部转岗提供了信息。

5. 企业的文化风格

任何企业随着企业的发展以及领导人的成长，都会形成一定的文化氛围，向上就表现为企业文化，向下就是做事规则。企业所在的行业和城市等因素也会影响企业文化的形成。了解企业文化风格是判定自己是否适合这个企业、在这个企业能干多久的重要因素。理想状态是，企业的风格和自己的性格相符，企业的愿景和自己的目标相符，这样个人与组织才是共同成长的。

6. 企业的人力需求

企业根据发展规划和当前状况，会形成一定的人力资源需求计划，具体表现就是根据现状招聘一批员工以保持当前正常运营，根据未来需求招募一批员工进行储备，以应对未来发展。当对企业进行人力资源调研时，会发现企业的薪酬体系，可以结合待遇、发展空间来选择具体的岗位。

7. 企业的职员调研

针对目标企业的人员进行调研是了解企业的重要手段。企业的基层员工是大学生可以访谈和交流的，在互联网或活动上可以认识目标企业的员工，在和员工的交谈中可以进一步获得企业的信息。

拓展阅读

扩大就业容量，提升就业质量

就业是最大的民生。2020 年是新中国历史上极不寻常的一年，新冠肺炎疫情和百年变局交织，严峻挑战和重大困难并存。面对这样的形势，以习近平同志为核心的党中央高度重视就业工作，把就业摆在做好“六稳”工作、落实“六保”任务的首位，实施就业优先的政策，多措并举促就业、拓岗位，推动就业形势持续改善。2020 年，我国城镇新增就业1 186 万人，明显高于预期目标。

“十四五”开局，全面建设社会主义现代化国家新征程开启，实现更加充分更高质量就业，意义重大。当前和今后一个时期，我国就业总量压力依然存在，结构性矛盾仍然突出，新的影响因素不断增加。尤其是新冠疫情变化和外部环境存在诸多不确定性，我国经济恢复基础尚不牢固，促进就业面临不少新挑战。我们要千方百计稳定和扩大就业，坚持经济发展就业导向，扩大就业容量，提升就业质量，促进充分就业，让这一民生之本扎得更深、立得更稳。

实践活动

职业发展与探索

根据个人兴趣，选择自己心仪的职业，完成对心仪职业的“目标企业”“目标就业地域”“目标职业岗位”等相关信息的搜索与整理。

1. 目标企业职业信息探索

目标企业职业信息探索简表，如表 3-2 所示。

表 3-2　目标企业职业信息探索简表

企业内部信息	企业外部信息
● 企业基本概况	● 企业竞争对手信息
1. 发展历程 2. 所属行业 3. 业务范围 4. 企业文化 5. 组织结构	1. 对手类型及主要竞争产品 2. 对手规模
● 人力资源概况	● 公众形象与社会评价
1. 员工招聘标准 2. 薪酬福利 3. 培训计划及员工职业发展 4. 绩效考核 5. 工作环境	1. 媒体报道 2. 公众印象 ● 政府政策 1. 政府扶持政策 2. 政府限制政策

2. 目标就业地域探索

搜寻自己心仪的职业地域，如北京、上海等，完成一份目标就业地域的相关信息探索表（见表 3-3）。

表 3-3　目标就业地域探索简表

探索维度	具体状况
政策支持	
经济发展	

续表

探索维度	具体状况
城市文化	
拥有资源	
居民生活	
其他内容	

3. 目标岗位探索表（表中部分项目可选择填写）

搜集信息并完成自己心仪岗位职责说明书（见表 3-4），从而了解该岗位的工作职责、权力协作关系、胜任资格等相关信息。

表 3-4　心仪岗位职责说明书

<table>
<tr><td>岗位名称</td><td colspan="2"></td><td>岗位编号</td><td></td></tr>
<tr><td>所在部门</td><td colspan="2"></td><td>岗位定员</td><td></td></tr>
<tr><td>直接上级</td><td colspan="2"></td><td>工资等级</td><td></td></tr>
<tr><td>直接下级</td><td colspan="2"></td><td>薪酬类型</td><td></td></tr>
<tr><td>所辖人员</td><td colspan="2"></td><td>岗位分析日期</td><td></td></tr>
<tr><td colspan="5">本职：</td></tr>
<tr><td colspan="5">职责与工作任务：</td></tr>
<tr><td rowspan="3">职责一</td><td colspan="4">职责表述：</td></tr>
<tr><td rowspan="2">工作任务</td><td colspan="3"></td></tr>
<tr><td colspan="3"></td></tr>
<tr><td rowspan="3">职责二</td><td colspan="4">职责表述：</td></tr>
<tr><td rowspan="2">工作任务</td><td colspan="3"></td></tr>
<tr><td colspan="3"></td></tr>
<tr><td rowspan="3">职责三</td><td colspan="4">职责表述：</td></tr>
<tr><td rowspan="2">工作任务</td><td colspan="3"></td></tr>
<tr><td colspan="3"></td></tr>
<tr><td colspan="5">权力协作关系：</td></tr>
</table>

续表

<table>
<tr><td colspan="2">工作协调关系：

______
______
______</td></tr>
<tr><td colspan="2">任职资格：</td></tr>
<tr><td>教育水平</td><td></td></tr>
<tr><td>培训经历</td><td></td></tr>
<tr><td>知识经验</td><td></td></tr>
<tr><td>个人素质</td><td></td></tr>
<tr><td colspan="2">其他：</td></tr>
<tr><td>使用设备</td><td></td></tr>
<tr><td>工作环境</td><td></td></tr>
<tr><td>工作时间</td><td></td></tr>
<tr><td colspan="2">考核指标：

______
______
______</td></tr>
<tr><td colspan="2">备注：</td></tr>
</table>

第四章

绘制职业生涯发展蓝图
——规划职业生涯

职业生涯发展规划设计是指运用职业生涯发展规划的相关理论，在全面认识自身素质和职业志向的基础上，通过对未来的职业生涯展望的描述，制定出关于职业发展的具体规划。职业生涯发展规划书为实现职业生涯规划提供了明确的时间表和路线图，它既是一份职业生涯的可行性报告，又是一个实现职业生涯规划的行动指南。

第一节　确定职业生涯目标

学习目标

1. 掌握职业决策相关知识。
2. 熟悉职业决策的风格及基本方法。
3. 了解职业生涯目标的概念及目标设定原则。

案例导读

小安，女，19岁，某高职学院护理专业二年级学生。小安是家里的独生女，父母都在当地重点中学任教。小安从小学习成绩优异，性格外向，爱热闹、爱交朋友，上学期间一直担任班干部，是老师、父母口中的“好孩子”。

小安本想学习心理学专业，但高考时发挥失常，没能进入理想的大学。目前就读的护理专业是调剂的。小安对护理谈不上喜欢，过去一年多学习成绩一般，个别课程勉强及格。对未来自己要从事怎样的工作、选择怎样的职业，小安都没什么概念，只想找一份相对稳定的工作。

小安说：“大学以前的学习目标很明确，就是要考上大学。现在上了大学，却发现目标没了。我不想像有些学姐说的，三年过去了，毕业的时候都不知道自己要找一个什么样的工作。我很迷茫、很焦虑。”

问题与思考：

（1）小安目前面临的最主要的问题是什么？

（2）如果你是小安，你觉得怎样才能走出目前的迷茫状态？

知识详解与能力训练

一、职业决策

决策与人们的生活密切相关，是人类社会活动中的一项重要内容，小到个人的衣食住行，大到国家政策的制定，决策无处不在，也至关重要。每个人的一生有许许多多的“重大决策”，如求学、就业、发展、与人交往，以及为满足生理需求的吃喝等，而与职业有关的决策无疑是其中最重要的决策之一，因为职业决策是为未来的职业生涯设计蓝图，并将影响我们未来的生活方式、人际交往、所从事的主要活动，由此在一定程度上决定了个人的生活质量。罗素说：“选择职业是人生大事，因为职业决定了一个人的未来。”

（一）什么是职业决策

存在主义大师萨特（Sartre）曾说过：“我们的决定，决定了我们。”现在的状态受我们过去的决定影响，而我们的将来又取决于我们现在的决定。具体来说，决策指的是个体选择某一种行动路线的整体过程。职业决策是个人根据各种条件，并经过一系列活动以后进行的目标决定，以及为实现目标而制定优选的个人行动方案。同时，职业决策还有以下特点：

（1）通常有大量的可供选择的方案，比如职业领域中的各种行业和岗位，乃至具体职业方向。根据《中华人民共和国职业分类大典（2022年版）》，职业归为8个大类，79个中类，449个小类，1 636个细类（职业），另外新的职业类别也在不断地产生。

（2）每个选择方案都存在大量的职业信息，因为很多职业都有职业内的变化，比如同样是医生这个职业，分各种科室。要想对所有的职业都有深入的了解，是一个不可能完成的任务。

（3）需要用细致的方式去描述职业特征和个人偏好。有些职业虽然名称比较类似，但工作的内容差异可能会很大。尤其对于一份具体的工作，比如医生，需要对职业培训时间、工作环境、自主程度、人际关系、收入等有一个全面的了解。

（4）个人的决策过程受一些重要他人（如配偶、朋友、父母）以及职业咨询师的影响。职业选择不但是个人事情，而且会对周围的人都产生一定的影响，同时他人的意见和建议也会对个人的决策产生影响。

（二）职业决策的影响因素

制定决策对每个人而言并不容易，在很多时候会受到各方面因素的干扰。那么，影响职业决策的因素有哪些呢？著名的职业辅导理论家克朗伯兹（Krumblotz）将影响个人职业决策的因素划分为四类。

1. 遗传和特殊能力

即指个人得自于遗传的一些特质，如性别、个人天赋、外表特征、智力等，在某种程度上决定了个人的职业表现或影响到个人的生涯。例如，在现阶段的大学生就业中，求职者是否参与面试和被录用仍然不可否认地受到性别因素的影响。而身高、体形、健康状况等先天条件在诸如模特、文艺工作者、军人等职业的招募中也是非常重要的要求。

2. 环境和重要事件

主要指自然力量和人类活动的影响，如自然资源的分布或各类家庭、教育活动及经济活动等。很显然，个人的求学背景和发展机会都会很大程度地被家庭的社会经济地位、家庭对于个人的期望、所在地区的教育水平等影响。而像改革开放这样重大的社会政治经济变革，也极大地改变了社会中千万人的人生轨迹。

3. 学习经验

这里所说的“学习”主要指广义的学习，即每个人在日常生活中不断积累的经验和认识。每个人在其成长过程中积累了无数的学习经验，个体的学习经验是独特的，而这对于个体的职业生涯选择又具有重要的影响。一个人是自信还是自卑，是敢于冒险还是畏惧变化，是更看重工作带来的成就感还是与家人相处的时间，还有怎样看待他人，以及对于教师、医生、警察等各种职业有些什么样的印象……这一切，无不与个人的学习经验有关。

4. 任务取向的技能

任务取向的技能是指每个人在面对一项任务时，会表现出特定的工作习惯、心理状态、情绪反应、认知的历程和解决问题的能力。比如说找工作这件事情，班级里所有的同学都没有经验，但不同的人会有不一样的表现：有的可能会积极面对困难，会想到利用学校各部门所提供的各类信息和资源（如选修相关课程、听讲座、参加各种实践活动等）寻求就业机会，有的向自己的亲朋好友、老师同学请教，之后会开始思考和探索自己的兴趣、能力，积极着手联系实习的机会等。如此，当他们到了毕业的时候，已经对自己和劳动力市场都有了相当的认识，也积累了很多的信息和资源，已经成竹在胸了。而有一些人则一味地拖延，不愿面对困难，直到临毕业才开始着急，或寄希望于自己的某个亲朋好友能够帮忙找一份工作，或埋怨学校不帮忙联系就业单位，最后草草找到一个职位了事。在这个过程中，不同的人所表现出来的心态、习惯和能力，反映了他们的任务取向的技能。

（三）职业决策的风格分类

决策风格可以被认为是人们在做决策时表现出来的行为偏好和心理倾向，反映了个体在决策的过程中习惯的反应模式，是个人关于决策行为的个性特征在职业决策过程中的体现。不同的人在决策同一件事情、实现同一目标上的习惯偏好不同，从而形成了决策风格的差异。比如有一片桃园，允许你进去摘桃子，但只许前进不许后退，只能摘一次，要摘一个最大的，你会怎么办？是对视野内的桃子进行比较，形成一个大概的标准，再根据这个标准选择最大的桃子呢？还是去摘自己感觉最大的那个呢？是请教旁边的人哪个桃子最大之后再去摘呢？还是走到最后再去摘呢？

做决策是人成长过程的重要环节，一些重要决策甚至可能成为人生的里程碑。在面对职业决策的时候每个人受个体的经验、知识、能力、性格和气质等多重因素的影响，都有自身独特的行为方式，这种独特的决策方式就是个体的决策风格。对于如何做决策，每个人都有自己独特的方式，或者说每个人的决策风格都是不同的，在职业生涯的决策上亦是如此。

1. 丁克里奇决策风格分类

最早研究决策风格的是丁克里奇，他在1968年将决策者分为八种风格类型：计划型、烦恼型、延迟型、瘫痪型、冲动型、直觉型、宿命型、顺从型。

（1）计划型（Planning）。

这些人使用如同标准化决策模型所推荐的理性策略。

（2）烦恼型（Agonizing）。

这些人会花很多时间和精力来收集信息，确认有哪些选择，向专家询问，反复比较，却迟迟难以做出决定。他们常爱说的一句话是“我就是拿不定主意”。出现这种情况的时候，收集再多的信息进行分析比较也无济于事。需要弄清的是他们被一些什么样的情绪和非理性信念困住了，比如害怕自己做出错误的决定、追求完美等。

（3）延迟型（Delaying）。

这些人习惯将对问题的思考和行动都往后推迟，“过两天再考虑”是他们的口头禅。大学生常见的“我还没有准备好工作，所以打算先考研”，就是这种方式的体现。延迟型的人心中暗暗抱有这样的希望：也许事情过几天就自动解决了。然而，问题并不会自动解决，有时候甚至会越拖越严重。如果你现在不知道该怎么找工作，那么读完研究生也未必就能知道。

（4）瘫痪型（Paralytic）。

有时候，个体可能在理性上接受了应当自己做决定的观念，却无法开始决策过程。他们知道自己应该开始了，可是内心深处总是笼罩着“一想到需要做决定就害怕”的阴影。事实上，他们无法真正为决策和决策的后果承担责任，而这种害怕承担责任的心理可能又源于家庭在其成长过程中长期的不当教育方式。

（5）冲动型（Impulsive）。

与“烦恼型”相反，有的人遇到第一个选择就紧紧抓住不放，不再考虑其他的选择或进一步收集信息。他们的想法是“先决定，以后再考虑”。比如，先找到一份工作做了再说。冲动的决策方式可能是出于对困难的回避，不愿意花时间精力去探索。这种方式的危险在于风险太大，等看到有更好的选择时自然追悔莫及。

(6) 直觉型 (Intuitive)。

有些人将自己的直觉感受作为决定的基础。他们通常说不出什么理由，一味表示：“就是觉得这个好。”人们在择友的时候常常采用这种决策方式。当人们从环境中无法获得充分信息的时候，直觉会比较有效，但它有可能不符合事实，有时候，我们的判断可能会因为自身先入为主的偏见而产生较大的误差。因此，我们不能仅仅将直觉作为决策的依据。

(7) 宿命型 (Fatalistic)。

有些人不能自己承担责任，而将命运委诸外部的变化。他们会说“该怎么样就怎么样吧”，或“我这个人永远不会走运”之类的话。当一个人将自己生活的主导权交给外界环境的时候，可以预见，这个人是很容易觉得无力和无助的。这样的人容易成为环境的“受害者”，怨天尤人，却没想到自己的环境正是由于放弃了个人对生命的“主权”而造成的。

(8) 顺从型 (Compliant)。

这样的人倾向于顺从别人的计划而不是独立地做出决定。他们常说：“要是他们都觉得好，我就觉得好。”比如，很多大学生争取出国、进外企、考研、参加各种培训班，只因为“大家都这样做”。从众的人固然在追随群体的过程中获得了一种虚拟的安全感，但却忽略了自身的独特性，这造成他们的选择在很大程度上并不是适合自己的。他们在不必费心思的同时，也牺牲了对生命可能有的满足感。

2. 哈瑞恩决策风格分类

目前使用得较多的是哈瑞恩在丁克里奇决策风格分类基础上所做的划分，他提出三种决策风格：理性型、直觉型、依赖型。

(1) 理性型。

此种类型的人会系统地收集充分的生涯相关信息，且分析各个选项的利弊得失，按部就班地做出最佳的决定。理性型的决策包含探索个人与环境的需求，优点是得出的结果较为合理，但要考虑时间因素，需要花费工夫在前期信息资料的收集上，有错失良机的可能。理性型的决策形态是做出合理决策的充分保障。大部分职场成功人士在规划自己的职业生涯时，都是非常理性的。

例如学生小王准备投身保险业，在毕业的前一年，他和保险从业人员有很多的接触。为了培养自己的人际交往能力，能在短时间内与陌生人建立良好的关系，小王报名参加人际关系训练课程。经过利弊分析与筹划，小王在毕业后正式投身保险业，他相信这是最适合他的选择。

(2) 直觉型。

此种类型的人根据自己在特定情境中的感受或者情绪反应做出直接的决定。他们做决定往往跟着感觉走，较为冲动，很少能系统地收集相关信息，他们往往较少在一个领域深耕，所以较难在同一工作上晋升到较高的职位。因而，直觉型的人可能常常会对结果不满意，但他们能为自己的抉择负责。直觉型的决定是自发性的，在时间紧迫的情况下非常有用，缺点是容易受主观意见影响。

崔爽在高三时毅然放弃推荐保送同济大学的名额，宁愿辛苦复习，参加高考，就是为了圆自己和家人的一个“复旦梦”，后来她如愿以偿地考入了复旦大学经济学专业。大学三年级时，她又开始准备考研，想跨专业考本校法理学的研究生，原因是她对法律产生了兴趣。在考研失败后，酷爱旅行的她，凭着冲劲与直觉到一家旅行社上班，现在正在埋头考导游证。崔爽在生涯抉择路口自主决定要走的路，同时，她又勇于为自己的决定负责，从不后悔。

(3) 依赖型。

此种类型的人等待或依赖他人为自己收集信息且做决定，较为被动和顺从，十分关注他人的意见和期望，个人行为的目标是为了满足他人和社会的需求。对于此类型的人而言，社会赞许、社会评价、社会规范是决定的标准，他们说得最多是“爸妈叫我去……”“我的男朋友/女朋友希望……”“他们认为我很适合……”“他们认为我可以……可是……”。依赖型最省时省力，且父母长辈的意见有时确实是宝贵的经验，但不见得是最有效、最合适的策略。

郭丹大学毕业后到某集团分公司做人事助理不到半年，鉴于她出色的表现，现有两个升迁机会供她选择：一个是担任分公司某项目经理，这样可以独当一面，但她又担心自己管理经验不足；另一个是调到北京的集团公司总部做人事助理，到那里可以学到很多高层管理经验，可助理工作烦琐。郭丹考虑了一个多星期都无法做出选择。她说：“我很难很快做决定，无论是平时买东西还是选择工作，总是考虑很多因素，害怕太快做决定会不妥，真不知如何是好。”

结合以上分析的三种决策风格特征，我们可以清晰地看出上述三种决策风格在决策时间、搜集信息、决策的自主性和连续性等方面的差异（见表 4-1）。

表 4-1　三种决策风格的差异性比较

类型	决策时间		搜集信息		自主性		连续性	
	早做决定	迟做决定	信息充分	信息缺乏	自主	依赖	一致	多变
理性型	√		√		√		√	
直觉型	√			√	√			√
依赖型		√		√		√	√	

(四) 职业决策的主要方法

1. “5W”法

“5W”法即是用5个“W”归零思考。

(1) “5W”的内涵。

- Who am I? 我是谁?
- What will I do? 我想做什么?
- What can I do? 我能做什么?
- What does the situation allow me to do? 环境支持或允许我做什么?
- What is my career plan? 我的职业规划是什么?

以上5个“W”涵盖了定位、目标、条件、距离、计划等诸多方面，回答以上五个问题，找到它们的最高共同点，有助于进行职业生涯规划。

(2) 如何思考“5W”。

我是谁? 要回答这一问题，必须对自己进行深刻的反思，把自己的优点和缺点一一列出来，从而形成一个比较清醒的、全面的自我认识。

我想做什么? 这一问题要求我们对自己的职业发展心理进行检查。每个人在不同阶段的兴趣和目标并不完全一致，有时甚至是完全对立的，但随着年龄和阅历的增长，个人的兴趣和目标会逐渐固定下来，并最终形成自己的终生理想。

我能做什么? 个人职业的定位最终以自己的能力为根本基础，而职业发展空间的大小则取决于自己的潜力，因而，必须对自己的能力与潜力进行全面总结。对于自身潜力的了解应该从以下几个方面着手：个人兴趣，毅力，临事判断力与决断力，知识结构是否全面、是否及时更新等。

环境支持或允许我做什么? 环境对于职业选择的重要影响有多个方面，如家庭支持、朋友关系、同事关系、领导态度、亲戚关系等。对于涉世未深的大学生来说，环境因素的影响更加明显，事实也证明，人脉资源越丰富的大学生找工作越容易；同时，职业发展也很容易受家人、朋友等人的态度的影响。

我的职业规划是什么? 明晰了前面四个问题，就能从各个方面找到对自己有利的和不利的条件，那么，对于第五个问题自然就有了一个清楚的方向，从而可以发现不利条件最少的、自己想做而且又有希望从事的职业。

(3) “5W”法的实际操作。

Who am I? (我是谁?)

优势：______________________________

不足：______________________________

What will I do?（我想做什么?）

1）____

2）____

3）____

What can I do?（我能做什么?）

1）____

2）____

3）____

What does the situation allow me to do?（环境支持或允许我做什么?）

支持：____

____

限制：____

____

What is my career plan?（我的职业规划是什么?）

____

____

为了我的职业目标，我的行动计划是：

1）____

2）____

3）____

“5W”法是通过一步步的分析，帮助你清楚职业目标的选择，在分析中让你渐渐地了解自己的个人特点和职业机会，从而最终确定适合自己的职业。

2. SWOT 分析法

SWOT 分析法又称为态势分析法，它是由美国旧金山大学的管理学教授于 20 世纪 80 年代初提出来的，是一种能够较客观而准确地分析和研究一个企业现实情况的方法。SWOT 分析法以其很好的分析模式，也被广泛应用于个人的自我分析之中。

在制定职业生涯目标时，一要考虑到自身内部因素，二要考虑外部环境因素。SWOT 分析法是一种有效的自我诊断方法，可以帮助你分析个人优点和缺点在哪里，并且教你评估出自己感兴趣的不同职业道路的机会和威胁所在。S 代表 Strength（优势），W 代表 Weakness（弱势），O 代表 Opportunity（机会），T 代表 Threat（威胁），其中，S、W 是内部因素，O、T 是外部因素。从整体上看，SWOT 可以分为两部分：上半部分为 SW，主要用来分析内部条件；下半部分为 OT，主要用来分析外部条件。利用这种方法可以从中找出对自己有利的、值得发扬的因素，以及对自己不利的、要避开的因素，发现存在的问题，找出解决办法，并明确以后的职业发展方向。

职业生涯决策的SWOT分析模型（见表4-2）。

表4-2　职业生涯决策的SWOT分析模型

<table>
<tr><td colspan="3">SWOT分析法</td></tr>
<tr><td rowspan="2">内部个人因素</td><td>优势、优点（Strength）：你可以控制并且可以利用的内在积极因素</td><td>弱势、缺点（Weakness）：你可以控制并努力改善的内在消极因素</td></tr>
<tr><td>我最优秀的品质是什么？
我曾做过什么？
最成功的是什么？
……</td><td>我的性格有什么弱点？
经验或者经历上还有哪些缺陷？
最失败的是什么？
……</td></tr>
<tr><td rowspan="2">外部环境因素</td><td>发展机会（Opportunity）：你不可控制但可利用的外部积极因素</td><td>阻碍、威胁（Threat）：你不可以控制但可以弱化的外部消极因素</td></tr>
<tr><td>社会环境对你的发展目标的支持
地理位置优越
专业发展带来的机会
就业机会增加
……</td><td>名校毕业的竞争者
同专业的大学生带来的竞争
……</td></tr>
<tr><td colspan="3">总体鉴定：（评估你制定的职业生涯发展目标）</td></tr>
</table>

进行SWOT分析应注意以下方面：

一要对个人的优势与劣势有客观的认识，不要过分夸大自己的优势，也不要过于自卑，把自己看得一无是处，应客观全面，同时要懂得区分个人的现状与前景。

二要与其他专业的同学或计划从事同一职业的竞争者进行比较，了解自己的优势与劣势。同时，要注意SWOT分析法的简洁化，避免复杂化与过度分析。

3. 职业决策平衡单

在进行职业选择时，有时会碰到两个甚至两个以上不同职业发展方案的选择问题，此时，如果能进行直观的量化，可能会使你对自己的职业生涯目标更加清晰。职业决策平衡单可以通过打分的方式，量化你的各项职业选择的分数，帮助你进行职业生涯目标的决策。职业决策平衡单的操作方法如下。

（1）确定你的职业决策考虑因素。

内在部分可以分为两个方面：一方面包括自己的能力、兴趣、价值观、心理需求（如自尊、自我实现）、生活方式的改变、成就感、自我实现的程度、兴趣的满足、挑战性、社会声望的提高、发挥个人的才能等；另一方面包括升迁的机会、社会地位、工作环境、工作发展前景、工作内容、休闲时间、生活变化、对健康的影响、足够的社会资源、能提供的培训机会、就业机会等。

外在部分也可分为两个方面：一方面包括父母、师长、配偶、家人的支持，择偶及建立家庭，与家人相处的时间，家庭地位等；另一方面包括优厚的经济报酬、足够的社会资源等。

（2）利用职业决策平衡单进行职业生涯目标的决策。

列出3～5个职业生涯发展方向，分别填到职业决策平衡单的“职业方案”中。具体方法为：在第一栏“职业决策考虑要素”中，根据对你而言职业选择的重要性和迫切性，赋予它权重，加权范围1～5倍，填写到“权重”一栏。权重即是你在进行职业选择时所看到的东西，某要素的权重越大，说明你越看重该要素。

（3）打分。

根据第一栏中的“职业决策考虑要素”给每个职业方案打分，每个方案的得分或失分，可根据该方案具有的优势（得分）、缺点（失分）来回答，计分范围为1～10分（注：每个方案的得分或失分只能填一项）。

（4）计分方法。

将每一项的得分或失分乘上权重，得到加权后的得分和失分，并分别计算出总和（加权后的合计）；再把加权后的“得失差数”算出来，并据此做出最终决定。得分越大，该职业方案越适合你。

二、确立职业生涯目标的原则

确立目标是制定职业生涯规划的关键，有效的职业生涯规划需要切实可行的目标，以便排除不必要的干扰，全心致力于目标的实现。确立一个什么样的职业目标，要根据主客观条件来选择。一般来说，需要遵循以下几个原则。

（一）符合社会与组织需求的原则

职业生涯目标如同一种“产品”，这种“产品”有市场，才有“生产”的必要。故在确定职业生涯目标时，要考虑到内外环境的需要，特别是要考虑到社会与组织的需要。有需求，才有位置。

（二）适合自身特点的原则

职业生涯目标是在充分认识自我和职业环境的过程中确立的。不同的人有不同的特点和优势，将目标建立在个人优势的基础上，就占据了主动有利的地位；目标抉择偏离了自身长处，便是自己跟自己过不去，自己为自己设置前进道路上的障碍。

（三）高远且可行的原则

确定目标的总原则：既不宜过高，更不能过低，要现实、可行。在与个人实际情况相符合的范围内，确定的目标可以稍高一些。远大的目标能起到激励作用，可以促进学习，改进工作方法，使人为达到目标而努力工作。当然，目标也不能过高。如果目标过高，则使人飘在幻想的高空，在现实生活中必然一事无成。

案例分享

目标过高的痛楚

小海毕业后，在担任网站管理员期间，接触了很多的成功人士，也知道了一些成功人士到底是怎么成功的。他为自己拟订了一个3年内达到百万年薪的职业目标。

在第一家公司里，当他拿着5 000元的月薪时，发现如果自己在这个公司里发展离百万年薪的目标太过于遥远，于是毅然跳槽，来到第二家公司。在第二家公司里，小海的薪水提到7 500元，工作了2个月后，他发现在这个公司里发展，依然不可能实现自己百万年薪的职业目标，他再次跳槽了。1个月后，小海找到一家觉得有发展的公司，2个月后他再次跳槽。毕业6个月以来，小海先后跳槽3次，如今，他失业在家，并且发现很多公司不选择自己。小海觉得自己有一身抱负，却没有愿意重用自己的公司，这个社会太没有眼光了。

小海给自己设定的职业目标对于一个刚进入社会的学生来说实在太高了。当我们发现所设置的职业目标无法实现时，应该适时地更改目标。

（四）长短配合恰当的原则

职业生涯发展是一个有机的、逐渐展开的过程。我们要把总体目标分解为若干个长期（5～10年）目标，长期目标继续分解为若干个中期（3～5年）目标，中期目标要继续分解为若干个短期（1～2年）目标。总体目标、长期目标为人生指明了方向，中、短期目标是实现长期目标的保证。特别是在职业生涯发展过程中，通过短期目标的达成，能体会到实现目标的成就感和乐趣，不断鼓舞自己向着更高的目标前进。但是，只有短期目标，看不到远大的理想，也会影响奋斗的激励作用，还会使事业发展摇摆不定，甚至偏离发展方向。因此，确定职业生涯目标时应该长短结合。

（五）同一时期目标不宜多的原则

就职业目标而论，同一时期目标不宜多，而应集中在一个方面。目标是追求的对象，有谁见过同时追逐五只兔子的猎手？这不是说不能设立多个目标，而是可以把它们分开设置。具体来说，就是一个时期一个目标，拉开时间差距，实现一个目标后，再实现另一个目标。

（六）明确而具体的原则

目标明确是指目标要有量化的标准，如时间：用三年完成还是五年完成；程度：通过计算机二级还是一级等。量化便于评估目标的实现情况，也便于有针对性地制定相应的措施。

目标具体是指要确定目标的范围，使其可产生行为导向作用。比如，“我要成为一个优秀的人”不是一个具体的目标，但“我要完成本月 1 000 件的销售量”就算得上是一个具体的目标了。

（七）目标幅度不宜过宽的原则

一般来说，专业面越窄，所需要的精力和时间就相对越少。所以，职业生涯目标的专业面不要过宽，最好是先选择一个窄一点的范围，把全部身心力量投放进去，这样比较容易取得成功。但是，如果你认为专业面一定要放宽，那么起码在开始的时候要把专业面或主攻点定得较窄些。待取得一定的成就、积累一些经验后，再扩大专业面，这样更容易成功。

（八）要留有余地的原则

在实现目标的时间安排上，不要过急、过满或过死。如果过急，就会“欲速则不达”，不是计划落空，就是影响工作质量；如果安排过满，在同一时间里既要做这个，又要做那个，结果会顾此失彼，造成心理紧张，劳累过度，而无法坚持到底；如果安排过死，如规定某一时间只能做某事，到时如果遇到某些干扰无法完成，又没有补做，就必然会计划落空，心理上也会失落。

要留有余地，就是要留有机动的时间，即便发生某些意外，也有时间和精力机动处理。实现目标的时间安排要从实际情况出发，不慌不忙，不急不躁，不要刻板，要灵活机动。在要求不变的情况下，完成时间和做法完全可以调整变换。

探索活动

五年以后，你希望拥有怎样的生活？要实现这种理想的生活，需要具备什么样的条件？在这些条件当中，你能达到的有哪些，不能达到的有哪些？为了五年以后拥有自己想要的生活，你准备怎么做？经过畅想、讨论之后，你的感想有哪些？请写下来。

三、设定职业生涯目标

美国成功学家拿破仑·希尔（Napoleon Hill）在《一年致富》中有这样一句名言：一

切成就的起点是渴望。一个人追求的目标越高，他的发展也就越快。一心向着自己目标前进的人，整个世界都给他让路。他认为，所有成功，都必须先确立一个明确的目标，当对目标的追求变成一种执着时，你就会发现所有的行动都会带领你朝着这个目标迈进。

大学生有各种各样的职业理想，如有人希望成为技术能手、公司白领、科学家、企业家……在职业发展上，从理论上讲，你的心有多大，舞台就有多大。

（一）职业生涯目标的重要性

目标指引着我们前进的方向，没有目标，人就犹如大海中的孤舟，不知该驶向何方。确定职业生涯目标是职业生涯规划和设计的关键。但是不少大学生却不了解职业生涯目标对整个人生的意义和作用，认为确立目标只不过是一种形式而已，没有目标照样可以工作和生活。无数的事实与研究证明：凡是在一生中称得上“成功”的人，都有明确的奋斗目标。当然在有奋斗目标的人中也有没有成功的，不过他们都另有原因，有的是由于目标失当，有的是行动力不够，有的是由于失误或遇到某种意外等。由此可以得出这样一条规律：有了目标未必一定成功，但若想成功必须要有明确的目标。

（二）职业生涯目标的类别

职业生涯目标按照时间的长短可以划分为短期目标、中期目标、长期目标。按性质也可以将职业生涯目标划分为外职业生涯目标和内职业生涯目标。外职业生涯目标包括职务目标、工作内容目标、经济目标、工作地点目标和工作环境目标。内职业生涯目标包括工作能力目标、工作成果目标、心理素质目标和观念目标。

拓展阅读

跳蚤效应——有什么样的目标，就有什么样的人生！

生物学家曾经将跳蚤随意向地上一抛，它能从地面上跳起1米多高。但是如果在1米高的地方放个盖子，这时跳蚤跳起来会撞到盖子，而且是一再地撞到盖子。一段时间后，拿掉盖子就会发现，虽然跳蚤继续在跳，但已经不能跳到1米以上了，直至生命结束都是如此。为什么呢？理由很简单，它们已经调节了自己跳的高度，而且适应了这种情况，不再改变。这就是所谓的“跳蚤效应”。

不但跳蚤如此，人也一样，有什么样的目标就有什么样的人生。我们周围有许多人都明白自己在人生中应该做些什么，可就是迟迟不做出行动，根本原因是他们欠缺一些能吸引他们的未来目标。

有一个真实的例子，说明一个人若看不到自己的目标，会有怎样的结果。

1952 年 7 月 4 日清晨，加利福尼亚州海岸笼罩在浓雾中。在海岸以西 34 千米的卡特琳娜岛上，一位 34 岁的妇女跳入水中，开始向加州海岸游去。要是成功了，她就是第一个游过这个海峡的女性。这名妇女叫费罗伦丝·柯德威克。在此之前，她是从英法两边海岸游过英吉利海峡的第一个女性。那天早晨，海水冻得她身体发麻，雾很大，她连护送她的船都几乎看不到。时间一点点过去，千千万万人在电视上注视着她。这类渡海游泳遇到的最大问题不是疲劳，而是刺骨的水温。15 个小时之后，她被冰冷的海水冻得浑身发麻，她知道自己不能再游了，就准备叫人拉她上船。她的母亲和教练在另一条船上，他们告诉她海岸很近了，叫她不要放弃。但她朝加州海岸望去，除了浓雾什么也看不到。人们把她拉上了船，而拉她上船的地点，离加州海岸只有 0.8 千米。

当别人告诉她这个事实后，从寒冷中慢慢复苏过来的她很沮丧，她告诉记者，真正令她半途而废的不是疲劳，也不是寒冷，而是在浓雾中看不到目标。柯德威克一生中就只有这一次没有坚持到底。两个月之后，她成功地游过了同一个海峡。她不但是第一位游过卡特琳娜海峡的女性，而且比男子的纪录还快了大约 2 个小时。

柯德威克这样的游泳好手尚且需要目标，才能鼓足干劲完成她有能力完成的任务，一般人更是如此。同样，一个企业要想取得成功，也要为自己设定一个可以追求的目标。

回到一开始的实验，跳蚤调节了自己跳的目标高度，而且适应了它，不再改变。很多人不敢去追求梦想，不是追不到，而是因为心里就默认了一个“高度”。这个“高度”常常使他们受限，看不到未来确切的努力方向。

第二节　制定职业生涯路线图

学习目标

1. 了解大学生职业生涯路线选择的要素、方向与注意事项。
2. 掌握制订与实施职业生涯行动发展计划的方法。
3. 学会对自己的职业生涯规划方案进行评估与修正。

案例导读

王皓在大学毕业时可谓一帆风顺，没有经过太多的波折就顺利进入一家大型外资企业工作，薪酬待遇让很多人羡慕不已。在工作两年之后，经历了领导对他的严苛要求，王皓已慢慢没有了当初刚走出校园时对未来职业发展的热情，他辞职并顺利地考入了某大学进行高职升本的学习。

再次走进校园还不到半年的时间，王皓的情绪就出现了问题，原因是他始终无法忘记职场中曾经的领导对他严苛要求的阴影。想到两年后新的求职挑战，他就感到迷茫与焦躁。

有不少大三学生选择高职升本学习是为了逃避就业，而对于像王皓这样的职场人来说，高职升本也成了他逃避职场失利的“避难所”，不同的是会在进入校园后有一点忧患意识。任何选择都有其存在的合理性，要根据自己的实际情况进行规划，尤为重要的是对职业生涯规划的有效管理与实施。

问题与思考：

(1) 王皓该不该选择高职升本？

(2) 大学生应如何对自己的职业生涯规划方案进行评估与修正？

知识详解与能力训练

一、大学生职业生涯路线

职业生涯路线为大学生指明在确定职业生涯目标后从什么方向上实现自己的职业目标，包括由低级向高级步步上升的职业发展阶梯，使大学生可以逐步迈向已设定的职业目标。大学生通过选择和规划自己的职业生涯路线，可以推动职业生涯目标的实现。

（一）大学生职业生涯路线选择的要素

大学生在职业生涯路线选择的过程中，可以询问自己下面三个问题：我想向哪一条路线发展？我可以向哪一条路线发展？我适合向哪一条路线发展？这三个问题也就是职业生涯路线选择的三要素，我们可以将其归纳为想、能、行。

(1) 想。是个人希望向哪一条路线发展，主要是通过对职业价值观、职业兴趣、成就动机的自我探索，真正找到自己想要的职业生涯发展目标。

(2) 能。是个人能够向哪一条路线发展，主要是通过个性特质、技能因素、社会经验的自我探索，找到自己能发挥最大潜能的职业生涯发展路线。

(3) 行。是个人适合向哪一条路线发展，主要分析社会的政治经济环境因素、组织环境因素，找到自己的机会所在，最大可能地趋利避害，对这些因素反复地进行综合分析，才能最终选择自己的职业生涯路线。

（二）大学生职业生涯路线选择的方向

不同的职业生涯路线有着不同的职业发展情景，对大学生的能力素质要求是不同的，这没有绝对的好与坏，只有是否适合的问题。有的人适合搞科学研究，能够在研究领域求得突破；有的人适合做领导工作，可以成为一名优秀的管理人员；有的人适合创业，可以成为一名优秀的企业家。

1. 专业技术型发展方向

专业技术型发展方向是指工程、财会、生产、法律、教育、医疗等职能性专业发展方向，其共同特点是：都要求有一定的专门技术性知识与能力，并需要有较好的理论研究和分析判断能力，这些能力必须经过长期的培训与实践才能具备。如果你对专业技术内容及活动感兴趣，并追求这方面的提高和成就，喜欢独立思考，并不喜欢从事管理活动，那么专业技术型发展道路就是你最好的选择。相应的发展阶梯是技术职称的晋升、技术性成就的认可，以及奖励等级的提高和物质待遇的改善。如果你虽然在开始时选择了专业技术方向，但仍然对管理有兴趣，并且希望在管理领域做出一番事业，也完全可以采取跨越式发展。也就是说，一开始从事某种技术性专业，不断积累充实自己的专业知识，打下坚实的技术基础，然后在适当的时候，转向专业技术部门的管理职位。

2. 行政管理型发展方向

如果你很喜欢与人打交道，处理人际关系问题总是感到得心应手，并且由衷地热爱管理，考虑问题比较理智，善于从宏观角度考虑问题，并善于影响、控制他人，追求权力，行政管理型发展道路就是你最恰当的选择。把管理职业视为自己的目标，相应的发展阶梯一般是从基层职能部门开始，然后向中级职能部门及高级职能部门逐步提升。随着管理职位的上升，管理的权限会越来越大，承担的相应责任也会越来越大，其前提条件是你的才能与业绩不断地积累提高，达到了相应层次职位的要求。行政管理型发展路线对个人素质、人际关系技巧的要求很高。那些既有思维能力又善于处理人际关系的人，能够成为任职部门的主管干部，甚至做到总经理、总裁、院长、厂长等高层职位；而那些虽然善于处理人际关系，却欠缺思维能力，以及感情耐受力较差的人，则只能停留在低层领导岗位上。

3. 自我创业型发展方向

随着我国现代化社会的高速发展，越来越多的大学生开始选择自主创业的道路。大学生创业自有快乐，但创业途中的艰难也不是常人能够想象的。从客观上来讲，要有良好的机会和适宜的“土壤”。主观上，创业人不仅要有强烈的创造与成就愿望，而且心理素质要好，要能够承受巨大的心理压力并具有承担风险的能力，还要有新思维，善于开拓新领域、开发新产品。并且，要想成功创业，必须先到社会组织中锤炼，学习如何做企业，然后再自己创业。

综上所述，不管你选择哪种职业生涯路线，最重要的是一定要结合实际，综合考虑个性、价值观、兴趣、能力等自身条件和社会组织环境，反复权衡后再予以确定。

（三）大学生职业生涯路线选择的注意事项

大学生在确定自己的职业目标和选择自己的职业生涯路线之后，可能会存在两种错误的认识：一是可能认为未来发展是不确定的，目标与路线是无意义的，因此投入精力不够，执行则更为不力；二是可能会固守自己确立的目标和选择的路线，而不考虑自身与环境的改变，从而影响职业目标的实现。因此，大学生在选择职业生涯路线的过程中，尤其应当考虑不同企业的职业生涯阶梯设置模式和新的职业发展路线的拓展方法。

1. 要与组织职业生涯阶梯保持一致

职业生涯发展阶梯是组织为内部雇员设计的自我认知、成长和晋升的人力资源管理方案，是决定组织人员内部晋升的条件、方式和程序的政策组合。组织的职业生涯发展阶梯模式的设置，为组织内的各类员工提供可能的发展通道，尽最大可能调动员工的积极性和创造性，提高员工对组织的忠诚度，促进组织的可持续发展。

了解组织的职业生涯阶梯的设置模式，对于大学生职业生涯路线的选择与实施有着重要意义。大学生在职业选择时，要了解组织的职业生涯阶梯设置模式，并尽可能选择职业生涯阶梯设置科学合理的、可为员工提供多通道职业发展路线的组织，这类组织为个人提供更多职业发展机遇，更有利于个人的发展。同时，职业生涯路线的选择不是一劳永逸、固定不变的，可能在一定时期出现交叉与转换，个人必须根据自身实际和具体情境做出选择与转换。

2. 要不断拓展自己的职业发展路线

大学生在未来实施职业生涯路线的进程中，可以根据不同的实际情况，不断培养自己的实用操作技能，通过继续教育或培训充电的方式进入新领域，选择从事第二职业，以在公司内部谋求新机会、进入新的职业发展领域等形式拓展职业发展路线。

（1）培养实用操作技能。这是职业生涯发展的基础。如果你掌握一些核心技能和知识，并擅长运用它们，就可以考虑把它们延伸到不同的行业和领域。

（2）回到学校充电。当你希望进入一个新的领域，而这个领域有别于你原有的知识背景，取得相应新领域的教育证书将对你的职业生涯有所帮助。

（3）兼职从事第二职业。当你感到目前的工作不能满足需求的时候，也可以在继续从事目前工作的同时，选择一份新的工作，也就是我们通常所说的第二职业。但这样做存在着风险，因为大多数公司对员工从事第二职业并不赞同，你如果想保留现有工作，同时在业余时间做第二职业，就要注意不要让你的上司对你的工作表现不满。

（4）在公司内部谋求新职。这适合于喜欢现在的公司，希望在公司内部开辟新的发展路径的员工。你可以尝试在完成自己所负责的工作的基础上，志愿去做一些分外的工作，而这些通常是其他同事不愿意做的，这样你就可以抓住机会进入一个新的领域，扩充你的技能并获得晋升。

（5）开拓新的职业领域。这个方法适用于那些对现有工作已经非常厌倦的人。对他们来说，痛快地离开并进入一个新的领域可能是个机会。特别是对那些短期内没有经济、生活压力的人来说更是如此。

二、制订职业生涯行动发展计划

当我们确定了职业生涯目标、选择了职业生涯发展路线后，行动便成了关键的环节。没有实现目标的行动，就不能实现目标。因此，必须把职业目标与实施行动进行有效的对接。

（一）制订行动计划与措施的前提

成功人士都有一个突出的特征，就是有着清晰的目标，对自己的去向一清二楚。他们有目标也有行动，知道自己要做什么，也知道应该怎样去做。

1. 清晰的目标是行动的基础

很多人认为，一旦他们有了方向，就等于有了目标，这就造成了前进中的误导。“赚更多钱”和“开创一项事业”并非目标，目标是一种明确的、清晰的、可定义的、可测量的陈述。

（1）以二元定义的目标。

目标的一个重要方面就是必须是以二元定义的。也就是说，如果问你是否实现了目标，你必须给我一个确定的“是”或“否”的回答，“可能”不能成为选项。例如，你这学期要选修一门职业生涯规划类课程，并且要阅读三本相关图书，这就是你非常清晰的目标，然后在学期末，你就能对是否实现了目标给出确切的“是”或“否”的答案，这就是构成一个目标所需要的清晰的层次。

（2）目标设定细节化。

设定目标时应尽可能细节化。确定明确的数字、日期和时间，以确保每个目标都是可测量的。要么你达成了，要么没有达成。定义你的目标，就好像你已知道将会发生什么一样。有人说，预测未来的最好方法就是创造它。如上面谈到的，“一门课程”“三本图书”“学期末”等。

（3）把目标表述出来。

目标必须用一种积极的、现在时的、个人肯定的形式写下来，一个没写下来的目标不过是个想法而已。表达你的目标，就好像它已经实现了一样。如果你用将来时表达目标，就等于告诉自己的潜意识要把成果永远留在将来，而不是掌握在现在。构建目标时要避免模糊不清的词语，比如“可能”“应该”“也许”之类的词，这些词本身就包含着对于是否能达成目标的怀疑。另外，还要让你的目标个性化，就是说不能成为别人的目标。

（4）主动去设定目标。

设定目标不是一个被动的行为，必须采取有意识的行动才能做到。每件事都很肯定，没有什么是模糊的，应该向目标前进，如果你什么都不做或是稀里糊涂地做，那你基本上就是漫无目的的受害者。当你认真严肃地审视自己身在何方及去往何处时，首要的任务就是根除那些不利因素。为了得到切实的成果，必须实践你的想法，必须与它沟通，构造它、执行它，使之成真。

2. 清晰的目标使行动更具体

认清一个真正的机会并采取行动，和在没有自觉决策的情况下就采取行动完全是两回事。等着能鼓舞你的东西出现，和期盼天上掉馅饼一样，不过是个幻想。清晰的决策不会自动发生，你必须身体力行地让它发生。如果你只是因为不知道想要什么而没有清晰的目标，那就坐下来积极地思考你想要什么。不设定目标就等同于决定让自己成为他人目标的奴隶，而清晰的目标才会使自己的行动更加清晰。

现实并不与愿景匹配得天衣无缝，这并不重要，重要的是愿景能够让你做出清楚的决策，以便让你保持在向目标前进的方向上。清晰的目标并不一定是你最终会到达的地方，但它能让你肯定地决定今天该干什么。当别人突然告诉你一个机会时，你会知道那是真正的机会还是仅仅是浪费时间。即便当你开始朝目标前行时，沿途也会遇到许多新情况和新问题，你一定会边走边修改目标和计划。走在路上，你可能发现那不是你真正想要的目标，随之改变你的愿景。但我们仍然坚信，有缺陷的目标仍然比彻底没有目标要好得多。

在建立了清晰的、情愿为之付出的目标的那一天，你就会发现生活有了可以度量的改变。即使一开始的尝试并不完美，你也可以比以往更加迅速地做出决策，因为你知道它们会把你引向目标。清晰的目标必然会作用于当下的行动，使行动更为清晰。

（二）行动计划与措施的主要内容

在确定了职业生涯目标后，行动便成了关键的环节。没有实现目标的行动计划，目标就难以实现，也就谈不上事业的成功。这里的行动计划是指落实目标的具体措施，主要包括学习、工作、训练、教育等方面具体的计划与明确的措施。

1. 行动计划

职业生涯路线是一步一步走过来的，职业生涯目标是一点一点的实现。如果没有具体的行动计划，没有一点一点地累积，职业生涯路线就无法走通，职业生涯目标也就不可能实现。所以，需要列出详细的工作、学习计划。每学期学什么，要列出具体科目；每年干什么，要列出具体项目。只有计划具体，职业生涯目标才有可能实现。

2. 具体措施

列出具体计划后，要对每项计划列出具体措施，并且措施要切实可行。

案例分享

新生活是从选定方向开始的

学生：“我的目标是在一年内赚 100 万元！请问我应该如何计划?”导师：“你相不

相信你能达成?”学生说:“我相信!”导师又问:“那你知不知道要通过哪个行业来达成?”学生说:“我现在从事保险行业。”导师接着又问:“你认为保险业能不能帮你达成目标?”学生说:“只要努力,就一定能达成。”

“我们来看看,你要为自己的目标做出多大的努力。根据提成比例,100 万元的佣金大概要做 500 万元的业绩。一年 500 万元业绩,一个月 40 多万元业绩,每天大概要拜访 50 人,一个月要拜访 1 500 人,一年就要拜访 18 000 个客户。”

这时导师又问学生:“请问你现在有没有 18 000 个客户?”学生说:“没有。”“如果没有的话,就要靠陌生拜访。你平均一个人要谈上多长时间呢?”学生说:“至少 30 分钟。”导师说:“每个人要谈 30 分钟,一天要谈 50 个人,也就是说你每天至少要花 25 个小时在与客户交谈上,这还不算路途时间。请问你能不能做到?”学生说:“不能。我懂了,计划不是凭空想象的,需要依据能达成的措施来制订。”的确,措施是计划的度量仪。

3. 起讫时间

对每项计划列出切实可行的具体措施后,还要明确每项计划的起讫时间,即什么时间开始,什么时间结束。没有时间约束的计划与措施,最终会流于形式而无法执行。

4. 考核指标

在明确具体计划、具体措施、起讫时间后,考核指标也要明确。如果你的具体计划为学习职业生涯规划方面的知识与技能,具体措施为选修职业生涯规划相关课程、自学相关知识、参加相关职业实习等,起讫时间为大二学年。为保证计划措施的落实效果,必须制定相应的考核指标,如选修的职业生涯规划课程成绩为优,写出 3 本以上职业生涯规划类书籍的读书笔记,了解自己感兴趣的职业任职资格要求,进行 10 个生涯人物访谈等。考核指标的制定直接影响计划与措施的落实与执行效果,必须找到能够衡量的指标,能量化的尽量量化,不能量化的必须客观化。

(三)行动计划与措施的实施对策

在制订了行动计划、具体措施、起讫时间和考核指标之后,还需要采取一些必要的对策,来推动计划与措施的实施。

1. 将计划与措施写下来

唯有将计划与措施写下来,才能将其详细的内容罗列出来。同时,当你把计划与措施写下来的时候,就把这个计划与措施具体地呈现在自己面前了,这时就不能逃避自己对计划与措施的承诺,就会认真地履行自己的计划与措施。

2. 给计划设定一个期限

行动计划与措施确定以后,就要设定一个起止的期限。认真审视计划预期要达成的时限，并时刻督促自己如期完成。有时限的才可能叫计划，没时限的只能叫梦想。

3. 列出计划与措施动机

明确地写出你实现计划与措施的真正理由，告诉自己实现计划与措施的把握和重要性。追求计划与措施的动机比计划与措施本身更能激励我们。做事的理由越多，达成的欲望就会越强，这将成为你实现计划与措施的动力源泉。

4. 将计划与措施分步实施

针对计划与措施，制定出实现它的每一个步骤。每一步该如何做才会取得最后的成功，找出妨碍计划实施的事项，并想方设法去改变它或者改变自己。在计划实施的过程中，千万不要好高骛远。从时间上来说，假如设定了一个一年的计划与措施，那么你就应该再分别设定两个半年、四个季度和十二个月的计划与措施。与此同时，设立一个奖励自己的办法，这样的做法能让你常保积极的心态。

5. 分析你的位置和资源

分析自己现在的位置是非常重要的，唯有知道自己从何处开始，才知道下一步应该如何落脚。找出自己的长处，分析自己最强和最弱的方面，规划出自己最需要学习的事项，还要列出已经拥有的各种重要资源的清单，包括自己的个性、朋友、财物、教育背景、时限、能力等，这份清单越详尽越好。

6. 回顾过去的成功经验

接下来请回顾过去，找出你认为获得成功的经验，仔细想想做了什么特别的事，才获得事业、健康、人际关系方面的成功，请记下这个特别的原因，并学会在以后的事情中去应用。

7. 确认需要克服的障碍

成功就是克服障碍的过程。在向自己的目标前进的时候，遇见的每一个障碍都是来帮助你实现目标的，所以首先要确认你的障碍，将它们列出来。其次，对面前的障碍设定重要性的优先顺序，找出对你实现目标影响最大的障碍，然后全神贯注地去解决它们。

8. 确认你所需要的知识

我们生活在一个以知识为基础的社会当中，不管设定了什么目标，想要实现它，必定需要更多的知识。你需要自我成长，需要不断地学习，吸收新的资讯来实现你的目标。在计划与措施实施的过程中，要确认你需要的知识并多向其他人询问。

9. 列出你最重要的人脉

凡是可以协助完成计划与措施的人都是你要去获得的人脉。理论上来说，所有人都可以是你的人脉，但是数量过于庞大，应先列出目前可以叫出名字或者是知道名字的人脉。由于一个人的时间和精力都是有限的，因此要找出最重要的人脉，优先考虑，优先行动，在他们身上付出更多的努力，将会取得事半功倍的效果。

10. 定期进行检查和总结

最后还需注意的是要在实施中对计划与措施进行定期总结、检查和更新。

三、职业生涯规划的评估与修正

（一）发展目标的适当调整

大学生必须对自己的特长、爱好、性格等进行反复的剖析和衡量，对社会现状进行深入的体会，在制定职业规划的过程中不断地向老师、父母和有经验的学长讨教，争取在初期便制定出一套比较符合自身性格、特长的规划，脚踏实地地按照规划中的目标，一步一个脚印地向前迈进。当然，计划总是不如变化来得快，这就需要我们在实践中、在不改变大方向的前提下不断地对职业生涯规划进行反复的校正，在这个过程中切记不可好高骛远和见异思迁。要知道我们现在所生存的环境正如一个铺满五颜六色贝壳的海滩，各个贝壳都争相闪烁着其耀眼的光辉，而如果我们想要拿走所有的贝壳，那必将一无所获，因为我们的手是有限的，而贝壳却是无限的，当我们想要拿起更多的贝壳时，必将丢掉现有的贝壳。所以，如何最好地实施我们的职业生涯规划，关键在一个“恒”字。

大学生需要一进学校就制定大学期间的奋斗目标，不过这往往是有一定难度的。大一新生就好比一条突然被置于茫茫大海却不知该游向何方的小鱼，他们哪里知道该往什么方向发展呢？

不同年级的大学生往往有不同的特点与心态，对此，人们有着不同的说法。

第一种说法。大一上半年：糊——沉浸在考上大学的喜悦之中一下子转不过弯来，以为还是自己的天下；大一下半年：醒——此时非彼时了，好汉不提当年勇；大二：虚——学了不少却心里没底；大三：熟——秋天到了，果实熟了，该上市了。

第二种说法。大一上半年：彷徨——大学新生就好比一条久困鱼缸的小鱼突然被置于茫茫大海却不知该游向何方；大一下半年：呐喊——大学也就这样，我要活出自我；大二：伤逝——逝者如斯夫，时不我待；大三：朝花夕拾——浑浑噩噩，一晃三年过去了，我要在这最后的大学时光里尽量多学知识。

由此可见，要求一个大一的学生制定一个大学阶段一成不变的职业生涯规划是多么的不现实。但有规划远比没有规划要好，规划可以给自己一个大概的指引并且使人有一种压力感。

有些大学生会考虑换专业，这也属于目标的修正问题。出于对兴趣与就业形势的考虑，大学生想调换专业无可厚非，但调换专业以前一定要弄清楚自己究竟喜欢和适合什么专业，不可盲目冲动。

（二）目标实现中的阻力分析

在目标的实现过程中不可能总是一帆风顺的，面对挫折与失败，有的人越战越勇，有的人却晕头转向，为什么会有这么大的区别呢？究其原因，在于不同的人分析与解决问题的能力不一样。

对目标实现过程中的阻力进行分析是很有必要的，大学阶段目标实现的阻力主要有以下几种情况。

1. 目标设置不合理

例如某大学生在大学期间，既想学习成绩优异又想当个优秀的学生干部；既想恋爱成功又想打工赚钱，这显然是有一定难度的。以上目标如果分割成阶段性目标是可以实现的。

就业、出国、创业均可以作为大学期间的发展目标，但必须具体和现实。如选择先就业，那就要想清楚去什么地方就业、在什么行业就业、从事什么职业与什么性质的工作、希望拿多少工资等；如选择出国留学，那就要考虑家庭经济承受能力、个人学习成绩，尤其是外语水平等；如选择毕业后自主创业那就必须积累经验，学会分析市场行情、制订创业计划等。

目标没有好坏、对错之分，适合的就是最好的。如果选定的目标不合理，那就已经失败了一半。

2. 制定目标的当事人缺乏执行力

“性格决定命运，细节决定成败。”经常听一些大学生讲“我要考研”，可是没过多久，他就改变主意了。还有的大学生说：“从下周开始，我要好好学英语。”大家可能会问：为什么非要从下周开始而不是从今天、从现在开始呢？

执行力相当于心理学中所说的毅力。很多大学生就是因为缺乏毅力，稍一碰钉子，就马上否定自己的方向，踏上速成路线混上几年后，发现可供行走的路越来越窄，最后被逼到死角，不得已进行反思，又重新跳回到以往的职业生涯规划中来。然而在如此反复的过程中你就错失了很多学习和发展的机会，到最后极有可能越做越累，甚至一无所获。

“合抱之木，生于毫末；九层之台，起于累土；千里之行，始于足下。”大致意思是说：“合抱的大树，生长于细小的萌芽；九层的高台，累积于每一筐泥土；而千里的行程，开始于脚下的每一步。”世界上任何事都是这样的，总有个从量变到质变的过程，而这个过程只有有毅力的人才能坚持下来。

人生就是一场马拉松赛，开始跑在最前面的未必能一直领先而成为一名胜利者，原来落在后头的也并不一定就永远不能后来居上而命中注定做一名失败者。有人总是在别人的成就和荣耀面前哀叹自己起步太晚，其实每一位马拉松参赛者都明白，迟个三步、五步甚至十步、百步也不算晚，关键是能否坚持到终点。成功者常常用毅力去书写迷人的胜利传奇。

3. 目标实现的外在条件不具备或者发生改变

从哲学的层面上讲，目标实现的内在条件相当于内因，外在条件相当于外因。所谓内因即内部矛盾，是指事物内部各要素之间的对立统一关系。如鸡蛋经过孵化已经发育成多细胞的胚胎，胚胎本身存在同化与异化、遗传与变异的矛盾。外因就是事物的外部矛盾，是指一事物同其他事物之间的对立统一关系。如没有适宜的温度，鸡蛋中的胚胎就无法正常发育，时间过长，胚胎就会死亡，更谈不上孵出小鸡。可见，鸡蛋与温度之间是既对立又统一的关系，即是鸡蛋变小鸡过程中的外部矛盾。

事物在各种外部条件的影响下，其内部矛盾的双方力量处在此消彼长的不断变化之中，一旦矛盾双方的力量对比发生根本性的变化，便会引起双方地位的相互转化，于是新矛盾取代旧矛盾，新事物取代旧事物。

在鸡蛋孵小鸡的发展过程中，鸡蛋是内因，适宜的温度是外因。鸡蛋和适宜的温度对于由鸡蛋孵化出小鸡的发展过程来说，都是同时必备、不可缺少的因素，缺少任何一种因素都不可能孵出小鸡。可见，事物的发展是由内因和外因共同起作用的结果，矛盾是事物发展的动力。

外在条件虽然有不可控制性，但它毕竟要通过内部条件才能起作用，人是有主观能动性的，人们不仅可以利用与改造外部条件，还可以创造条件实现目标。

财富和地位是职业生涯中的一部分，但不应该成为我们努力的全部目标。如果仅限于这些标准，一旦没有能够在期望的时间内实现这一目标，便灰心地认为自己的职业生涯失败了。这种成功观是不正确的。

大学生在具体实施自己的职业生涯规划的过程中，最容易出现的问题就在于眼高手低、心浮气躁、急功近利、见异思迁。在就业过程中，很多刚刚踏上社会岗位的毕业生，往往不能以平和的心态对待现状，一旦碰到小小的钉子，或感觉自己所处的环境和理想中的目标有差距，便会产生极大的心理落差，并马上怀疑自己的能力和以前制定的计划目标，认为以前制定的人生规划是个人的能力和在现有工作环境下不可能达成的。于是，他们开始自暴自弃，得过且过，轻率地抛开以往的职业生涯规划，选择一条最为急功近利的速成路线，没有为后期发展留下任何可拓展空间。

（三）职业生涯发展状况评价

职业生涯发展状况的好坏，其实早期看锻炼机会，锻炼机会越多越好；中期看待遇，待遇越优厚越好；晚期看价值感，社会价值感越大越成功。这是一些职业生涯规划师的总结。

那么，我们到底应该从哪些方面、以什么标准来评价职业生涯发展状况呢？

1. 评价原则

（1）“目标”与“结果”和谐性原则。

“和”与“谐”是两个不同的中文字，它们的含义有很大的相似点。《吕氏春秋》里有一句话可以很好地说明“和”的含义：“正六律，和五声，达八音，养耳之道也。”人的耳朵很奇怪，不愿意听单一的声音，一定要听几种不同的声音才能感到舒服。和谐是指各组成部分协调地相互联系在一起。把“和”与“谐”连在一起，即“和谐”，就是指存在差别的各个成分可以相互协调地联系在一起。它本身就带有两层含义：一是组成一个整体的各个成分之间存在差别，且差别明显；二是这些存在差别的各个成分之间又可以非常协调地整合在一起。

“结果”可以理解为目的；“目标”则是阶段性的结果能够保持一定的和谐性就可以了。

（2）阶段性原则。

“目标”与“结果”虽然不尽相同，但处于不同阶段的大学生有不同的职业生涯发展任务，评价大学职业生涯发展良好与否必须把握阶段性原则。各年级大学生的主要任务如下。

1）低年级大学生的主要任务。

自我认识，树立正确的学习观，了解专业性质、专业能力要求、专业学习的价值和专业前景等，提升学习动力，适应大学学习生活和人际交往，尽快完成角色转变。了解自己的特长与潜能、优势与不足，正确认识自我。初步认识职业生涯发展规划的重要性，树立正确的职业价值观。学习通用性技能，提高基本素养，为未来的职业发展做好专业准备。

2）中年级大学生的主要任务。

自我拓展，培养较强的责任感、使命感，树立正确的成才观和事业观；通过职业测评、职业咨询、了解职业信息等方式，认识职业；根据自身条件、职业志向和未来职业的发展进行初步的职业生涯规划。结合职业生涯规划，做好职业生涯决策，参加职业培训、社会实践、创业锻炼等活动，拓展职业知识技能，提升自我素质，培养高度责任心和精益求精的精神，提高人际沟通、团队合作和创新等能力。

3）高年级毕业班大学生的主要任务。

自我发展，树立开拓务实的职业观、创业观和择业观。通过职业生涯规划、职业生涯决策的修正，形成现实而正确的个人职业发展评价，确定合理的职业定位和择业期望标准。通过毕业实习、个人辅导、职业信息的收集和选择、就业技巧培训等多种形式，提高职业成熟度和职业行为的“自主、自尊、自信、自强”意识。树立爱岗敬业精神，实现人生发展与社会需要的内在统一，主动去祖国最需要的地方和行业建功立业，完成向社会职业人的角色转换。

2. 评价维度

（1）自我评价。

按照心理学的说法，自我评价（Self-evaluation）是自我意识的一种形式，是指主体对自己的思想、愿望、行为和个性特点的判断和评价。儿童是在把自己当作认识主体从客体中区分出来，开始理解我与物的关系后，通过别人在对自己评价和对别人言行评价的过程中，逐渐学会自我评价的。自我评价是自我意识发展的产物，其发展的一般规律是：评价他人的行为→评价自己的行为→评价自己的个性品质。它是自我教育的重要条件。人对自己的思想、动机、行为和个性的评价，直接影响着本人学习和参与社会活动的积极性，也影响着与他人的交往关系。一个人如果能够正确地、如实地认识和评价自己，就能正确地对待和处理个人与社会、集体及他人的关系，有利于自己克服缺点、发扬优点，在工作中充分发挥自己的作用。实事求是地评价自己是进行自我教育、自我完善的重要途径之一。

大学生对个人职业生涯发展的自我评价是所有评价维度中最重要的方面，大学生（含研究生）年龄一般在 18～25 岁，具有成熟的自我意识，他们完全具备自我评价的能力与水平。

（2）他人评价。

他人评价主要包括同学评价、朋友评价、教师评价。同学评价又包括师兄师姐评价、同班同学评价、室友评价等。教师既包括班主任、辅导员，也包括任课教师、实习指导教师、毕业论文指导教师。

（3）组织评价。

组织评价是指由某种正式或非正式机构实施的评价，如班级、院系、学校、学生社团等。组织评价往往有较高的信度和效度，而且有利于当事人看清楚自己在同龄人或同学中的竞争位置，有利于发现优势与劣势。

3. 评价方法

（1）综合测评法。

综合测评法是众多高校普遍实施的一种对学生德、智、体等多方面发展状况进行评价的方法，一般包括多个指标体系，每个指标体系均以量化的方式呈现，便于排名和统计。而且每个指标的最终得分包括多个评价来源，如自我、班级、教师等。正因如此，综合测评有较高的外部效度。

（2）360 度反馈评价法。

360 度反馈评价法原本是企业对员工进行绩效管理时经常用到的一种多源评价法，将上级主管、同事、下属、客户等的评价与个人的评价综合反馈给被评价者，其对个人职业生涯发展也是非常有意义的。

360 度反馈评价法也可以用于大学生的职业生涯发展评价，个人在进行 360 度反馈评价时，应尽可能地打开“窗户”，广泛地向他人征求意见，这些人可以是自己的老师、同学、亲人、朋友、室友、校友、实习单位领导、社会工作中的同事等，其中来自辅导员、班主任和与自己有直接交往的同学的评价信息最为重要。

（3）日记或周记分析法。

日记或周记分析法把一个工作日（周）及一个非工作日（周）的活动如实而无遗漏地记录下来，然后按照活动性质进行分类，如上课、自习、考试、上网、文体活动、逛街、约会、睡觉等，看看用于不同活动项目的时间各是多少，并分析时间的分配是否与自己的职业生涯目标相对应。

（4）“重要人物”访谈法。

请自己的同学、朋友、父母、亲戚或其他你认为了解你的重要人物中的几个人对你进行评价，在此过程中，你可以提出一些问题，看看他们从旁观者的角度对你有什么看法。

案例分享

张婷的大学生涯发展计划

第一部分：自我分析

1. 我是谁

我是女儿、是姐姐、是朋友、是学生、是外联社社员、是文艺委员（目前）。扮演不同的角色、承担不同的责任、表现不同的性格，见表 4－3。

表 4－3　角色分析

角色	时间关系	优点（应保留）	缺点（应改正）
女儿	永久	孝顺	脾气不是很好、没耐心
姐姐	永久	温柔、耐心	有一点神经质
朋友	永久	大方、热情、友好、易相处	啰唆
学生	暂时	乖	不好学、不认真、得过且过、无危机意识
外联社社员	暂时	主动	容易紧张
文艺委员	暂时	负责	有点胆怯

2. 我在哪里

我现在处在大学一年级快要结束这一阶段，以后还有很长的路要走。

3. 我会什么

会讲简单的英语口语，计算机“菜鸟”（刚过一级），会演奏几种民族乐器（没参加考级）。

4. 我想做什么

我想做心理咨询师或看情况选择与心理学有关的专业，如到相关机构做犯罪心理研究员或者游戏测试员。有能力的话就开个店，再发展成企业（和朋友合资也行）。

5. 自我诊断

我的自我问题有：得过且过，没有危机意识，干耗不充电，计划来临扭头就跑，不愿表露自己的想法与态度，没有值得骄傲的特长与技能，懒散。

第二部分：职业分析

当今社会竞争越来越激烈，人的压力也越来越大。这种压力是来自多方面的，有来自家庭的、社会的、工作学习环境的、朋友的和自身的等。面对这些压力，人们却似乎越来越找不到合适的发泄途径。人的心理承受能力越来越受到考验，而心理咨询师这个行业也应运而生。

在我看来心理问题每个人都会有，目前人们对心理咨询的态度越来越积极，对心理咨询师的需求也会越来越多。我觉得，到我毕业时心理学的需求市场是很可观的。

从事这个职业需要具备较强的英语能力、较强的沟通能力，需要耐心、友好、细心、体贴、亲切。

第三部分：职业发展规划

1. 明确目标

(1) 长期目标。

在大学期间，通过大学英语四级考试，加强英语听力与口语的训练，考过计算机二级（要加强基础软件操作的熟练程度），多看与心理学有关的书籍，学习社交礼仪，学习茶道知识。

(2) 短期目标。

暑期：复习巩固大一英语与心理学知识，努力背英语单词。在社会实践和打工的过程中培养社交能力、心理调适能力、随机应变能力、吃苦耐劳精神等。

大二：通过大学英语四级和计算机二级考试，看一些关于茶道知识的书，学习基本的社交礼仪，配合学校心理健康中心做实践调查。

大三：对茶道和社交礼仪进行深入的研究。认真学习心理专业知识，同时寻找实习单位，考取驾照。

2. 可能的变动与职业需要

第一志愿是考取心理咨询师。第二志愿是考消费心理学或犯罪心理学的研究生（分专业方向时根据学校定的课程再确定），深造的形式要求不是很高，可以半工半读。

3. 需要做的准备与培训

(1) 在人际关系方面做得还可以，但仍需继续努力。在做决策方面做得很差，不敢发表自己的意见，今后要改进。

(2) 我目前需要学习专业知识，需要增加经验。

(3) 我拥有的资源：我是本地人，在本市发展的可能性比较大；在本市，我学的专业前景很好；社交方面，态度谦虚，行为得当，容易得到前辈或长辈的认可。

(4) 我现在应该停止浪费时间的行为，开始执行暑期的短期计划。从现在开始，要加倍努力，为美好的明天打好基础。

探索活动

很多时候，计划赶不上变化，只有通过计划到实践的过程，发现问题后再调整，再进行计划，如此循环去完善职业规划，才能以不变应万变，将自己的职业目标进行到底。

围绕实现职业目标的主路线，预测几个风险因素，并拟定应对方案。

1. 职业生涯规划风险预防：

风险 1：______________________________

应对方案：______________________________

风险 2：______________________________

应对方案：______________________________

风险 3：______________________________

应对方案：______________________________

2. 职业目标备选方案：

首选职业目标：______________________________

次选职业目标：______________________________

第三节　撰写职业生涯规划书

学习目标

1. 了解大学生职业生涯规划书的基本类型。

2. 熟悉大学生职业生涯规划书的基本内容与撰写要求。

3. 掌握职业生涯规划的修正与调整。

案例导读

没有职业方向的烦恼

财务管理专业毕业的小丽是一个有着三年多工作经验的女生，先后在某外企和某餐饮企业工作，然而现在的她满脸疲惫。她说："我已经失业四个月了，真烦人。三年前，我大学毕业，学的是财务管理，但我不喜欢，更不想以此为职业。我的英语很好，学校社团的工作让我具备了很强的沟通交际能力。毕业后，我顺利通过三轮面试，成为一家外企的总经理助理，工资水平属于同学中的佼佼者，大家都很羡慕我，但只有我自己知道我的工作很无聊。每天都有处理不完的琐事，感觉自己根本不会有什么出路，更不会学到新东西。"于是，在一年合同期满的时候，小丽毅然离开了那里。不久，小丽在报纸上看到一家刚刚进入中国的跨国餐饮集团在招聘人员，觉得很新鲜，就去试试，结果被安排到门市部工作，直接接触客户，这个工作小丽一干就是两年多。

可是，小丽逐渐发现，由于接触的客人大多层次不高，让人觉得自己的档次也下降了不少。而且，这个企业人际关系复杂，自己没有背景，要想升职几乎是不可能的。辞职，再一次摆在她的面前。在仔细考虑了一段时间后，小丽认为她肯定能找到更好的工作，于是，她又一次辞职了。她给自己放了三个月的长假，以调整好心态和身体，继续寻找新的工作。

四个月过去了，她投递的简历超过了70份，也在各大网站上发了求职信，甚至不提及工资待遇。然而让她意想不到的是，她只得到了几个回复，并在简单的一轮、二轮面试之后，就没有了下文。

小丽很苦恼，她说："我知道自己没有什么出色的学历和职业背景，我也不希望自己马上成为高薪一族，但我不明白，以我这几年还算丰富的经验，怎么就找不到一份普通的工作呢？"

问题与思考：

（1）小丽的问题出在哪里？

（2）如果你是小丽，应该如何规划自己的职业生涯？

知识详解与能力训练

一、职业生涯规划书的基本类型

职业生涯规划书作为个人发展计划，具有鲜明的个性，在写作上没有统一的格式，只要能反映职业生涯规划的内容、符合自身要求就可以了。职业生涯规划书的类型主要有文本式、表格式和档案式三种。

（一）文本式

文本式职业生涯规划书没有固定的模板，具有创作的空间，其规划的依据：一是要让自己信服；二是要有可执行性。一般情况下，文本式职业生涯规划书要包括职业理想、自我认识、职业及环境认识、职业目标、实施方案及可能遇到障碍的对策等内容。这种职业生涯规划书能对个人的职业生涯做出详细、完整、全面的分析与阐述。

（二）表格式

表格式职业生涯规划书主要包括两部分，即表头和规划内容栏（参见表 4－4）。表头是规划人的基本信息，内容栏以呈现目标和实施要点为主，内容不是固定不变的，可以根据个人情况进行调整。这种规划书是不完整的，它只是相当于一份完整的职业生涯规划书的方案实施部分，它仅有最简单的目标、分段实现时间、职业生涯机会评估和发展策略等部分，适合日常使用。

表 4－4 表格式职业生涯规划书

<table>
<tr><td>姓名</td><td></td><td>性别</td><td></td></tr>
<tr><td>年龄</td><td></td><td>学历</td><td></td></tr>
<tr><td>所学专业</td><td colspan="3"></td></tr>
<tr><td>职业选择</td><td></td><td>流动意向</td><td></td></tr>
<tr><td colspan="4">人生目标：
岗位目标：
职务（职称、技术等级）目标：
收入目标：
社会影响目标：
重大成果目标：
其他目标：
人生观简要文字说明：
实现人生目标的战略要点：</td></tr>
<tr><td colspan="4">长期目标：
岗位目标：
职务（职称、技术等级）目标：
收入目标：
社会影响目标：
重大成果目标：
其他目标：
人生观简要文字说明：
实现长期目标的战略要点：</td></tr>
</table>

续表

中期目标（通常在 2 年以上）： 岗位目标： 学习（成绩）目标： 能力目标： 资格目标： 就业目标： 实现中期目标的战略要点：
短期目标（通常在 1 年以上）： 岗位目标： 学习（成绩）目标： 能力目标： 资格目标： 短期内完成的主要任务及拟采取的措施： 可能出现的意外和应急措施： （年度目标及年度计划的细节通常另行安排，以保持生涯规划的相对稳定性和可保存性。）
职业生涯规划人（签字）： 职业生涯规划日期：　　年　　月　　日

（三）档案式

档案式职业生涯规划书是由多个表格和文本式规划书组成的，它可以把职业生涯规划的制定过程真实而详细地记录下来，是一种具有史料性质的职业生涯规划书，主要包括曾经的职业理想、性格认识、兴趣探索、优势技能分析、价值观澄清、专业与职业关系分析、职业分析与职业体验、咨询与总结、生涯选择与职业决策、职业发展规划等内容。职业生涯规划档案的任何一部分都可以根据内容而扩展，职业发展规划部分可以按学期制定。一份完整的职业生涯规划档案就是一个人成长的历程记录。

二、职业生涯规划书的基本内容

职业生涯规划书是对职业生涯规划的书面化呈现，不仅能呈现大学生的宏观职业生涯规划，还能对具体的学习和工作起到指导及鞭策作用。大学生职业生涯规划书的基本内容主要包括以下几项。

（1）扉页：包括题目、目录、姓名及基本情况介绍、年限、起止日期、电子邮件地址等。

（2）前言：包括对目的、目标的认识及意义等。

（3）职业方向及总体目标。

(4) 自我分析：对家庭因素、学校因素、自身条件及性格、潜力等的分析。

(5) 社会环境分析：包括对政治环境、经济环境、法律环境、职业环境的分析。

(6) 目标定位及目标的分解和组合：发展策略、发展路径。

(7) 成功的标准。

(8) 差距：即自身现实状况与要实现的目标之间的差距。

(9) 缩小差距的方法及实施计划和方案。

(10) 评估调整预测：评估的内容、评估的时间、规划调整的原则。

三、撰写职业生涯规划书的基本要求

(一) 完整性

完整性要求职业生涯规划书涉及的资料翔实，步骤齐全。收集资料有多种途径，可以通过访谈、从报刊图书中摘抄、上网下载等方式，要尽可能注明资料的出处，并多运用图表数据来说明问题，以提高资料来源的可信度和说服力。

(二) 全面性

论证有据，分析到位。要了解有关的测评理论及知识，认真审视并思考自己的测评报告并对照自我认识与测评结果的异同，分析与测评结果形成差距的原因，从而确定自我评估结果，达到“知己”；要分析自己所处的地理环境，包括居住的地方、喜欢的地方，收集亲朋的意见；明确自己最大的兴趣爱好、最喜欢与之共事的人的类型、最重视的价值与目标、最喜欢的工作条件，再通过目前环境评估（社会影响、家庭影响、学校因素、就业形势等）和当前社会环境分析（组织环境分析、技术的发展、经济的兴衰、政策法规的影响等）来确定自己的职业方向，做到说理有据、层层深入。

(三) 逻辑性

言简意赅、结构紧凑，重点突出、逻辑严密。语言朴实简洁，用词精练准确，行文流畅，条理清楚，这是最基本的写作要求。撰写时还应密切注意整篇文章的结构和重心。职业生涯规划书一般包含对职业规划的认识、对自我的剖析、对所学专业的认识、对职业方向的探索，以及确定目标并制订计划这5个方面的内容。

在对这些内容进行分析阐述时，必须紧紧围绕职业目标这条主线来展开，从而体现文章论述的逻辑性和连贯性。要将重点放在自我评估、环境评估、目标实施上。职业生涯规划是自己将来的规划，这个规划只有建立在对自我和职业的充分认识的基础上才能体现出它的科学性和可行性。

(四) 可操作性

目标明确，合理适中。撰写职业生涯规划书应围绕论述的中心展开，职业生涯目标不能过于理想化，应“择己所爱”“择己所长”“择世所需”“择己所利”。职业生涯规划书撰写是否成功，在很大程度上取决于有无正确适当、切实可行的目标。

（五）匹配性

分解合理，组合科学，措施具体。目标分解、实现路径选择要有理论依据，而且备用路径之间要有内在联系性。目标组合要注意时间上的并进、连续，功能上的因果、互补作用，全方位的组合要涵盖职业生涯、家庭生活、个人事务等方面。

（六）创新性

职业生涯规划因人而异，具有明显的个人特性。但它的撰写又有一定的格式，所以在写作时，要求每一个人应该规划自己的内容，要求有创新性。

探索活动

活动目的：

让学生了解职业生涯规划，认识职业生涯规划的重要性。

活动说明：

（1）形式：分小组讨论，发表意见。

（2）时间：15～20分钟。

（3）地点：教室。

（4）主题：大学生需要在毕业之前做好职业生涯规划吗？

活动内容：

（1）分组。5～8人一组，设组长一名，记录员一名。组长明确讨论主题和方向。

（2）组内讨论。组员依次发言，每人发言时间不超过2分钟。记录员控制发言时间并记录发言内容。

（3）发言完毕，组长与组员在记录的基础上讨论，得出简要结论。

（4）各组组长在课堂上陈述自己小组的结论，并作简要解释。

（5）教师组织全班学生对讨论过程中产生的焦点问题进行进一步讨论。

拓展阅读

李××的职业生涯规划书

一、前言

职业，指的是一个人所从事的以之取得主要经济来源的工作。一个人要想在社会上独立谋生，就要取得一份职业。在这个人才竞争激烈的时代，找到一份称心如意的工作不是一件容易的事情。必须对自己的职业生涯做出详细而合适的规划，才能在夺取职业制高点的战役中立于不败之地。

二、职业方向

导游、旅游计调、旅游顾问。

三、自我分析

1. 出生背景

我来自中国东南沿海的一个小城市。虽然家乡的经济不是很发达，但家里的条件在小县城里还算过得去，所以在小时候并没有吃过多少苦。

2. 性格与能力

本人性格活泼开朗，善于与人交谈，业余爱好丰富，做事认真踏实、有始有终，并且具有一种不服输的精神。

此外，我虽然平时做事有些马虎，但在关键时刻绝不会掉链子。我喜欢帮助周围的人，而且不会过于计较得失，能够把目光放长远。

四、职业环境分析

我学的是旅游管理专业，该专业是随着我国旅游经济的发展、旅游产业的兴盛而建立的一个新型专业，其发展只有30多年的时间，但已成为工商管理学科体系中的一个重要专业，培养具有旅游管理专业知识，能在各级旅游行政管理部门、旅游企事业单位从事旅游管理工作的高级专门人才。

1. 就业方向

旅游管理专业的毕业生可从事旅游行政管理部门、旅行社、旅游景区、旅游咨询公司、旅游电子商务企业、旅游规划策划机构、主题公园的旅游经济管理和企业管理工作，也可以自主创业。

2. 就业前景

根据世界旅游组织的统计，目前旅游业已经成为世界最大的新兴产业之一，每年仍以两位数的速度在增长。据世界旅游理事会在WTO召开的世界大会上宣布，中国旅游就业是世界第一位的。根据世界旅游组织的研究结果，中国已成为世界第一大旅游目的地，年接待1亿多人次的入境旅游者，同时近年年出境人数均超过1亿人次。因此，我国对旅游管理人才需求有很大的缺口。

3. 职业要求

一般来讲，很多企业都对旅游管理人员提出了如下要求。

(1) 具有从事旅游服务的基本知识及职业道德，熟悉相关的法律法规；具有较强的服务意识，礼貌待客，诚实守信，吃苦耐劳。

(2) 了解旅游服务部门主要岗位的服务流程及用语，能提供恰当的接待服务。

(3) 具备主要岗位的服务技能，具有较强的应变能力；具有在服务岗位使用外语与客人交流、沟通的能力。

(4) 具备使用、维护及保养基本设施设备的知识与能力，能较熟练地利用计算机网络技术进行业务沟通和规范服务。

(5) 具有团队合作意识，协调人际关系的能力；具有继续学习，应用新技术和适应职业变化的能力；具有自我创新，勇于创业的能力。

五、未来3年的计划

根据我自己的性格特点和旅游管理职位的要求，对于未来的3年，我给自己制订了如下计划。

1. 培养就业能力

学好专业课程，选修诸如沟通技巧、演讲与口才之类的课程，适度参加一些社团活动，以使自己既具备扎实的专业知识，又强化语言表达能力和沟通能力。

2. 考取必要的证书

(1) 通过大学英语四、六级考试和计算机一、二级考试，这是未来求职必备的“硬件”。

(2) 考取导游证。这个证书对于我们专业来说很重要，它是我们找工作时的重要砝码。

3. 去企业实习

在企业能学到学校和课本里不能学到的知识，也可以帮助自己在毕业后快速融入社会。

实践活动

寻找人生目标——“六步游戏”

活动目的：

明确自身的人生目标，为职业生涯规划确定方向。

活动内容：

以下是学者经过反复探讨而得到的一个寻找人生目标的方法，称为“六步游戏”。现在就让我们通过“六步游戏”来找到自己的人生目标。

游戏道具：4～5张小纸片。

环境要求：安静舒适。

情绪状态：精神饱满，情绪激昂，思维活跃。

注意：在考虑目标时，应尽量全面，避免仅从一个方面考虑（如仅考虑事业）。

第一步，寻找终生目标。

拿出一张纸片，写下第一个问题：我的终生目标是什么？然后用2分钟写下答案，要遵从内心的想法，想的是什么就写下什么。再花2分钟进行必要的修改。

如果你无法直接确立人生目标，可以回想一下你童年、少年时的梦想，或者那些令你最开心的事，以此作为启发，再写下你的答案。

第二步，思考如何度过今后三年。

请在第二张纸片上写下第二个问题："我该怎样度过今后三年？"用2分钟尽快写下答案，再用2分钟补充忽视的项目，所写的内容要比第一张纸片上的具体。这里的具体是指所做的工作要具体。例如，第一张纸片上你写了要过幸福的生活，那么在这张纸片上你就要将它分解为较具体、细致的目标。

第三步，半年内最重要的事。

在第三张纸片上写下第三个问题："我在这半年内应该做哪些事？哪些事对我最重要？"这张纸片所罗列的内容，应该比第二张纸片上的更具体、细致、全面，是自己需要也是能够立刻做的。

第四步，浏览前三步。

浏览一下前三步的答案，你应该发现，第二步的答案就是第一步答案的延伸，第三步的答案是前两步答案的继续。如果你的前三步答案不具备这种逻辑，就需要重新做，务必使答案符合事物的发展逻辑。

第五步，目标分类。

请把三张纸片都拿起来，对上面的目标进行归类，如分为事业目标、爱好特长目标、婚恋目标、社会友情目标、身心素质目标、读书目标等。

第六步，确立不同时期的目标。

请按类别关系，将三张纸片上的目标按同类关系及同性质关系连成一条线，这样就形成了你的短期、中期、长期目标。然后，结合个人情况，根据短期目标制订切实可行的月计划、周计划、日计划。下一级计划的制订都应该是服务于上一级计划的，例如，制订周计划是为了完成月计划，制订日计划是为了完成周计划。当短期目标实现后，再向下一个目标前进。

活动检测：

活动结束后，教师可根据表4－5进行评分。

表 4-5　探索活动评价表

评分标准	分值	实际得分	备注
严格按照步骤完成活动	25		
所列目标符合自身实际情况	25		
所订计划符合实际，并能够完成计划	25		
积极参与活动	25		
总分	100		

第五章 了解就业形势与政策——大学生就业

就业形势是毕业生就业的大背景，既包括国家政治经济和社会发展状况、毕业生就业市场的供求情况，也包括行业发展情况。就业政策是政府和社会群体为了解决毕业生的就业问题制定的系列方案及采取的相关措施。大学生就业形势是当下大学生就业问题的一种综合体现，而大学生就业政策则是针对就业问题采取的一系列措施和方法。当代大学生在就业之前一定要了解当下的就业形势和政策，了解职业院校毕业生就业创业相关政策；把握区域经济社会发展对技能人才的需求状况；端正就业观念，认识技能人才发展优势；能够分清职业理想和理想职业。

第一节　分析就业形势

学习目标

1. 了解宏观就业形势。
2. 了解当前大学生就业形势。
3. 端正就业观念，认识技能人才发展优势。
4. 能够分清职业理想和理想职业。

案例导读

小张是自动化专业 2020 届的毕业生，直到 2021 年 7 月，他还没有落实自己的就业单位。他一直希望毕业后能够到经济发达的城市工作，同时希望自己能够在毕业后拿到不低的薪酬。2020 年冬季和 2021 年春季，他相继参加了学校、政府、企业组织的数十场招聘会，投递了近百份个人简历。结果，一些看似不错的用人单位总是由于地域、薪资等因素不合他的需求，而一些心仪的用人单位却因为他的综合成绩、实践经历等原因与他“擦肩而过”。

小张的择业思想在毕业生求职过程中具有一定的代表性。不少毕业生过于向往经济发达地区，尤其是沿海地区的中心城市，最低的期望也是回到自己家乡所在地的中心城市。这些大学生只注重经济文化发达、工作环境优越的一面，而忽视了这些地区人才济济的一面。他们的择业期望值居高不下，甚至还有逐年攀升的趋势，从而导致主观意愿与现实需求之间的巨大落差。

如今，像小张这样过分看重单位所在地的毕业生不在少数。根据2020届毕业生的抽样问卷调查结果，在衡量单位是否符合个人选择标准时，93%的毕业生选择地域好、薪资高的单位，其中超过85%的毕业生对目标单位的要求是地处大中城市，愿意到急需人才的边远地区、艰苦行业的毕业生仅占5%。小张如果不能认清形势、积极调整心态，就只能面临“高不成、低不就”的尴尬状态，找不到适合的就业单位。

问题与思考：

（1）你是如何看待小张的择业思想的？这带给你怎样的启示？

（2）如果你也面临同样的困惑，应如何更好地调整自己的就业观念？

案例分享

困惑与思考

周鹏飞到学校就业指导中心寻求帮助，他是法律系毕业的学生，比较喜欢自己的专业，但是不知道毕业之后除了做律师、公检法公务员或者法律咨询顾问，还有什么工作可选择，这些相关职业的具体情况如何，需要哪些技能，他希望老师能告诉他。

王冬是一名外语系的学生。想到大学毕业后的前途，她觉得很迷茫。一方面她觉得做一名翻译也许很适合自己；另一方面，她又不满足于只给别人打工，希望能打造一片属于自己的天地。究竟自己将来能做什么，能做到什么程度？能实现自己的人生目标和理想吗？她很迷惑。

吴雯到某电子商务公司面试后被告知录用并通知近日去体检，谁知公司指定的医院体检费居然高达3 880元，她觉得其中是否存在问题。

胡涛近日在一家培训机构求职过程中登记了手机号码，之后每天都有很多骚扰电话，这给他的学习、生活带来了很大的困扰，但是他不知道怎么办。

你是否对上述几位同学的经历感到非常熟悉？临近毕业的这段时间，大学生面临着来自各方面的巨大压力。但是有的同学并不理解自己将来的就业环境，也不知道自己能否很好地胜任工作。还有一些同学在找工作的过程中受到各种不平等遭遇却不知道如何保护自己的合法权益。通过本章内容的学习，大家可以了解当下的就业环境，大学生的就业政策，以及遭遇不公时如何获得权益保护。

每个人都处在一定的社会环境之中，离开了外界环境，便无法生存与成长。只有对这些环境因素充分了解，才能做到在复杂的环境中趋利避害，使职业生涯规划具有实际的意义。除了要正确客观地认识自我，还必须更多地了解各种职业机会，尤其是一些新兴行业、热门职业对人才素质与能力的要求。只有深入了解这些行业与职位的需求，善于结合自身特点评估外部就业机会，才可能找到能够终生从事的理想职业。做好就业环境分析，真正做到知己知彼，从而使自身素质与选择的职业岗位相匹配。

知识详解与能力训练

一、宏观就业形势

“十四五”时期，我国的就业总量矛盾在一定程度上依然存在，结构性问题是就业的主要矛盾。今后一段时期，就业形势依然严峻，就业任务依然艰巨，部分企业“招工难”与部分劳动者“就业难”状况并存的就业结构性矛盾依然存在。

（一）结构性失业风险加大

当前我国新增劳动力供给并未出现明显下降，劳动力总量供给大于需求，无论是劳动供给的增量还是存量，并不存在短缺现象，甚至在未来一段时期劳动力供给还有富余。

“十四五”时期，经济结构和产业结构调整进入关键期，就业结构调整面临更大不确定性，结构性失业风险明显增大。当前，我国经济逐渐转变成为以服务业为主导的经济形态，依靠土地、房地产、基础设施等大规模投资的增长模式将失去动力，依靠劳动力、资源等的粗放型产业将加快被淘汰，经济结构和产业结构的变化也将带来就业结构的转变。

在这一结构调整过程中，部分劳动力将因不适应而不可避免地被淘汰。例如，化解产能过剩短期内势必会造成局部性失业冲击，一些需要调整的企业将会关、停、并、转，由此形成的离岗人数会增多。

（二）非技能劳动力就业趋难

根据国家统计局公布的数据，2020 年全国外出农民工总量 2 亿多人，青年农民工集中在经济调整冲击最突出的地带。一半的农民工流入东部沿海地区，多数青年农民工从事制造业，而受经济增长放缓和结构调整影响最大的恰恰就是东部沿海地区的外向型、劳动密集型制造业。这些青年农民工基本没有农业经营经历，在遭受冲击下，农业“蓄水池”功能对青年农民工不能发挥作用。相对于同龄的城市青年，尤其是大学生，青年农民工的适应能力明显更弱，有可能在结构转型中加入长期失业大军。

大学生的问题同样突出，根据教育部公布的数据显示：2021 届高校毕业生总规模高达909万人，同比增加35万，再创历史新高！从2001年开始，中国普通高校毕业生人数一路上升。2001年，全国高校毕业生人数仅有114万，到2021年的20年间，毕业生人数同比增长了795万。2023年高校毕业生总规模更是超过千万人。由于内外经济增速趋缓，对高学历人才的容纳程度有限，因此未来一段时间，大学生就业环境不容乐观。

案例分析

不要好高骛远，而要把握当下

小郭是某大学市场营销专业的毕业生。临近毕业时，一所大型国企来学校招聘。听闻这个消息，整个市场营销专业的学生都沸腾了，除了几个已经找到不错工作的学生外，几乎所有人都参加了这场招聘会，就连其他专业的同学也有参加。最后，这家企业只在小郭所在班级挑选了3名学生，剩下的同学都是失望而归。后面陆续有一些企业来学校招聘，但招聘人数都很少，每次只对市场营销专业招聘两三个人，甚至有些还要求本科以上学历。小郭估算了一下，来学校招聘市场营销专业毕业生的岗位需求在20人左右，是他们班级总人数的三分之一。于是，小郭降低了对企业性质、薪酬的要求，终于找到一份工作。

在该企业里，恰好有一位和小郭同专业的学长，他们成了同事。聊起当前大学生的就业情况时，这位学长不禁慨叹："如今大学生的总量真是一年多于一年，远超过了市场的需求。"

分　析：

在现在"僧多粥少"的大环境下，大学生在求职时要客观分析个人的条件，不要好高骛远。任何一项工作都要有人去做，只要努力加用心，任何一项工作都可以做得非常出色。大学生不要太在意企业的性质等客观因素，最重要的是找到一个适合自己发展的平台。

（三）中、高技能人才供不应求

未来一段时期，我国高技能人才队伍建设将面临三大突出矛盾：一是总量与需求存在矛盾；二是结构性矛盾；三是经济社会发展过程中技能劳动者需求结构和形态特征不断变化的矛盾。由清华大学、复旦大学等单位合作完成的《中国劳动力市场技能缺口研究》称，中国正从产业链低端的"世界工厂"向高附加值产品的生产者过渡，对拥有中、高技能的劳动力的需求不断上升。数据显示，拥有一定职业资格等级的技能劳动者占全国就业人员总量的20%左右，高技能人才不到10%。尤其在汽车、电子等高技术领域，专业技能人才的短缺更为严重。

近年来，受产业转型升级、用工成本上升等因素影响，企业对劳动者学历、素质、技能的要求明显提高，操作工、普工等一般性岗位数量有所减少，“经营管理”“高级技工”等技术型、高技能人才需求紧俏。

二、当前大学生就业形势

（一）就业压力增大

我国人口基数较大，需要就业的人员多，就业高峰持续时间长。近几年，随着高校招生规模的扩大，高等教育已步入大众化阶段，2023 届全国普通高校毕业生总规模高达 1 158 万人。高职毕业生的就业高峰与全社会的就业高峰重叠，就业压力逐渐凸显。

（二）就业态势平稳

近 10 年应届高职院校毕业生就业率稳步上升，就业率基本超过本科毕业生。据调查，高职院校 2022 届毕业生，月收入为 5 000 元左右，就业满意度为 70%；工作与专业相关度为 65%；近五年毕业生离职率比较稳定。

（三）部分毕业生就业能力不足

当前在就业问题上，一些职业院校毕业生实践能力不足、动手能力较差、知识面较窄，对企业实际了解甚少，对岗位的认知较少，不从自身条件和现实环境出发，自身定位不准，与社会要求错位。一些高职院校毕业生的职业素养与企业的要求有一定差距，不讲诚信，与人沟通、协调合作的意识和能力不强。一些高职院校毕业生就业观念滞后，缺乏主动择业、创业的积极性，对工作中可能出现的困难和艰苦缺乏思想准备，具有较为强烈的求稳定、求舒适、求发展、求成长的工作诉求，“等”“靠”“要”的思想仍然存在，就业期望值很高。这些都对高职院校毕业生的就业产生了不利的影响。就业压力的存在使得一些高职院校毕业生出现了焦虑、自卑、自负等各种各样的心理问题，这些心理问题也成为大学生顺利就业的障碍。

从实际情况来看，目前我国大学生的就业形势是不少就业岗位并非人满为患，既存在着“人找岗位”的现象，也存在着“岗位找人”的现象。随着市场的不断变化，创业型企业增多，当下中小微企业已经成为吸纳毕业生就业的主渠道，但是在招聘大学毕业生时都不同程度面临着“招不来、留不住、待不长”的人力资源困境，许多中小微企业的招聘人员奔波于校园招聘、社会招聘，求贤若渴，但有可能无人问津，连简历也收不到。

三、端正就业观念

（一）树立正确的就业观念

1. 就业观念影响择业者的择业意向

就业观念决定着择业者对职业的认识、对职业的评价。每个择业者都是自觉不自觉地以某种就业观指导自己的选择职业的行为。人们生活、学习环境的不同，老师、家长对职业认识的不同，社会择业指导水平的差别等，都影响着择业者的择业方向和择业行为。有人择业方向正确，有人进入误区；有人在职场中成绩卓著，有人却毫无作为，甚至屡次在择业竞争中失败。

2. 就业观念影响择业者的从业态度

就业观念对从业态度有着特殊的影响。择业者积极性的高低，在很大程度上取决于他的就业观念。相关研究表明，先进生产者的职业态度指标最高。做任何事情，其成败进退与所采取的态度密切相关。严谨客观、精益求精的从业态度，使职业人有积极强烈的使命感，追求打造“敬业、乐业、专业”的个人职业信誉品牌。反之，从业态度不端正，就会过分追求短期利益，谁给的钱多就为谁“打工”，一年吃掉几年的饭，不爱惜自己的名声、前途与个人品牌，甚至为了钱可以置道德与法律于不顾，发生诸如携款潜逃之类的恶性事件。树立正确的就业观念是职业人做好本职工作的前提。

3. 就业观念影响择业者的就业效果

在职场中有两类人：一类人踌躇满志，觉得自己是一步登天的淘金者；另一类人踏踏实实地从小事做起。事实证明，淘金者更像是赌徒，很多人由于不切实际的幻想，最终赔上自己的未来。后者尽管看上去毫不起眼，但“身在其位，心谋其政”，在努力踏实中迎接瓜熟蒂落、水到渠成。任何事情都有积极和消极两种对待方式，用不同的观念去对待，对职业人的驱动力也就不一样，自然会得到不同的结果。具有积极的就业观念的职业人随时能准确地抓住机遇，不断寻求新的发展。

4. 就业观念影响择业者的职业行为

正确的就业观念是“全心投入、尽职尽责”的前提。职业无高低贵贱之分，不论你从事的是何种工作，都应该全身心地热爱，全身心地投入，对本职工作保持积极乐观的态度和高度负责的精神，而不应该以对本职工作没兴趣为借口得过且过，也不应该以本职工作的经济效益低为托词，消极怠工。你在哪个岗位，就应该热爱这个岗位，因为这里就是你发展的起点。对一个喜欢自己的工作并认为它很有价值的人来说，工作便成为生活中一个十分愉快的部分，只要对自己的工作发自内心地热爱，即使在平凡的岗位上也能创造出奇迹。

案例分析

出乎意料的落选

李艳毕业那年，广州某知名企业到学校招人，当时就决定录用在学校期间各方面都非常优秀的她。同一年，李艳也考上了心仪大学的本科。最终，她选择了专升本。本科毕业后，她再次回到广州，还是去那家企业应聘。没有想到的是，这家企业并没有录用她，因为有许多比她更合适的人选。

分析：

社会的需求不断变化着，旧的需求不断消失，同时新的需求不断产生。昨天的抢手人才今天会变得无人问津，生活处于不断的变化之中。在设计自己的职业生涯时，一定要分析社会需求，择世之所需。

（二）技能人才就业观的主要特点

1. 择业思想更加实际

个人利益与社会利益、国家利益相统一的价值观，即利与义相统一的价值观为广大大学生所认同。但当代大学生所理解的“义”，不是只讲奉献不求索取的纯利他主义，更不是金钱至上的拜金主义，而是以主体意识、公民意识逐渐增强为基础，以自主、自由、平等交换为实质内容的新的价值观。他们并没有丧失社会责任感，在择业中表现为既希望发挥个人才能，获取较高的经济收入，又期望兼顾国家和社会的需要。这种双向选择的模式基本得到了普遍认同。

2. 动机突出自我发展

在择业动机方面，毕业生主要突出个人才能的发挥，其次是经济利益的实现。发挥个人才能成为毕业生择业时考虑的首要因素。毕业生在择业时，并不是一味追求物质利益，而是更注重个人才能的发挥与特长的施展，追求自我价值的实现，追求长远的人生发展目标。但他们在注重个人才能发挥的同时，又希望获得较高的经济收入。随着人才市场的完善和成熟，人们对经济收入这一因素越来越重视，而用人单位也开始利用这一因素来吸引人才。沿江、沿海等文化经济发达的大中城市能同时满足毕业生上述两方面的需要，因而成为多数毕业生择业的首选目标。另外，就职单位的发展前景成为毕业生择业所考虑的第二个重要因素，因为单位的发展前景如何直接影响到个人才能的施展。

3. 职业目标期望值高

毕业生在职业目标方面普遍有着较高的期望值，希望得到高薪水、高地位、高层次的工作，回避待遇低、地位低、层次低的工作。

在就业地域方面，多数学生向往大中城市，尤其是沿海的中心城市，因为这些地区的经济发展水平较高，发展前景较好，施展个人才能的机会较多。部分学生认为小城镇，特别是山区，社会经济发展相对落后，思想观念比较保守，缺乏发挥自己才能的环境和机遇，因而不愿下基层。

在单位选择上，重心逐渐转向非公有制企业。随着国有企业的改革、行政机关公务员制度的实施、人事代理制度的逐步完善，国有单位对毕业生的吸纳量有所下降，而非公有制企业对毕业生的吸纳量明显提高，使得大学生选择单位的重心逐渐由国有单位转向非公有制企业。

在职业选择上，大部分大学生虽然愿意从事与自己所学专业相关的工作，以发挥自己的专业优势，但更愿意从事高层的管理工作和高收入的工作，不愿到艰苦行业工作。这种职业目标往往给选择职业造成障碍，影响大学生顺利就业。

4. 择业的多向性与不稳定性

毕业生从学校步入社会时，往往存在四种矛盾：对就业岗位和就业环境不适应产生的心理矛盾；个人职业期望与社会现实的矛盾；个人理想与市场制约的矛盾；活泼好强与自我意识不够成熟的矛盾。由于这些矛盾的存在，毕业生择业时难免产生多变性，具体表现在：有些人专业目标不明确，择业时茫然无措；有些人意识到基层和艰苦行业需要人才，最能锻炼自己，但怕基层条件差，埋没了自己的才能，择业时举棋不定；有些人不顾自己的专业特长，把待遇高、福利好作为择业标准，但又想实现自己的价值和抱负，在择业时犹豫不决。

毕业生受择业的多向性和不稳定性的影响，一方面对自身的就业不利，择业时左顾右盼，必定错失良机；另一方面对用人单位不利，毕业生在择业时反反复复，随意违约，延误了用人单位对人才的挑选。

案例分析

灵活就业，不要在乎地点

小金从小在教育世家长大，父母都是高级英语老师，她的英语非常好，经常参加各种英语演讲比赛并获得了不错的成绩。小金性格非常开朗，交了很多好朋友，古灵精怪的她经常逗得周围的朋友哈哈大笑。临近毕业，她也开始犯愁，因为到目前为止，她还没有找到满意的工作。

“工作难找，你不要太着急，慢慢来，不行的话就回老家吧，老家工作好找，竞争压力没那么大。”放下电话的小金觉得压力更大了。父母的话显然是在安慰她，老家是一个小县城，整年都不见得有几个外国人光顾，怎么会需要外语人才呢？小金不甘心，决定继续找工作，但一次一次的打击让她的心情跌到了谷底。她决定考虑父母的建议，回老家求职。

电话铃声又一次响起了，妈妈打电话来告诉她，县里最大的一个家具厂正在招聘翻译，小金正好可以发挥自己的特长。虽然工资待遇比不上大城市，但发展前景好，工作压力也没那么大。小金一听回家乡还可以发挥自己的特长，马上从在大城市找工作失利的阴影中走出来，重整旗鼓回家乡应聘这份工作。

小金参加了家具厂的招聘考试，凭借出色的口语和笔试成绩脱颖而出，正式加入销售科，负责外贸部门的翻译工作。

分　析：

中小城市不一定没有理想的就业机会。随着市场经济的不断发展，许多中小城市有了自己的龙头企业，这些企业的发展同样需要大量的人才。就算选择在中小城市工作，只要定下心来努力工作，一样能创造属于自己的一片天地。

四、立足技能成才

（一）树立正确的职业理想

1. 职业理想与理想职业

职业理想是指人们对未来职业和所要取得何种成就，对社会做出哪些贡献的向往和追求，包括对职业的认识、态度和职业选择；而理想职业则是实现职业的平台，它是依据职业理想结合个人的具体情况来做出选择的。

职业理想建立在个人的专业知识与能力、兴趣和职业激情的基础上，三者具备，才可确定为自己的职业理想。能力、兴趣和市场需求的最佳组合是理想职业。

理想职业在现实生活中是不多见的，毕业生还是需要脚踏实地做出现实的选择。只要朝着职业理想去努力，同样是可以为社会做贡献和实现人生价值的。就像“金牌工人”许振超、“工人专家”李斌、“创新尖兵”罗东元、“油井女杰”束滨霞等楷模，他们凭着一种坚韧、一份执着，在各自的岗位上发光发热。可见，不论什么职业岗位，最终能实现自己职业理想的，就是理想的职业。

2. 正确的职业理想

（1）把生活看作一个劳动过程。

当你确定依靠自己的劳动创造自己的未来时，就会使自己的职业理想建立在一个客观的、现实的基础上，就会努力创造条件，不断追求，使职业理想不断升华，人生更显光彩。学业理想是职业理想的基础。因此，同学们要刻苦学习，不断提高自身素质，做全面发展的学生，为今后实现自己的职业理想打下牢固的基础。

（2）热爱自己的祖国和家乡。

这看似与职业理想关系不大，其实它是树立职业理想的基本思想条件。当从心底里建立起这两个“热爱”，你就会把个人的职业理想与祖国的命运、父母的企盼、家乡的发展联系在一起，把个人的理想与平凡而伟大的职业联系在一起，从而获得不竭的发展动力，并实现自己的职业理想。

（3）在实践中检验、调适职业理想。

职业理想的正确与否，不是以主观感觉而定，而是经过实践的反复检验，以人与职业的适宜性来判定。毕业生在从事职业活动之前，缺乏职业实践体验，难免有情绪化的冲动，使自己的职业理想发生偏差。

经过实践的检验，就会重新审视自己的职业理想是否正确，正确的应当巩固，不正确的应该做出合理的调适，使自己追求的目标建立在既符合现实需要，又在长远的发展中有可能实现的基础上。判断职业理想是否正确应坚持客观标准。

（二）技能成才之路

1. 技能人才供不应求

近年来，从中国高铁亮相巴西里约热内卢，到中国核电设备进入南非核电站，中国制造驰名全球。作为全球第二大经济体，中国对知识型、技能型、创新型劳动者大军的需求前所未有。

“工业强国都是技师技工的大国，我们要有很强的技术工人队伍”“努力培养数以亿计的高素质劳动者和技术技能人才”“带动中国民众尤其是近2亿青少年关注、热爱、投身技能活动”。围绕技能人才队伍的发展壮大，近年来，习近平总书记在多个场合提出殷切期望。

在当前新一轮全球产业竞争中，发达国家纷纷聚焦实体经济，实施“再工业化”战略，加强对先进制造业的前瞻性布局。2015年，我国发布实施制造强国战略的首个十年行动纲领《中国制造2025》，谋求从制造大国到制造强国的转型升级。

发展是第一要务，人才是第一资源。我国目前比历史上任何时期都更需要一支拥有现代科技知识、精湛技艺技能和较强创新能力的高素质技能人才队伍。然而，我国技能人才供不应求问题依然突出。近年来，随着政策体系不断完善，培养、激励机制逐步健全，我国技能人才队伍建设取得了长足进步，但技能人才发展总体水平与经济社会发展需要相比，还有很多不适应的地方。高技能人才占技能劳动者比例还不到三成，掌握“高、精、尖”技术的高技能人才数量更少，技能人才队伍分布不均衡、人才断档问题突出，年轻高技能人才严重短缺。

2. 技能之路也受青睐

针对技能人才社会地位偏低、经济待遇较差、成长通道窄等现实问题，中央和地方出台了一项项利好政策。比如，国家出台了《关于加快发展现代职业教育的决定》《关于提高技术工人待遇的意见》《关于推行终身职业技能培训制度的意见》等文件；各地也在人才落户、职称评审、学历认定等方面，给予技能人才和专业技术人才同等重视。

在政治舞台上，“技能面孔”数量大增。在党的十九大上，创造了“振超效率”的许振超、核电“焊匠”刘仔才等一批大国工匠响亮发声。在2023年全国“两会”上，数十名技能人才成为几千名代表委员中备受瞩目的群体。

从实现金牌“零”的突破到位列金牌榜榜首，自2011年参加世界技能大赛以来，我国参赛成绩实现节节高。“世赛为广大青年提供了技能成才的广阔舞台，也为社会大众了解技能运动打开了一扇窗。”作为技术翻译参加了两届世赛的陈晓曦认为，各地竞相涌现的技能比赛与世赛形成“矩阵效应”，对青年择业具有强大感召力。

与大学生就业难形成鲜明对比的是，技能人才在就业市场上的走俏。“上个不好的大学，还不如学个手艺。”作为全国技术能手、全国劳模，中车集团长春轨道客车股份有限公司首席技师李万君的一项重要工作就是带徒育人。从门下学徒的心态变化，他明显察觉：“没办法才来当工人的少了，真心想学技能的多了。”

案例分析

小刚是一所高职院校会计专业三年级的学生，当初报考志愿时，他对未来的工作没有特别的计划，只是听说这几年很多人都自己开公司，社会上对会计师的需求量比较大，所以就报考了会计专业。但是进入大学后，小刚觉得这个专业的课程比较枯燥，后悔自己选错了专业，想换专业又不知道自己喜欢什么，一直闷闷不乐。临近毕业，大部分同学已经找到了工作，小刚还没有想清楚要找什么样的工作。

大三的寒假前，小刚开始着急，到处投简历，参加各种招聘会，面试过几家单位，但是没有一家满意。小刚对自己的未来感到茫然，不知道下一步该怎么做。

小明是小刚的同学，在高考报志愿前，小明随父母走访了亲朋好友，了解了会计这个行业的发展情况、从业要求和就业情况，同父母商量以后，小明决定选择会计专业作为今后的发展方向。在做决定之前，小明了解到这个行业的竞争比较激烈，就业形势也不如前些年，但是小明相信，自己的数学和计算机操作基础好，性格比较沉稳、敏锐细致，做事非常有条理，喜欢从事逻辑性强的工作，这些都是从事会计行业的基本素质，有了这些基本素质，再加上他的勤奋和执着，他一定会在这个竞争激烈的行业里有所发展。从大学入学开始，小明就给自己定下目标并制订计划，他打算充分利用三年的时间，事实上他也是这样做的。一年级学习好本专业知识，同时积极参加社会活动，锻炼自己的人际交往能力和英语口语能力，并在毕业前参加英语等级考试。二年级参加会计电算化的培训和资格认证，二年级暑假到两家会计师事务所实习，实习期间小明非常认真，抓住机会向同事请教学习，同时了解到这个行业的一些任职资格以及培训制度。小明在实习过程中发现，实际工作中有很多东西和书本上的不一样，他清楚地认识到，要做好会计这一行，只靠书本上的知识是远远不够的，必须有长时间的经验积累和社会阅历，所以小明决定毕业后先去一家规模不大但是运作比较规范的会计师事务所工作。通过自己的努力，小明终于在三年级的寒假前找到了满意的工作，虽然薪水不高，但是会计师事务所的同事都比较勤奋，工作关系融洽。小明相信，在这样的环境中可以逐步提高自己的专业水平，他计划在工作后的两年之内通过注册会计师考试，五年之内成为一名专业、熟练的会计师。小明相信，只要一直努力并且不断为未来的职业发展做准备，自己一定会在会计这个行业中有很好的发展。

分析：

大学是人生最重要的阶段之一，是树立生活理想、规划职业生涯的基础阶段。大学生只有明确了大学的意义，明白了进大学后应当学什么、做什么、怎么过，才能主动去适应大学生活，融入大学文化，选择学习内容及相应的学习方式和生活方式，从而有助于为自己树立生活理想和职业理想，有助于今后的职业生涯规划。

3. 技能振兴大有可为

《中国制造 2025》等国家战略的提出，使社会对技能人才的需求更强烈。制造业的高度机械化需要一线岗位工人勇于思考、探索，只有工人的整体技术和职业素养得到提升，才能实现精细化、高品质生产。加快培养制造业发展急需的“大国工匠”，是摆在我们面前的一项重要而紧迫的任务。

我国持续开展高技能人才培训基地建设项目、技能大师工作室建设项目和技师培训项目，加大资金支持力度。一是建设国家级高技能人才培训基地，选择已建或新建的管理规范、资金使用安全、培训能力强、高技能人才培养成效显著的项目单位，继续给予支持，提升培训能力。二是建设国家级技能大师工作室，选择某类行业（领域）技能拔尖、技艺精湛并具有创新创造能力和社会影响力、在带徒传技方面经验丰富、能够承担技能大师工作室日常工作的高技能人才，支持其纳入大师工作室项目建设范围。三是实施技师培训项目，围绕国家和地方经济社会发展急需、紧缺行业的职业（工种），重点是先进制造业、战略性新兴产业、现代服务业以及支柱产业的职业（工种），大力开展技师、高级技师培养工作。

（三）新时代技能人才要有新作为

人才资源是第一资源，技能人才是我国人才队伍重要组成部分，是推动我国现代化发展的一支重要力量。新时代中国特色社会主义职业教育工作新的目标和任务是建设知识型、技能型、创新型劳动者大军，弘扬劳模精神和工匠精神，营造劳动光荣的社会风尚和精益求精的敬业风气。我们要树立正确人才观，培育和践行社会主义核心价值观，着力提高人才培养质量，弘扬劳动光荣、技能宝贵、创造伟大的时代风尚，营造人人皆可成才、人人尽展其才的良好环境，努力培养数以亿计的高素质劳动者和技术技能人才。要牢牢把握服务发展、促进就业的办学方向，深化体制机制改革，创新各层次各类型职业教育模式，坚持产教融合、校企合作，坚持工学结合、知行合一，引导社会各界特别是行业企业积极支持职业教育，努力建设中国特色职业教育体系。要加大对农村地区、民族地区、贫困地区职业教育支持力度，努力让每个人都有人生出彩的机会。要把提高职业技能和培养职业精神高度融合，不仅要围绕技术进步、生产方式变革、社会公共服务要求，培养大批怀有一技之长的劳动者，而且要让受教育者牢固树立敬业守信、精益求精等职业精神，让千千万万拥有较强动手和服务能力的人才进入劳动大军，使“中国制造”更多走向“优质制造”“精品制造”，使中国服务塑造新优势、迈上新台阶。

青年兴则国家兴，青年强则国家强。青年是新时代的生力军，青年技能人才是实现中国创造的中坚力量。新时代，技能青年要有担当。一代人有一代人的责任，一代人有一代人的担当，新时代呼唤新作为。大学生应脚踏实地、磨炼技艺，勇做时代的弄潮儿，在生动火热的实践中放飞青春梦想，方能不负韶华，不负这美好的新时代。

新时代，技能青年要有本领。使命在肩，靠本领才能铸就伟业。进入新时代，踏上新征程，每个技能青年都应该执着追梦，永不放弃，练就过硬的本领，勇于创新创造，在青春里拼尽全力，让青春在卓越的技能中闪闪发光。

这是个创造奇迹的新时代，摆弄机器、手握焊枪也能站上世界冠军的领奖台；这是个成就梦想的新时代，剪剪裁裁、洗洗吹吹也能引领国际新时尚。迈入新时代的中国，犹如充满无限可能的“梦工厂”，让我们保持一往无前的奋斗姿态，让青春焕发出时代的风采。

（四）为“中国制造”培养工匠精神

1. 工匠精神的内涵

“工匠精神”的基本内涵包括敬业、精益、专注、创新等方面的内容。

（1）敬业。敬业是从业者基于对职业的敬畏和热爱而产生的一种全身心投入的、认认真真、尽职尽责的职业精神状态。中华民族历来有“敬业乐群”“忠于职守”的传统，敬业是中国人的传统美德，也是当今社会主义核心价值观的基本要求之一。

（2）精益。精益就是精益求精，是从业者对每件产品、每道工序都凝神聚力、精益求精、追求极致的职业品质。所谓精益求精，是指已经做得很好了，还要求做得更好，“即使做一颗螺丝钉也要做到最好”。

（3）专注。专注就是内心笃定而着眼于细节的耐心、执着、坚持的精神，这是一切

"大国工匠"所必须具备的精神特质。从中外实践经验来看，工匠精神都意味着一种执着，即一种几十年如一日的坚持与韧性。

(4) 创新。"工匠精神"强调执着、坚持、专注甚至是陶醉、痴迷，但绝不等同于因循守旧、拘泥一格的"匠气"，其中包含着追求突破、追求革新的创新内蕴。这意味着，工匠必须把"匠心"融入生产的每个环节，既要对职业有敬畏、对质量够精准，又要富有追求突破、追求革新的创新活力。

探索活动

分小组展开讨论：在你心目中，哪些人可称得上"大国工匠"？各自举例，讨论提炼这些人的职业特征、职业态度和成长历程的亮点。

目标：通过训练树立正确的职业理想。

建议时间：30 分钟。

材料准备：职业理想评估表（见表 5-1）。

训练方法：完成职业理想评估练习。

表 5-1　职业理想评估表

活动	目标
第 1 步：心目中的大国工匠有哪些？	了解目前职业现状
第 2 步：提炼这些人的职业特征、职业态度和成长历程的亮点。	进行角色分析
第 3 步：给我的启示是什么？	结合自身情况自我分析
第 4 步：通过自我总结来树立职业理想。 是什么让你每天心情愉悦？ 你擅长做什么？人们对你有什么样的印象？ 为了达到目标你还需要做什么？ 目前你做什么才能迈向你的目标？ 你的职业理想是什么？	总结现状，确定初步目标

2. 发现自身的优势

优势是才干与投入之和，优势是持续的、近乎完美的表现，是在特定方面持续地取得积极成果的能力。需要注意，优势并不许诺你要比别人强，即使在你最优势的领域，都一定有人比你投入更多，起步更早，所以有人比你强是很正常的事情。关注自己的优势不是看速度，而是看加速度。短期之内虽然没法赶超，但是如果是自己的优势领域，你的加速度会越来越快，你就有机会在中长跑中超越他人。

没有形成自己优势的人，只有两种可能：要么是没有发现自己的才干，要么是即使发现了，也没有有效投入。很多人热衷于"发现自己的天赋"，做各种测评、各种量表，他们希望发现一个“天赋”后马上势不可当。从来没有打过篮球的姚明，刚开始也不一定就能打过训练了一段时间的大学生。当然，六岁就能写小步舞曲的莫扎特确实拥有惊人的天赋，这种天赋不一定每个人都有。我们每个人都可以通过发现自己的才干，加上正确的投入，让自己的优势发挥到极致。

拓展阅读

“工匠精神”离我们并不遥远

2018 年 3 月 1 日晚，“大国工匠 2018 年度人物”颁奖典礼在中央电视台综合频道播出。10 位年度人物是劳动者的荣光，传承着工匠精神，凝聚着时代力量。他们走上领奖台，接受致敬。焊接工高凤林是焊接火箭发动机的中国第一人；电焊工李万君实现动车组研制完全自主知识产权的重大突破；钳工夏立为“嫦娥探月”组配高精度天文装置；检修工王进在超高压直流输电线路上带电检修；地质队工程师朱恒银发明的深度钻探技术颠覆传统；核燃料修复师乔素凯保持 25 年核燃料操作零失误；工人陈行行以极致的精准向技艺极限冲击；维修工王树军突破进口生产线技术封锁；试油工谭文波（见图 5－1）发明石油试采新装置；文物修复师李云鹤独创技法修复敦煌壁画。一场大国工匠年度人物的颁奖典礼，震撼人心、动人心弦。

图 5－1　“大国工匠 2018 年度人物”谭文波

我们在致敬楷模的同时，别忘了反观自身，别仅仅让致敬停留在此时此刻，更要将“工匠精神”铭记心中，并转化为实际行动。坐而论道，不如起而行之。我们要将“工匠精神”真正贯彻到日常生活工作中，让其真正扎根在我们的精神价值和理想信念中。

第二节 关注就业创业政策

学习目标

1. 掌握创业与就业内容。
2. 了解职业院校毕业生就业创业政策。

案例导读

微信带动数千万就业机会

在数字经济、粉丝经济和流量经济时代，腾讯旗下产品微信作为一款超十亿用户的国民应用，在就业以及创业上，创造了更多选择和机会。通过公众号、小程序、企业微信等，微信创造了数以万计的新生岗位。从某招聘平台上，搜索“公众号编辑”关键字，仅北京市就可以查询到超过 200 条招聘信息。

除了带动就业以外，微信还拓宽了求职渠道。用户可以通过微信群、朋友圈、公众号、小程序等方式求职就业，充分获取更多的就业信息。有调查显示，约 11%的微信用户尝试过使用微信求职就业，其中 51%的用户获得了更多就业招聘信息，25%的用户成功找到工作。

事实上，微信不仅在就业上发挥了作用，同时也成了诸多创业者的渠道选择。

自 2012 年微信上线公众平台开始，就吸引了一批内容创业者们的加入。内容创业者们即便根本不懂软件技术，也能够通过微信公众平台实现商业变现。发展到现在，微信上的部分内容创业者们已经从以前简单的广告合作收入，升级为知识付费的形式。这为内容创业者们提供了更多的想象空间。

除了内容创业者，微信小程序服务了更多的行业。在微信小程序生态中，开发者们创造了从商业服务、政府公共服务，到组织内部管理及小工具、小游戏等多种多样的类型，承载了创业者的各类创意。

在微信公众号和小程序提供的创业渠道外，更多创业者通过微信支付做起了生意。从街边的小吃摊到线上的购物平台，无论是线下还是线上，不管生意大小，微信支付几乎成为创业者们共同的收款选择。有统计显示，微信支付生态服务商超 30 000 家。

而在有些企业里，企业微信为其提供了工作中各个环节所需要的功能，成为企业的数字化助手，让员工办公和企业管理更加方便。根据企业微信官方透露的数据，2018 年，企业微信企业用户增长100%，覆盖行业“50+”。

诸多创业者们利用微信公众号、小程序等线上渠道，微信支付的线上支付方式，以及企业微信的管理，将创业变成了一件简单易上手的事情，走出了一条新型数字化创业之路。

微信提供的开放生态，为小微企业和个人创业者开辟了新创业空间，为企业和个人提供了“舞台”。微信服务众多小微商户，微信生态大部分服务商规模不超过50人，小程序、公众平台、微信支付等工具可以帮助企业轻资产运行，降低创业就业门槛，因此，小微企业和个人创业者成了“大赢家”。

在数字经济时代，微信为就业及创业创造了新形势、新机会、新动力。未来，关于就业和创业一定会有更加广阔的施展空间。

资料来源：《政府工作报告》30次提及“就业”，微信带动数千万就业机会. 搜狐网，2019-12-16. 有改动.

问题与思考：

（1）你如何看待微信带来的就业机会？这带给你怎样的启示？

（2）在数字经济时代，如何更好地规划自己的职业生涯？

一、就业是民生之本

（一）就业是最大的民生

就业是民生之本、稳定之基、发展之要、安邦之策。就业是最大的民生，也是经济社会发展最基本的支撑。没有稳定的就业，就没有稳定的经济来源，就不能维持个人生存，就谈不上民生。就业不仅是我们生存的经济基础，也是融入社会、共享发展成果的前提，牵动着千家万户的生活。

稳定就业就是稳定社会，要调整经济结构、推进供给侧结构性改革才有稳定的环境。实现稳定就业、充分就业，既是推进发展的条件，也是体现发展的标志。稳定就业、充分就业，是对民生真正的重视，是稳定的有效保障，是对发展本质的要求，是对社会的重大责任。

（二）创业带动就业

在我国经济发展新常态下，就业总量压力依然存在，就业结构性矛盾更加凸显。面对新的就业形势，必须着力培育大众创业、万众创新的新引擎，继续坚持扩大就业发展战略，深入实施更加积极的就业政策，把创业和就业结合起来，以创新创业带动就业，催生经济社会发展新动力，为促进民生改善、经济结构调整和社会和谐稳定提供新动能。

随着每年职业院校毕业生人数的持续攀升，就业形势日益严峻。鼓励创业是缓解当前就业压力的有效途径，是毕业生全面发展、自我实现的需要，有利于培养创新精神、创业意识、创新创业能力和艰苦奋斗的作风，有利于促进中小企业的快速发展，有利于催生社会经济发展的新动力，促进社会不断发展。

二、职业院校毕业生就业创业政策

（一）就业创业宏观政策

我们一直贯彻劳动者自主就业、市场调节就业、政府促进就业和鼓励创业的方针。要坚持就业优先战略和积极就业政策，大规模开展职业技能培训，注重解决结构性就业矛盾，鼓励创业带动就业。提供全方位公共就业服务，促进高校毕业生多渠道就业创业。

国家多次发布文件提出，实施就业优先战略和人才优先发展战略，把实施积极的就业政策摆在更加突出的位置。要把职业教育摆在教育改革创新和经济社会发展中更加突出的位置，牢固树立新发展理念，服务建设现代化经济体系和实现更高质量更充分就业需要，对接科技发展趋势和市场需求，完善职业教育和培训体系，优化学校、专业布局，深化办学体制改革和育人机制改革，以促进就业和适应产业发展需求为导向，鼓励和支持社会各界特别是企业积极支持职业教育，着力培养高素质劳动者和技术技能人才。

（二）多渠道多形式就业鼓励政策

1. 到基层和一线就业

落实基层就业学费补偿、贷款代偿、考研加分等优惠政策，继续组织实施好“特岗计划”“大学生村官”“三支一扶”“大学生志愿服务西部计划”等基层就业项目，要围绕乡村振兴战略，引导毕业生到现代农业生产、经营等领域就业创业。鼓励毕业生到文化创意、健康养老、服务外包等现代服务业就业创业，鼓励毕业生到社会组织就业、到部队建功立业。

2. 到中小微企业就业

鼓励和促进毕业生到实体经济就业，充分发挥中小微企业吸纳毕业生就业的主渠道作用。要积极落实小微企业吸纳毕业生的社保补贴、培训补贴、降税减费等优惠政策。

3. 服务国家战略开拓岗位

要主动对接国家经济社会发展的人才需要，围绕“一带一路”建设、京津冀协同发展、长江经济带发展、海南自贸试验区建设等，引导毕业生到重点地区、重大工程、重大项目、重要领域就业。鼓励毕业生到中西部地区、东北地区和艰苦边远地区就业创业。

4. 拓展新兴业态就业空间

职业院校毕业生要结合学科专业特色，主动对接以技术集成和商业模式创新为特点的新业态人才需求，充分利用平台经济、众包经济、共享经济、数字经济等新业态，实现多元化就业。

实践活动

即将就业的大学生应随时查看学校相关的就业信息，把握就业机会。同时，在国家全局性的就业政策和框架的支持下，各地方都会出台相应的就业支持政策，大学生也需要多上地方的政府网站查看。

请同学们登录自己户口所在地的政府网站，了解当地就业帮扶政策和措施，并简要说明当地就业帮扶政策和措施的重点内容，如就业帮扶的力度、具体的帮扶措施、相关补贴的条件和金额等。

案例探讨

许洋是刚毕业的大学生，在毕业之前，他曾打算报考薪酬待遇高且体面的公务员。许洋学的是语言专业，如果选择考公务员，就意味着放弃自己这几年的专业知识，置身于另一个领域，这让他多少有点儿犹豫。经过再三考虑，他决定放弃报考公务员。虽然公务员待遇福利好，很多人梦寐以求，但在许洋看来，再好的工作如果没有兴趣就很难做好。

现在，大学生就业竞争激烈，参与竞争的不仅有本科生、硕士生，还有许多回国就业的大学生，这让许洋更是悬着一颗心，每天都不敢放松。不过他的专业知识倒是让他很有底气，因为大学期间他一点儿也没有荒废。许洋陆续参加了很多单位的面试，结果都不理想，他有些灰心，并且对大城市也有点失去信心，觉得自己确实个人能力不足。各种因素的影响下，许洋萌生了回家乡工作的念头。

讨论：

（1）面对当下的就业竞争形势，大学生应该怎么办？

（2）许洋陆续参加了很多单位的面试，但结果都不理想，萌生了回家乡工作的念头，此时，他该如何准备？

（三）毕业生创业优惠政策

国家鼓励毕业生创业的政策主要体现在一系列政策优惠、资金和场地扶持、指导服务与免费培训等方面。

（1）税收优惠：持人社部门核发《就业创业证》（注明“毕业年度内自主创业税收政策”）的毕业生在毕业年度内（具体时间依据各地政策规定）创办个体工商户、个人独资企业的，在政策规定的时间内，以年度一定数额扣减其当年实际应缴纳的城市维护建设税、教育费附加和个人所得税等。对毕业生创办的小型微利企业，按国家规定享受相关税收支持政策。

（2）创业担保贷款和贴息：符合条件的学生自主创业的，可在创业地按规定申请创业担保贷款，贷款额度为 10 万元。鼓励金融机构参照贷款基础利率，结合风险分担情况，合理确定贷款利率水平，对个人发放的创业担保贷款，在贷款基础利率基础上上浮 3 个百分点以内的，由财政给予贴息。

（3）免收有关行政事业性收费：毕业 2 年以内的学生从事个体经营（除国家限制的行业外）的，自其在工商部门首次注册登记之日起 3 年内，免收管理类、登记类和证照类等有关行政事业性收费。

（4）享受培训补贴：对学生创办的小微企业新招用毕业年度毕业生，签订 1 年以上劳动合同并缴纳社会保险费的，给予 1 年社会保险补贴。对学生在毕业学年（即从毕业前一年 7 月 1 日起的 12 个月）内参加创业培训的，根据其获得创业培训合格证书或就业、创业情况，按规定给予培训补贴。

（5）免费创业服务：有创业意愿的学生，可免费获得公共就业和人才服务机构提供的创业指导服务，包括政策咨询、信息服务、项目开发、风险评估、开业指导、融资服务、跟踪扶持等“一条龙”创业服务。

（6）取消高校毕业生落户限制：高校毕业生可在创业地办理落户手续（直辖市按有关规定执行）。

（7）创业学生的学分、学时、学籍等方面的配套措施：自主创业学生可享受各校建立的自主创业学生创新创业学分累计与转换制度，还可享受学生开展创新实验、发表论文、获得专利和自主创业等情况折算为学分；有自主创业意愿的学生，可享受学校实施的弹性学制，放宽学生修业年限，允许调整学业进程、保留学籍休学创新创业。优先支持参与创业的学生转入相关专业学习。

（8）职业院校毕业生创业指导服务与扶持：创业学生可享受各地政府和学校在信息、资金、技术、市场等方面的持续帮扶、全程指导、一站式服务。

小思考

毕业后创业自己做老板，是很多职业院校毕业生的梦想和追求。那么，大家议一议，你想创业做什么？要创业，你会面临哪些困难和问题？目前，你为以后的创业在做哪些准备？

三、课堂实践——评估创业条件

有创业想法或准备创业的大学生，不妨先做一个创业测评，通过测评来看看自己是否具备创业的前提条件，再进行查漏补缺，尽早规划自己的创业之路。

1. 你知道自己为什么想创业吗？

是□　否□

2. 你有强烈的创业动机吗？

是□　否□

3. 你平时做事很自信吗？

是□　否□

4. 你觉得遇到难题后，自己的决策力强吗？

是□　否□

5. 你认为自己当前具备一些基本的管理、营销和财务知识吗？

是□　否□

6. 你具备领导能力吗？

是□　否□

7. 你平时遇到冒险的事情，敢于走在别人的前面吗？

是□　否□

8. 你认为自己是一个负责的人吗？

是□　否□

9. 你的人脉关系广吗？

是□　否□

10. 你有能力带领和运作一个团队吗？

是□　否□

11. 你平时思考问题有创新性吗？

是□　否□

12. 创业团队成员之间发生矛盾时，你会坚持原则、据理力争吗？

是□　否□

13. 你认为创业公司的财务预测中，最重要的是销售增长吗？

是□　否□

14. 你认为招聘员工时，最重要的是综合能力吗？

是□　否□

15. 你认为创业成功的关键是资金实力吗？

是□　否□

当回答“是”多于“否”时，说明你已经具备一定的创业条件了，可以尝试进行创业；反之，则应慎重选择创业。当然，这个结果不是绝对的，创业条件可以通过自己的努力来创造并改善。

探索活动

我的未来不是梦

“我的未来不是梦”，梦是我们的兴趣，实现这个梦就需要相应的能力。按照要求完成表 5-2 的练习。

（1）为了更好地发挥技能，在心中想象一个特别向往的职业。

（2）仔细思考这一职业所需要的能力有哪些。

（3）这些能力中自己已经具备的能力有哪些？还需要发展的是什么？

表 5-2　我梦想中的职业与技能评估

我梦想中的职业：		
功能性技能	已经拥有的	
	仍需发展的	
内容性技能	已经拥有的	
	仍需发展的	
适应性技能	已经拥有的	
	仍需发展的	

没有人是万能的。对于那些目前还不具备的能力，我们应该认真思考其中的原因。对于已经拥有的技能，我们应该琢磨哪些可以做得更好，哪些可以发展成自己的优势。

第六章

做好就业准备
——直面就业挑战

在人力资源供过于求的市场背景下，求职、就业竞争变得尤为激烈。面对复杂的求职环境，毕业生必须根据自己的实际情况和人才市场的需求，在充分做好信息准备、心理准备、资料准备的同时，熟练掌握相关求职技巧，才能使自己在整个求职过程中得心应手，做到游刃有余。

第一节　搜集就业信息

学习目标

1. 了解就业信息搜集的途径。
2. 掌握科学有效的搜集就业信息的原则。
3. 结合大学生自身的专业特点、职位目标进行相应的就业信息筛选。

案例导读

聘高薪物流配送人员的骗局

某年初，耿同学在某大型信息交流网站上看到一则招聘信息。招聘信息显示：市内物流配送，待遇是每月 3 000 元至 5 000 元；全国物流配送，待遇是每月 5 000 元至 8 000 元。

耿同学前往面试。面试是在××物流园区的一个小房间内进行的。房间内摆着一张办公桌，桌子上放着两台电脑，桌子后边坐着三个人。在简单了解他的情况后，对方说，他们单位收发货员的待遇很高，包括餐补、电话补贴、奖金，全部算下来 1 个月能挣七八千元。入职后有 1 个月的试用期，并要先去北京参加一个消防方面的培训。

在签订了一个内容、条款并不明晰的合同后，耿同学被要求先交600元押金。犹豫再三，求职心切的耿同学交了600元押金。次日，耿同学到了北京的指定地点，接待耿同学的人收走了他的身份证并索要了100元押金，然后告知耿同学要培训20天。“在北京的20天里，我并没有接受消防培训，就是让我在那里当保安。20天后，那人就让我回原单位。”耿同学就去了××物流园区，结果发现招聘单位已人去楼空。

近年来，网络招聘行业步入高速发展期。巨大的网络空间为求职者提供了海量信息和机会，也为欺诈提供了“温床”，如职位信息与实际不符、个人信息泄露，甚至存在传销陷阱。如今，网络招聘骗局正从低级诈骗发展到职业诈骗，诈骗的“套路”不断翻新。有的通过培训、兼职陷阱敛财，有的骗取个人信息倒卖获利，有的借招聘之名窃取他人劳动成果，有的让应聘者点击植入病毒的木马链接盗刷应聘者的银行卡或支付宝……在巨大的利益驱使下，一些网络招聘已形成欺诈产业链，对普通求职者来说防不胜防。同学们一定要提高警惕，防止上当。

问题与思考：

(1) 你如何看待耿同学所面临的窘境？

(2) 这个小案例带给你什么启示？

知识详解与能力训练

一、就业信息的搜集

就业信息是指求职者通过各种途径和方法获得的，并经过加工、分析、判断和筛选之后提取的对自身选择职业或职位有价值的、可利用的就业方面的消息和情况。

就业信息对于大学生求职择业有着非常重要的作用，大学生应及时掌握与就业有关的信息。就业信息越广泛，择业的视野越宽阔；就业信息质量越高，择业的把握性就越大。

(一) 就业信息的要素

一般来说，一则质量较高、较完整的就业信息应该包含以下8个要素：

(1) 用人单位的名称及所有制形式。用人单位的名称往往包含所属的行业、业务范围、所在地区、企业级别、所有制形式等信息，如“××市××旅游有限公司”“××市××保险公司××直属支公司”等。

(2) 用人单位的主管部门。随着社会改革，某些事业编制单位也可能成为企业，其主管部门也会相应变化。主管部门不同，人力资源管理办法也可能存在区别，工资、福利、医疗、养老、住房等待遇也有区别。

（3）用人单位所属行业。毕生生供职于不同行业，职业生涯发展也会不同。

（4）意向的职业岗位在用人单位中的地位和作用。如保险公司的业务员、精算师、会计、出纳、保安、司机等多种岗位，都有特定的地位和作用。

（5）用人单位及意向岗位的工作环境和福利待遇。工作环境包括人际关系、工作时间（有无夜班等）、户外还是室内，以及工作场所的温度、湿度、噪声等。福利待遇包括工资、奖金、“五险一金”（五险：养老保险、医疗保险、失业保险、工伤保险、生育保险，一金：住房公积金）等，有无入职培训，有无进修和晋升机会也可能包括在内。

（6）用人单位的地理位置和发展前景。地理位置不仅关系到求职者就业后每天上下班的距离，还关系到一个单位的发展前景，交通不便、位置偏僻是发展的不利因素。

（7）用人单位对求职者的具体要求，如学历、专业、职业资格、技术等级。有些用人单位还对心理素质、能否经常出差等方面有特殊要求。

（8）招聘人数和报名办法。用人单位本次招聘哪些岗位的从业者，每个岗位招聘的人数，报名的时间、地点、方式，应准备的证书和材料，如身份证、户口本、学历证书、职业资格证书、简历和有关证明等。

（二）就业信息搜集的原则

1. 掌握信息重点：准确性原则

社会生产力迅速发展，人才流动频繁，用人更新速度变快，社会上在同一时间存在来自四面八方的用人信息，这让求职者难辨真假。所以，大学生在搜集就业信息时，应多观察、勤思考，以确保所获得的就业信息的准确性和真实性。对于一些不是十分清楚的就业信息，要及时与用人单位联系或请教他人，搞清用工意图，以免上当受骗。

2. 注意信息时间：时效性原则

时效性是信息本身的重要特性之一，信息只有在规定的时间内有效。就业信息的时效性更强，在就业信息发布的有效期限内，如果招聘单位完成了招聘计划，已经与求职者达成协议，那么就业信息自然就失效了。因此，毕业生应及早对就业信息做出应有的反应，切忌使重要的求职信息成为“明日黄花”，错失良机。

3. 信息是否适合自己：针对性原则

随着人才市场的发展，就业信息日益丰富，如果在信息搜集中不注意适用性，那么就可能在众多的就业信息中把握不住方向，从而捕捉不到真实的、有价值的信息。这就要求毕业生在搜集就业信息时，必须充分结合本校特色、本专业特点有针对性地选择就业信息，减少求职的盲目性。

4. 从信息发展角度看：可持续性原则

毕业生在搜集就业信息时，一定要多考虑行业的发展、职业的成长、岗位的持续等因素，不能目光短浅，只顾眼前利益，盲目地追求既得利益，而忽视了自己今后的职业发展和必要保障。

（三）就业信息搜集的途径

就业信息多种多样，搜集的渠道也各有不同。总体上说，目前大学生可以通过以下途径获取相关的就业信息。

1. 个人搜集

求职者广泛收集自己专业和某职业范围内用人单位的信息资料并加以研究利用。

2. 各级政府主管部门和就业指导机构

为了指导毕业生就业，各级政府成立了大学毕业生就业指导机构。这些机构的主要职责是定期搜集单位的招聘需求信息，经过整理，通过多种渠道发布出去，并为大学生提供各种咨询和服务。例如，各地成立的职业指导中心、大学生就业指导中心、人才交流中心等。

3. 各种毕业生供需见面会和人才招聘会

每年 11 月后，各地方、各学校或用人单位举办的规模不等、形式多样、定期与不定期的招聘会，往往具有时间集中、信息量大、针对性强等特点，是大学生了解就业信息、成功择业的难得机会。

4. 学校毕业生就业指导中心

学校获取的就业信息主要来源于直接到学校招聘毕业生的用人单位及各人才招聘机构。就目前状况来看，大学生从学校得到的就业信息需求量大、可信度高，其针对性、准确性均较强，是毕业生获得就业信息的主要渠道，毕业生对其应高度重视。

5. 社会传播媒介

大学生就业已成为社会关注的热点，许多新闻媒体如报刊、电视、广播等时常发布就业政策、行业现状、人才需求、职业发展前景等方面的内容，这些都是获取就业信息的渠道，广大毕业生应注意定期搜集。

6. 社会关系

在搜集信息时，社会关系是一个不容忽视的途径。一般来说，社会关系包括：家庭和亲戚；同学、朋友及邻居；以前或现在的老师；校友；其他求职者。他们分布在社会的各个领域，通过他们了解就业信息，针对性更强，而且比较准确、直接。

7. 互联网

网络作为开放式的信息平台，因其信息量大、速度快、对象广、查看方便等优势，越来越受到人们的青睐。它实现跨越时空界限、打破单向流动的传统人才交流格局，为大学生就业提供了更便利的条件。

小思考

你认为通过哪些渠道获得的就业信息可信度更高，求职成功概率更高？请进行分析、讨论。

二、就业信息的处理

大学生在求职择业过程中获取的信息数量众多，要根据自己的实际需要对搜集到的信息进行处理，去伪存真、去粗取精，提高就业信息的针对性和时效性，以便更好地为自己的求职择业服务。

（一）信息全面，注重细节

大学生在择业过程中需要掌握的就业信息很多，不仅包括用人单位的需求信息，还包括经济社会发展情况、就业政策、行业动态等。毕业生可通过对就业信息的分类、加工、整理，把握住社会政治、经济等各方面的发展动态，并据此分析当年社会的就业形势，对所选行业、各层次人才的需求情况有总体的认识，以便及时调整个人在求职择业中的预期目标，选定自己最需要的就业信息。

（二）了解透彻，避免盲从与被误导

（1）通过不同手段对信息进行核实。例如，核实信息的来源，检查获取信息的渠道是否正规，是否有很高的可信（公信）度；通过网络搜索关注不同群体、不同方面对该信息的评价或反馈；亲自询问或调查；寻求相关的实例或佐证等。

（2）通过逻辑推理自行分析。一般说来，入门条件较低但薪酬回报较高的，薪酬标准不明确、软性支付程度较高的，或某些营销岗位设置较高责任底薪的，执业地点不规范、流动性大的，收取一定报名费、保证金、押金的，招聘职位明显高于应聘人群层次的，招聘宣传空洞夸大、煽动性强的，都应归入虚假信息。

广大毕业生只要能对自己有一个客观、实际的认识和评价，克服急于求成和爱慕虚荣的不良心态，拒绝高回报、高工资的诱惑，不起贪念，就可以避免虚假就业信息的伤害。

（三）掌握重点，科学筛选

面对大量的用人信息，大学生不可能也没有必要逐一落实。比较实际的做法是根据个人对职业评价、职业兴趣的思考，把符合个人发展方向的用人信息按重要性、紧迫性综合排序，然后分层次、有重点地了解落实。

（四）及时利用，提升效率

就业信息的利用是指毕业生在对就业信息进行整理后，依据信息进行择业的过程。

（1）尽快与用人单位取得联系，以免在自己犹豫不决时错失良机。

（2）根据就业信息的要求及时调整自己的知识、技能结构，提高自己的工作能力，弥补原来的不足。如发现自己哪方面的知识不足，就主动去学习，或发现自己哪方面的技能欠缺，就赶快参加必要的训练，主动学习和掌握相应的技能，以便以后走上工作岗位后能够更快地适应工作要求。

（3）及时输出对他人有用的信息。有些信息对自己不一定有用，可是对他人却十分有用，遇到这种情况，千万不要抓住这些信息不放手。迟迟不输出对他人有效的信息，是一种极大的浪费。其实，主动输出对他人有用的信息，不仅是对他人的帮助，还增加了与他人交流信息、增进友谊的机会。

案例分享

把握时机不留遗憾

某高校汽车运用与维修专业的毕业生王某参加了学校举办的毕业生招聘会。山西省大同市一家效益不错的汽修企业认为他的条件不错，想与他签订就业协议，并且表示他到单位后会有很好的发展前景。虽然王某也愿意到该单位去，但觉得单位的工作地点有些偏僻。于是他向就业指导中心的老师进行咨询。老师们一致认为该单位整体情况不错，应抓紧时间尽快决定。

可能是这个机会来得太容易了，王某做出了不去该单位的决定。对此，学校老师和该单位的招聘人员都觉得遗憾和惋惜。但仅仅过了三天，王某思想上发生了变化，又想去该单位工作了，这时招聘人员已经离开学校。后经联系，该单位表示现在该岗位的招聘计划已经完成，不能接收他了。

探索活动

主题：求职渠道的讨论

目标：探索更多的求职渠道

讨论时间：10分钟

活动过程：

（1）分组讨论网络求职和依靠关系网求职的利弊。

（2）结合自身情况，说说自己毕业后的首选及备选求职渠道。

能力训练

（1）较为有效的求职渠道有哪些？

（2）如何科学有效地利用求职渠道？

第二节　准备求职材料

学习目标

1. 掌握求职信的撰写要领。

2. 掌握简历的主要内容和制作方法。

3. 注意其他求职材料的准备，能准确填写就业推荐表。

案例导读

王凯是一名大三的学生，所学专业是传播与策划。对于自己的专业水平，他可谓信心满满。临毕业，有一家用人单位来学校招聘，王凯对该单位非常感兴趣。但是，用人单位提供完整简历的要求却难住了他。他平时对就业问题不太重视，一时间不知该怎样制作一份完整、专业的简历。用人单位还希望他能提供一些视频资料，也令王凯非常为难，因为他平时并不注意这些资料的收集和保存。

很多学生在专注自己专业学习的同时，忽略了学习制作求职简历，又不注重资料的收集与整理，导致真正需要用的时候却两手空空。现在的用人单位希望员工不仅有过硬的专业知识，更是一个职业素养全面的人才，而用人单位要了解这些信息，通常是通过阅读个人求职材料。所以每一个大学生都要认真准备求职材料。

问题与思考：

（1）你认为求职材料是否应提前准备？

（2）求职材料的重要性有哪些？

知识详解与能力训练

求职材料是反映高职学生综合素质和综合实力的书面材料，也是用人单位了解毕业生学习状况、工作经历、能力结构、思想品德、特长爱好等信息的重要途径。因此，高职学生要精心准备求职材料，为成功就业赢得关键的第一步。

求职材料主要包括：求职信；个人简历；各种证件和证书，如身份证、学生证、毕业证书（学历证明）、职业资格证书、荣誉证书等；推荐表；学习成绩单；就业协议书；参加社会实践、毕业实习的鉴定；其他材料，如在各种刊物上发表的文章等。

一、求职信

求职信又称自荐信，是求职者向用人单位或者有关领导推荐和介绍自己的正式书面材料。尽管一封求职信并不一定能保证你得到理想的工作，但它能够使你引起对方重视而获得面试机会。求职信带有一定私人信件的性质，应有一定的感情色彩，行文要简明流畅，既有说服力，又有感染力，使人相信你的资格、能力和人品。因此，求职信又被称为开启用人单位面试之门的“金钥匙”。

（一）求职信的格式与内容

求职信的写作并不复杂，也没有固定的格式，一般应包括以下内容：称谓、正文、祝颂语、署名、日期和附件。

1. 称谓

求职信的开头要有恰当的称呼和问候语，开头第一行顶格写。在给单位的信件中，应用“尊敬的先生”或“尊敬的公司领导”等称呼语。寄给单位某个领导的信件，则应写明收信人的职务（职称）和姓名，如“尊敬的王经理”。给个人的求职信要另起一行空两格写上“您好”等问候的话语，给单位的可免写此项。

2. 正文

求职信的正文内容较多，为便于阅读应分段写。

（1）开头部分。介绍求职者的情况，如姓名、性别、年龄、籍贯、学历、政治面貌等，可视实际情况增删。如果是主动发信，此处可写收信单位的实力与影响力吸引着你前来求职；如果是针对招聘广告而写，可写一下获取信息的途径。例如：“我叫×××，22岁，××大学营销专业2023届毕业生。得知贵公司欲聘一名营销人员，不胜喜悦，以自己的水平和能力，特不揣冒昧毛遂自荐，申请这一职位。”开头部分的主要作用是尽量引起对方的兴趣看完你的材料，并自然进入主体部分。

（2）主体部分。这一部分要着重介绍自己的有利条件，突出优势，充分展示自己的才华，推销自己的能力，力求在众多的竞争对手中脱颖而出。主要包括专业知识、技能和特长、工作态度和品质、实际工作经验和成绩等。应努力使自己的描述与所应聘职位要求一致，切勿夸大其词或不着边际。简历中的具体内容不应在求职信中重复。

3. 祝颂语

正文结束后，出于礼貌要写上祝愿的话，如“即颂”“敬颂”等。不同的节日和季节可用不同的祝颂语，如“即颂夏安”等；也可用“此致（缩进两格）敬礼（顶格写）”，注意这些祝颂语之后都不加标点符号。

4. 署名

署名写在求职信的右下方。可在署名后面写上“敬上”“谨上”“上”，并且尽量亲笔签名。

5. 日期

在署名下面偏右的地方写上年、月、日。

6. 附件

有说服力的附件主要包括成绩表、个人简历、荣誉证书等证件的复印件及推荐信等。

（二）求职信撰写应遵循的原则

写求职信看起来并不难，但要写得出色却并不容易，很多毕业生也常犯这样那样的错误。针对毕业生的求职信写作问题，要注意和坚持以下几个原则。

1. 态度真诚，摆正位置

写求职信时，要写什么内容，首先应该想用人单位要我来干什么？或者换句话说，不应该写自己需要什么、获得该职位对自己有什么好处等，而应该写自己能为用人单位做些什么。有了这样的态度，才能摆正位置。

2. 朴实诚恳，以情动人

求职信中，既有客观的内容，比如，对自己大学期间的知识能力水平的描述；也可以有主观的情感，比如，对工作机会的渴望、对用人单位的感谢等。客观部分应真实坦诚，优点不羞谈、缺点不掩饰，不夸夸其谈，不自我卖弄，应朴实无华、真诚可信，只有“诚”才能取信于人，得到用人单位的重视。主观部分要言出由衷，以情动人。这就体现在求职信的“求”字上，不能是“哀求”，表露出自己的不自信；也不能是“强求”，好像去他们单位是给人面子。求得有艺术、求得不露痕迹，既让用人单位感受到你的诚恳和期望，又让用人单位对你产生想见上一面的想法，这样的求职信才算是成功的。

3. 传递有效信息，言简意赅

求职信要向用人单位传递有效精练的信息，尽量避免在投寄求职信阶段就遭到拒绝，而求职信文字的整洁美观很容易引起用人单位对求职者的好感，相反，如果字迹潦草则会给用人单位留下不好的印象。建议书写普通的毕业生采用电脑打印稿，但不管手写还是打印，都应注意言简意赅。一般而言，求职信以一页 A4 纸为宜，如果确实有内容，则不宜超过两页，或者作为附件或面谈时再说。求职信不能太短，太短显得没诚意，不能突出自己的优势，自然难以引起注意；太长不但会浪费阅读者的时间，也会引起反感。所以在写求职信时应先打草稿，反复推敲：意思是否清楚，用词是否得当，内容是否简练完美等。

（三）求职信撰写应注意的事项

成功的求职信应该让阅读者有看下去的兴趣，有向你提供面试机会的想法，从而打开求职的大门。要写好一封令人满意的求职信，必须做到以下几点。

（1）求职信要简短，但一定要引人入胜。

在求职信中要重点突出你的背景材料中与未来雇主最有关系的内容。通常招聘人员对与其企业有关的信息是最敏感的，所以要把你与企业和职位之间最重要的信息表达清楚。

（2）言简意赅，切忌面面俱到。

求职信的功用只是为你争取一个参加面试的机会，不要以为凭一封求职信就可以找到一份令你满意的工作，而且这种错误的心态会使你写的求职信显得啰唆。招聘人员工作量很大，时间宝贵，求职信过长会使其效度大大降低。哈佛人力资源研究所的一份测试报告的数据也证明了这一点，即一封求职信如果超过 400 个单词，则其效度只有 25%，即阅读者只会留下对其中 1/4 内容的印象。

（3）不应有文字上的错误。

一份好的求职信不仅能体现你清晰的思路和良好的表达能力，还能体现你的性格特征和职业化程度。所以一定要注意措辞，写完之后要通读几遍，精雕细琢，切忌有错字、别字、病句及文理欠通顺的地方。否则，就可能使求职信“黯然无光”或是带来更为负面的影响。

（4）适度推销，切忌过分吹嘘。

求职信中不仅能反映出一个人的经历，还有品格。谦虚是一种美德，一个谦虚的人，可以使对方产生好感。但对于求职者来说，过分的谦虚，也会使人觉得你能力欠佳。谦虚不是自我否定，而是实事求是、恰如其分地表现自己。所以，写求职信应遵循“适度推销”的原则。

（5）在求职信正式发送之前，给身边的人看一下。

这也是求职信撰写的一个重要技巧，目的是避免歧义的产生，让求职信更好地传达出你所要传达的信息。

探索活动

想一想：如何撰写一份合格的求职信。

写一写：每人写一封求职信并集中展示。

评一评：看谁撰写的求职信有特色、有亮点。注意：求职信须是针对对口单位、对口岗位撰写的，并符合要求。

二、求职简历的制作

简历就是概括介绍毕业生个人基本情况、求职意向，并对个人的技能、成就、经验、教育程度做出一个简单的总结，是求职材料中最为重要的部分，是求职者全面素质和能力的体现。简历同时也是对求职者能力、经历、技能等的简要总结。它的主要任务是争取让招聘方和求职者联系，唯一的目的就是争取到面试的机会。一份简历好比是产品的广告和说明书，既要在短短一页或几页纸中把求职者的形象和其他竞争者区分开，又要切实把求职者的价值令人信服地展现出来。

（一）简历的作用

简历就是一篇议论文，中心论点就是你是最合适的。学习经历、工作经验等都是你的论据，一定的结构排列就体现了你的论证方式。

没有一个招聘者会通过看一个人的简历就直接做出录用的决定，必须要经过面试流程。那么招聘者凭什么让你来参加面试呢？因为你是在用文字与人家沟通，认可了你得简历才会通知你来面试。由此可见，简历在求职过程中起着非常重要的作用，对毕业生求职的成功起着十分关键的作用，所以求职者在应聘时必须要对自己的简历慎之又慎。

（二）简历的内容

个人简历可以设计成表格形式，其特点是明确、清晰、简洁、一目了然。个人简历一般包括个人信息、教育经历、职业能力、主修课程、实践经历、获奖情况、兴趣特长等方面的内容。

1. 个人信息

包括姓名、性别、院校、专业、联系方式、身体健康情况、家庭成员、个人照片等。这部分内容也可以根据招聘单位的要求予以增减，一般居于表格最上方的显著位置。填写这一项时一定要注意，如果姓名或联系方式中含有生僻字最好加注拼音，以便招聘人员认知，避免尴尬或误会。

2. 教育经历

主要是指求职者在何时、何地受过何种教育，一般可以从中学开始填写，填写时注意时间节点的连续性，必要时加注说明。

3. 职业能力

重点写获取证书情况、计算机能力情况等，如各类职业资格证（如高级维修电工证）、计算机等级证（如国家计算机二级证）、特长证书（如二级运动员证、音乐等级证）等。填写此项时，应注意将等级高的、有代表性的证书写在前面，必要时加注发证单位。

4. 主修课程

主要填写专业课程内容及成绩。填写此项内容时，要注意结合招聘岗位要求，将与岗位要求联系紧密的专业课程及成绩写在显著位置。不能千篇一律，多份简历都使用相同的顺序。此外，课业成绩一定要真实，不能弄虚作假。

5. 实践经历

实践经历是简历的重要组成部分。大多数招聘单位会通过求职者的实践经历判断求职者的工作能力、应变能力、沟通能力、社会经验以及对待工作的态度和勤勉程度等。在这方面存在不足的学生，可以多写参加学校组织的各项活动，如大学生参加的党、团组织的活动、志愿者服务活动，以及辩论赛、智力竞赛、征文比赛等活动。其目的是更全面地展示个人能力和才华。积极参加社会实践的学生、各类活动的积极分子以及具有一些实践能力（如辩论、写作等）和管理才干的毕业生，很容易受到招聘单位的青睐。

6. 获奖情况

包括专业类和非专业类。一般包括技能大赛奖项、其他各类比赛奖项、各类活动奖项、奖学金及各类荣誉证书（如三好学生、优秀学生干部）等。这些信息都是我们在某一方面具有优势的佐证，很有说服力。

7. 兴趣特长

当你觉得其他资料不够充实，不能全面展示你的个人魅力、修养和才华时，可以用自己的兴趣特长来充实资料。填写时首先要做到实事求是，对自己的兴趣特长必须有深入了解，以防招聘人员通过对你兴趣特长的认知度和熟练度的考察来推测你的诚实度和认真度。其次，要避免填写与岗位需求有强烈反差的兴趣爱好。

（三）简历撰写的原则

1. 简短

简历不要太长，一般应届毕业生的个人简历有一页 A4 纸即可。据调查，用人单位花在每份简历上的平均时间不到 90 秒，要想在这短短的 90 秒内迅速抓住招聘者的眼球，简历一定要做到短小精悍。

2. 清晰

简历应一目了然，确保简历的阅读者一眼就能看到他们需要的信息；要使用简单、清晰易懂的语言，不要用一些晦涩难懂的语言；尽量不使用缩略语或学生中流行的时髦词汇。简历若打印，应选择合适的字体和字号。

3. 准确

简历中的错别字很显眼，会直接影响阅读者对应聘者的印象。通过一份简历能看出一个人的语言文字功底和修养，而招聘人员考查应聘者的文字能力、细心程度等就是从简历开始的，因此，表达清楚、准确、规范，是简历语言的基本要求。

4. 整洁

整洁的简历能使阅读者在看到内容之前就对你产生好感，这样才能使他们产生阅读的兴趣，因此，打印出的简历应清晰并注意保持简历的干净整洁。

5. 真实

撰写简历时既不要夸张（自负），也不要消极地评价自己（过分谦虚），更不能编造。

简历一定要用心设计，有些简历一看就知道是抄袭他人的，有些甚至是明显的张冠李戴，这会使用人单位对你的印象大打折扣。

（四）简历中常见的问题

1. 缺乏针对性

如果一份标准模板下做出来的简历应用于多种行业、多个职位的求职，肯定没有针对性，自然无法吸引招聘者的眼球。

2. 存在明显错误

在简历中出现错别字、语法错误、逻辑错误、常识错误等都会影响求职印象分。

3. 条理不清

简历布局不合理，结构层次混乱，会增加阅读与理解上的困难。

4. 太过简单

有一些人的求职简历写得相当简单，工作经历只写到“年”，工作情况只写岗位名称，教育情况只写大专或本科，让人看到后能了解的信息十分有限，那么招聘者也不会再进一步考虑了。

5. 内容不完整

有一些人的求职简历内容不完整，如工作经验中，有一两年的经验是空白的，这样的处理会让人产生怀疑。

6. 照片不合适

有的人在简历上选择的照片过于花哨，浓妆艳抹；有的人的照片是大头贴，尽显可爱；还有的人的照片是生活照，这些照片都是不合适的。简历中的照片应避免使用艺术照和生活照，应选择正装照。

（五）如何制作一份完美的简历

1. 针对性强

招聘单位对不同岗位的职业技能与素质需求各不相同，因此，建议在创作简历时最好能先确定求职方向，然后根据招聘单位的特点及职位要求量身定制，从而制作出一份针对性较强的简历。

2. 言简意赅

一个岗位可能会有数十个甚至上百个应聘者投简历，招聘者浏览每份简历的时间相当有限。因此，建议求职者的简历尽量言简意赅。

3. 突出重点，强化优势

一是目标要突出，如果简历中没有明确目标岗位，则有可能被直接淘汰；二是突出与目标岗位相关的个人优势，包括职业技能、素质及经历，尽量量化工作成果，用数字和案例说话。

4. 格式方便阅读

网络上提供的各种简历模板只能起到参考作用，毕竟每个人的情况不一样，那些模板未必适合你。求职者可以参照网络上提供的简历模板及简历封面，根据自身情况进行合理设计。正常情况下，一份简历只要包含个人基本信息、求职意向、职业技能与素质、职业经历四大部分即可，其他内容可视具体情况添加。

5. 逻辑清晰，层次分明

要注意语言表达技巧，描述要严谨，上下文内容的衔接要合理，教育及工作经历可采用倒叙的表达方式，重点部分可放在简历最前面。

6. 客观真实

诚信是做人之根本，事业之根基。一个不讲诚信的人，很难在社会上立足。如果你在简历中弄虚作假，将会失去更多的机会。即使你能侥幸获得面试机会，但有经验的招聘者在面试过程中一般可以看穿，只要被发现有一处作假，就会觉得你处处作假，从而将你淘汰。因此，求职者在写简历时一定要做到客观、真实，可根据自身的情况结合求职意向进行纵深挖掘、合理优化，而非夸大吹嘘、弄虚作假。

（六）简历投递技巧

选择何种方式投递简历，对于高校毕业生来说有十分重要的意义。一般来说，有以下几种常见的简历投递方式。

1. 电子邮件投递

这是目前大多数企业采用的简历接收方式。因此，求职者使用较多，但命中率较低，需要掌握一些规律和技巧。

（1）邮箱的选择。可选择稳定性、可靠性高的公共邮箱，如网易 163、126 邮箱或中国移动 139 邮箱。设置签名档，建议包含个人姓名、学校及联系方式，格式统一。

（2）邮件的标题。最好在邮件标题中写上自己的名字与应聘的职位，这样便于招聘者筛选审核你的简历。

（3）邮件正文内容。无论是用正文还是附件发送简历，都应在正文中贴上简短的求职信，一定不能在邮件正文中留空或者只是注明“附件是我的简历”等。用电子邮件发送简历时是采用正文发送还是附件发送，可视具体情况灵活处理。

2. 现场投递

在参加宣讲会、现场招聘会时投递简历，获得面试的概率大。参加现场接收简历的宣讲会、招聘会应准备记事本和笔，记录简历的现场投递情况。

3. 网申

这是当前最常用的简历投递方式，很多知名企业会选择这种方式进行校园招聘。应聘者通过招聘方指定的招聘网站或者官方网站来投递简历，招聘方通过设定特定的在线问题、筛选标准来筛选简历。在国内外校园招聘领域中，有很多专业招聘网站为企业提供网申系统，例如国内的前程无忧、中华英才网、智联招聘、BOSS 直聘网、应届生求职网等。

4. 其他方式

例如，有的招聘单位要求应聘者现场递交简历并报名参加考核。发布此类招聘信息的多为事业单位、医疗机构、国家机关等。

（七）求职简历范例

简　　历

【个人概况】

姓名：××　　出生年月：××××年 8 月 1 日

性别：男　　籍贯：山东

毕业院校：××××××　　专业：机电一体化

毕业时间：××××年 7 月

联系电话：×××××××××××

电子邮件：5566@126.com

通信地址：××职业技术学院 23 号楼×××室

邮编：××××××

照片

【求职意向】

通用设备制造业、机械设备修理业等机电行业的工程技术人员和管理人员。

【教育背景】

2015 年 9 月—2018 年 7 月在××职业技术学院主修机电一体化技术专业。

【学校工作经历】

2016 年 12 月　参加学校××协会。

2017 年 9 月　××协会会长，负责策划、组织、协调工作，已积累一定的管理经验。

2018 年 4 月　策划及组织××活动。

【实践与实习】

2017 年 5 月—6 月在××汽车集团公司跟岗实习，参与生产自动化安装调试工作。

2018 年 1 月—6 月在××汽车集团公司顶岗实习，参与生产自动化安装调试工作。

【专业技术技能】

具备一定的专业技术技能及必备的专业基础知识：机械制图及 CAD、机械设计、液压与气动技术、电工电子技术、机械制造技术。

具备的相关技术技能：机电设备控制技术、可编程序控制器、测试技术、数控设备及维修等。

【外语及计算机水平】

英语：CET-3，能基本阅读本专业技术资料，具备一定的听说能力。

计算机：能熟练使用 Word、Excel、Powerpoint 等办公软件；能熟练运用 PRO/E、UG 软件进行机电产品设计。

【获奖情况】

第一学年：院优秀团员，院级二等奖学金。

第二学年：院优秀学生，国家励志奖学金。

第三学年：省优秀学生干部，院社会实践先进个人。

【爱好特长】

喜爱体育运动，××市散打比赛亚军，曾获得院男子 100 米第一名。

【自我评价】

本人责任心强，做事认真，乐于助人，有一定的统筹安排能力；喜欢接受新鲜事物，勇于接受挑战，具备较强的处理问题能力；能吃苦耐劳，有较强的团队协作能力。

能力训练

根据你的职业生涯规划，在招聘网站上找一个招聘职位，针对该职位撰写一份简历和求职信，并发到老师指定的邮箱。

拓展阅读

让你的简历更出众

在这篇文章中，我们将介绍四个小技巧，以帮助你写一份结构合理、令人印象深刻的简历。

1. 使用标准化的字体

在大多数情况下，人事经理希望在大量简历中很快发现具备所需技能的人选。在制作简历时，你的最佳选择是 Times New Roman 字体和 Georgia 字体。这两种字体便于阅读。字体大小最好为 10 磅至 12 磅。可选择的无衬线字体有 Arial 字体和 Tahoma 字体。无论你选择哪种字体，请保持字体风格的一致性，这样会让简历看起来更美观大方。

多种字体会使页面看起来拥挤杂乱。不过，若你申请的是一个富有创造力的职位，例如平面造型设计，就不必拘于这些规则了，你可以充分展现你的创意能力。

2. 将最重要的信息写在开头

如果一位人事经理要在很短的时间内（15～20 秒）阅读你的简历，他会将目光集中于简历的前半部分（有点类似于你阅读报纸的新闻提要）。他希望能一眼发现合适的人选。如若不然，你的简历将被扔到一边。将你最重要的专业技能和工作经验写在简历的突出位置，经历、经验是简历的重点。建议把职责概括成一两句话，侧重点在取得的业绩上，多使用数字会更有说服力。

数数看，你的简历上有多少数据（业绩、用户数、节省成本、市场份额……）。再数数看，简历上有多少形容词（勤奋、负责、向上、有团队精神……人人可自夸，所以形容词要来自第三者才有用）。每个数据加 5 分，每个形容词扣 1 分。

简历的小标题包括：联系信息，主要资质，工作经验，相关志愿工作与其他经历，教育背景以及奖励情况。

3. 不要太死板

简历不仅显示了你的经验和技能，也展现了你的个性。在叙述已取得的成果时，你一定要自信、从容。简历要尽量写得开放、自然、专业且具有个性。另外，你要尽量表现出在自己专业领域的博学，并能引起对方的兴趣。千万不要让简历变成枯燥乏味的文件。

4. 定期整理你的简历

要重申一下，好的简历应该格式整齐，有留白，让人赏心悦目。求职的信息要尽量写在一页纸上（如果你在专业领域有五年以上的工作经验，可以用两页纸）。绝对不要有错字、漏字或语法错误。

好的简历是要经过长时间打磨的，记得常常检查你的简历，在适当的时候更新信息。

任何一份简历都不会是最终版本，在投递简历前，应认真研究招聘单位的职位描述，和这个职位无关的内容不要写、有关的内容好好写。

三、凭证材料的准备

凭证材料是求职者职业能力、学识水平、综合评价的证明材料。一般包括毕业生就业推荐表，个人证件、证书，成绩单，各类学习成果，实习实践评价和反馈意见，论文课题，设计方案、图纸。提交凭证材料时一定要使用复印件，重要材料的复印件要签注用途，内容较多的凭证材料可只复印封皮和加盖公章的部分。招聘单位留用应聘者重要材料时，应聘者有权索要收条。

除了求职信和求职简历外，毕业生还应提前准备以下材料。

（一）毕业生就业推荐表

毕业生就业推荐表是向用人单位推荐毕业生唯一正式的校方推荐材料，也是被用人单位认可的学校正式推荐材料，具有不可替代的权威性。用人单位在与毕业生正式签约前，一般都要求毕业生提交由学校就业指导部门签章的毕业生就业推荐表原件。

毕业生就业推荐表的填写要求如下：

（1）严格按照推荐表要求填写相关项目，不要漏填，所填内容务必详细、准确、真实；务必用黑色签字笔填写，不要用彩色笔、圆珠笔填写，勿打印。

（2）使用统一、规范、标准的学校和专业等名称的全称，避免使用简写称谓。

（3）“自我鉴定”内容就本人在大学学习期间的思想、学习、工作、生活等方面的表现做综合自我评价，需认真填写，要求书写工整、内容完整，最后亲笔签上本人名字。

（4）“本人求职意愿”由学生本人根据自己的实际求职情况填写。

（5）推荐表最后一项内容“成绩单”由教务处出具。

（6）院系推荐意见由各院系负责人详细填写，加盖本院系公章。

（7）在院系加盖公章后，以班或院系为单位到学生处就业指导中心加盖“同意推荐”章及学校公章。

（二）成绩单

多数用人单位在毕业生应聘时，会向毕业生索取其在校期间的成绩单，所以毕业生应当提前准备。毕业生打印成绩单后，应以班级为单位到所在院系办公室由工作人员进行信息审核后加盖学院公章，并在教务部门加盖学生成绩专用章。毕业生在应聘时提供成绩单复印件，在正式签约时，将原件交予签约单位。

（三）证书及证明

毕业生在求职过程中，应整理和出具在校期间所获得的各类获奖证书、资格证书，开具参与的科研项目证明材料，并随身携带这些材料，以备用人单位随时查验。

（四）作品集

作品集是毕业生在校期间学习成果的一种直观展示，不同学科类别的学生，其作品集的表现形式是不一样的。

1. 美术、设计类专业

这类专业的毕业生可以将自己的绘画作品、设计作品进行拍照和缩印，装订成册，并在作品下方予以简要的说明和介绍。如有必要，可以采用彩色印刷，以保证作品的视觉效果。

2. 工学、理学、农学类专业

这类专业的毕业生可以将自己参与的各类工程、设计类项目以“图片＋设计说明书”的形式加以展现。若参与的项目较多，可单独装订成册，也可附在简历之后。

3. 经管、舞台艺术、法律、医卫类专业

这类专业的毕业生由于专业水平的表现形式更多地集中于实习实践过程中，所以作品集可以“图片＋说明＋图表”的形式加以体现。其中，图片与说明表述的是经历、专业水平等，图表更多地用在业绩的表现中。

第三节　掌握求职技巧

学习目标

1. 认知大学毕业生求职心理问题及调适。
2. 了解笔试的种类和应答技巧。
3. 了解面试的种类和常见问题的回答技巧。
4. 掌握面试过程中的礼仪。

案例导读

在一次面试中，招聘者先后问两位求职者同样的问题：“我们单位是集团公司，下面有很多子公司，凡被录用的人员都要到基层去锻炼，基层条件比较艰苦，请问你们是否有思想准备？”A 毕业生说：“吃苦对我来说不是问题，因为我从小在农村长大，我很乐意到基层去，只有在基层摸爬滚打，才能积累丰富的工作经验，才能为今后的发展打下基础。”B 毕业生则回答：“到基层去锻炼我认为很有必要，我会尽一切努力克服困难，好好工作，但作为年轻人，总希望有发展的机会，不知贵公司安排我们去基层的时间有多久？还有可能回来工作吗?”结果前一个学生被录用。

招聘者通过考察求职者对问题的回答，进而了解求职者对工作的态度。A 毕业生对下基层态度端正、诚恳，令主考官欣赏；而 B 毕业生思想上明显有顾虑，尽管是人之常情，但他的回答不合时宜。显然，A 毕业生对应聘技巧的掌握要好于 B 毕业生。

问题与思考：

(1) 你会如何回答这一问题?

(2) 你认为这两种回答的区别是什么?

知识详解与能力训练

面对纷繁复杂、竞争激烈的就业形势和五花八门的岗位选择，很多毕业生都深感心理压力巨大。在这种压力下，要保持清醒的头脑和平和的心态着实不易。因此，如何克服心理压力，培养良好的就业心理素质就成为毕业生就业准备的首要问题。

一、毕业生求职心理问题面面观

(一) 焦虑、缺乏方向、从众

现实中，相当数量的毕业生在求职过程中存在矛盾心理，面对复杂的就业形势，心理压力过重，既渴望自主择业，又缺乏明确的职业方向。虽怀有远大目标和抱负，但没有实际行动和作为，在择业目标上不能够结合自己的实际情况进行客观的分析和选择，而是盲目地听从家长或老师的安排或随大流，人云亦云，缺少主见，从而错失良机，影响自己的职业选择。

(二) 自卑保守、犹豫不决、观望等待

一些毕业生面对就业问题时，表现出明显的信心不足和准备不足，害怕参与竞争，对自己的知识和能力评价偏低，做事犹豫不决、畏首畏尾，遇事怕麻烦，缺少闯劲。在面试等环节高度紧张，明显缺乏自信；在面临选择时更是瞻前顾后，难以取舍，总觉得还会有更好的就业机会而难下决心，一味地观望等待而错过了就业时机。

(三) 浮躁自负、骄傲自大、急于求成

每个毕业生的学识、技能、性格，以及家庭背景、生活环境等都不尽相同，所以选择职业的方向和具体工作岗位也会有差异。但毕业生又都处在争强好胜、互不服输的年龄段，上进心、虚荣心都比较强烈，容易相互攀比而忽视了从自己的实际出发。有的毕业生认为自己能力强，高人一等，在工作中表现为浮躁、不踏实、华而不实、眼高手低，从而引起用人单位的不满；有的毕业生只顾眼前利益，缺乏发展眼光，急于求成，从而限制了自己的职业发展。

案例分析

自负的代价

小王是某职业学院某专业学生，他知识功底扎实，动手能力强，同时还具有较强的组织、管理、协调能力及人际沟通能力，口才也比较好。在公务员的第一轮考试中，小王以该岗位第一名的成绩进入了面试，因此在第二轮面试中，他始终有种优越感。面试时，他出色的表现赢得了考官们的好感，最后当考官问及“你认为你的缺点是什么”时，他的回答是：“我没有缺点”，这一答案拉低了面试分数，使他与公务员职位失之交臂。

分析：

小王面试失败是典型的自负心理所导致的。小王虽然自身很优秀，但却过高地估计了自己的能力，不能客观地认识自己。这使他在求职面试的过程中，因强烈的自负与自傲的心理而表现得过于自命不凡、自以为是，这往往会给考官留下浮躁的印象，失败也就成了必然的结果。

择业是每个大学生的重大人生转折，只有正确认识自己，合理定位，戒骄戒躁，始终保持坦率诚实和谦虚谨慎，实事求是、恰如其分地展现自己，才能使自己在求职的过程中赢得更多的机会。

（四）消极怠惰、得过且过、一味利己

所有大学生几乎都是父母的掌上明珠，受到了家人良好的照顾和关爱，而很少独立应对一些事务，很少承担一些责任。这就使一些大学生滋生了凡事靠别人安排，自己从不操心的心态，从而缺乏主动性和独立性。还有个别学生过分强调自我，不顾实际情况和他人感受，一味追求舒适、享受，根本没有个人的职业发展计划。

二、毕业生求职心理调适

就业是毕业生步入社会、了解社会、融入社会的一个必要过程。在这个过程中遇到挫折和困难，有一定的心理压力和不良情绪都属于正常现象。而面对困难与挫折，思考如何调整自己的心态，冷静、客观地分析原因，找出应对的办法，做出正确的选择，才是毕业生正确的态度。

（一）提高心理适应力

提高心理适应力首先要有一个客观的自我认知和评价，其次要对就业市场有相对清醒的认识。即将步入社会成为职场精英的高职毕业生，既没有足够的能力自如应对就业市场

的激烈竞争，又不能跳出社会因素而独自存在，所以一定要学会具体问题具体分析，结合实际，科学地进行人职匹配，及时调整，不断适应。面对竞争和挑战，要敢于面对，不要逃避，只有经历风雨，才能见到彩虹。要学会在求职和就业过程中不断积累经验，总结教训，修正不足，适应环境，以不断提高自身的心理素质。

（二）保持积极自信、乐观向上的人生态度

毕业生在遇到困难和挫折时，应该保持一种积极和自信的态度，不能因为遇到一些不顺利就一蹶不振，甚至怨天尤人、唉声叹气。要坚信眼下的这点困难和挫折是一定能够战胜的。要有百折不挠的韧劲和乐观向上的态度，学会根据市场需求调整、修正自己的职业规划。必要时可以先就业后择业，在积累经验、增长见识的同时寻找机会，成就自己的职业发展之路。

（三）要舍得付出，树立正确的价值观

毕业生首先要有踏实、肯干的工作态度，不要好高骛远，一味追求利益回报。只有在工作中证明了自己的能力，展示了自己的实力，获取了他人的信任，才能从事更重要的工作，走上更重要的岗位，担起更重大的责任，获得更丰厚的回报。不能投机取巧、阿谀钻营，而应脚踏实地地打好自己的职业基础。所以，树立正确的价值观、职业观是克服就业心理问题的根本途径。

（四）要学会使用科学的方法进行自我调节

在遇到困难和挫折，产生心理压力时，要学会使用几种常见的心理调节方法来缓解压力，轻装上阵。

1. 目标转移

当因就业问题产生心理压力时，可以暂时将目标和重点转移到其他方面。如全身心地投入毕业设计或技能练习上去，或出去走走，一是放松心情，二是可借机考察一下其他地区的就业形势与市场，为自己打开更多的就业之门。

2. 自我安慰

当遇到就业压力时，可以尝试适当降低求职标准或放弃一些不必要的求职要求，不要求全责备，过于苛求自己，而应适当地做出一些让步和调整。俗话说，改变不了现实就改变自己，改变不了自己就改变观念。凡事往好处想，求得内心的宁静，接受、承认现实。

3. 适度释放

当在求职过程中产生焦虑不安或紧张、委屈时，不能将这种情绪一直压抑于内心，要学会适当地释放。因为不良情绪郁积越多，对自己的伤害越大。这时可以向老师、同学或亲友倾诉，或参加一些体能消耗较大的运动，使自己郁积的情绪得到释放。也可以采取其他适合自己的宣泄方式，但要注意所有的宣泄和释放，必须建立在既不伤害自己又不妨碍

他人的基础上，不能因为只图自己痛快而损害了他人的利益。

就业准备是毕业生求职过程中的必要条件，良好的心态和正确的定位有利于毕业生的就业选择和职业发展。所以毕业生要在树立正确人生观、价值观的基础上，全面提高自身的综合素质，掌握适当的求职技巧，参加相应的体验、实践，做好就业信息的搜集和使用，撰写出具有吸引力的求职材料，准确把握就业市场形势，以平和的心态来迎接就业市场的竞争和挑战，以自信、积极、乐观向上的人生态度应对就业市场的变化，这样才能走出迈向职场成功的第一步。

三、求职笔试的方法和技巧

用人单位为考查求职者是否具备招聘岗位所需的知识和技能，会采用书面形式对求职者所掌握的专业理论知识与技术技能，以及文化素养等综合素质进行有据可查的测试。

（一）笔试的种类及内容

1. 专业能力考试

这种考试主要是检验应聘者能否达到某一职位所要求的专业知识水平和相关的实际能力。

2. 智商测试和心理测试

智商测试主要为一些著名跨国公司所采用，该类公司对毕业生所学专业一般没有特殊要求，但对毕业生的素质要求较高。它们认为，专业能力可以通过公司的培训获得，因此有没有专业训练背景无关紧要，但毕业生是否具有不断学习新技术、新知识的能力是至关重要的。

心理测试是要求被试者完成事先编制好的标准化量表或问卷，根据完成的数量和质量来判定其心理水平或个性差异的方法。一些特殊的用人单位常常以此来测试求职者的态度、兴趣、动机、智力、个性等心理素质。

3. 命题写作

这种考试的目的在于考查应试者的文字表达能力、分析能力和逻辑思维能力。例如，要求应试者限时写出一份会议通知、某项工作请示或情况总结，也可以提出一个论点，请应试者予以论证或批驳等。

4. 国家公务员考试

国家机关公务员一律经考试录用，笔试包括《行政职业能力测验》《申论》。

（二）笔试前的准备

求职者在接到笔试通知时要做好充分准备。笔试前的准备工作主要包括知识准备和身心准备。

1. 知识准备

不同类型的笔试有不同的考试内容，毕业生在考前应详细了解，针对不同的情况做相应的准备。一般进行笔试的知识准备时应注意以下几个方面。

（1）学以致用，理论联系实际。现在的求职考试很多是考查应试者运用所学知识解决实际问题的能力。因此，应试者平时应注意培养运用所学的知识分析、解决问题的能力和实际的动手能力。

（2）提纲挈领，系统掌握。把与招聘职位相关的各方面知识进行认真梳理，以便全面掌握。注意提纲挈领，掌握重点，提高效率。

（3）多读多练，提高阅读能力。复习时广泛阅读相关知识，扩大知识面，提高阅读能力，以备应试时能自如地回答各类问题。

（4）敏锐思考，提高快速答题能力。笔试不仅考查知识的储备，更要求答题的速度。招聘考试中的题量较大，应试者应该注意培养自己快速阅读、快速思维、快速答题的能力。

2. 身心准备

求职笔试虽然不同于高考，但却是用人单位挑选应聘人选的重要参考。应试者需要具备良好的心理素质。临考前，一要正确评价自己，树立自信心，调整好心态；二要保持充足的睡眠，不能因考前的复习任务重而放弃休息，导致考试时精力不足，发挥不出正常水平。还可以适当参加一些文体活动，从而使高度紧张的大脑得到放松和休息，以充沛的精力去参加考试。

另外，还要准备好笔试需要的一些物品，如身份证、准考证、钢笔等；提前熟悉考场环境，熟记考场注意事项，尽量按要求做好。

小思考

有些同学总是对笔试心存畏惧，有没有笔试的应对策略呢？

（三）笔试的技巧

笔试过程中要掌握一些基本方法和技巧。

1. 增强自信心

笔试怯场，大多是缺乏自信所致。要客观冷静地对自己进行正确评估，克服自卑心理，增强自信心。应聘笔试与高考不同，高考是“一锤定音”，而求职应聘考试则可能会有多次机会。考试前应适当放松心情，调整好精神状态。

2. 科学答卷

（1）浏览全卷。领到试卷后，首先要浏览一遍卷面，大致了解试卷的题量和难易程度，以便把握答题的速度。

（2）先易后难。根据先易后难的原则排出答题的顺序。遇到难题时，不要死抠不放。先攻相对简单的题，后攻难题。这样就不会因攻克难题浪费太多时间而失去做简单题的机会。

（3）精心审题。笔试时要切实弄清题目要求，逐字逐句弄清题意，然后按要求答题。如遇论述题或作文题，落笔更要慎重，切不可下笔千言，离题万里。

（4）把握主次。如果见到简答题是自己准备较充分的，就洋洋洒洒写上千个字，而论述题却只随便写几十个字，这样不分主次、轻重，成绩自然会受到影响。

（5）融会贯通。笔试中的论述题和应用题是考核求职者运用掌握的知识来分析问题、解决问题的能力，求职者在考试时要积极思考、广泛联想，将已学过的相关内容相互联系起来并进行比较分析，找出正确答案。

值得特别注意的是，必须做到字迹端正、卷面整洁。字迹潦草、卷面不整的人，招聘单位仅从卷面上就能感受到答题者对该考试的不重视；而那些字迹端正，答题一丝不苟的人，会被认为态度认真，做事细致，进而受招聘单位青睐。

案例分享

试题的秘密

这十几位毕业生都是经过了多次筛选的佼佼者，现在，他们正面临着最后的考验，一场定时10分钟的考试。考试通过了，便可进入这家大型建筑公司工作。

试卷共30题，面宽而量广，这出乎大家的意料，这么多题，10分钟时间根本不够。许多人一拿到试卷便半秒也不敢耽搁慌忙抢做，全然不顾监考人员“请大家先将试卷浏览一遍再答题”的忠告。

试卷在10分钟后收齐，人事经理亲自批阅，从中挑出5份试卷。这5份试卷有一个共同特点，即1～28题全部未做，仅回答了最后两道问题，而其他试卷的答题情况要好很多，做了前面不少题，最多的做了12道题。这家公司最后录用了这5个仅答了最后两道题的年轻人——原来秘密就藏在第28题中，它的内容是：前面各题均无须作答。

四、面试技巧

（一）面试技巧及其重要性

面试是用人单位招聘时最重要的考核方式，是供需双方相互了解的过程，是一种经过精心设计，以交谈及观察为主要手段，了解应试者信息和能力的一种测评方式。多数毕业生因为面试经历少，不懂面试技巧，信心不足，常常不知所措。掌握面试技巧是毕业生求职择业面临的新课题。

（二）面试的常见形式与种类

根据面试的实施方式，可将面试分为五类。

（1）“一对一”的个别面试。常用于第一轮面试，主要目的是排除一些素质相对较差者。

（2）“多对一”的主试团面试。由多个部门组成主试团，考核应聘者的人格素养、业务素质、行为风格等。

（3）“多对多”的小组面试。面试对象有多个，便于对应聘者进行比较。

（4）小组讨论面试。应聘者组成一个临时工作小组，讨论给定的问题并且做出决策。目的是考核应聘者的领导能力、组织能力、口头表达能力、说服力、洞察力、处理人际关系的技巧等。

（5）评估中心面试。专业化程度高的外企通常会用一两天的时间通过评估中心进行人才选拔。评估中心将进行一系列综合性的考核，包括在公司领导面前发表演讲、无论题的讨论、团队创建游戏、辩论等，目的是考核应聘者的适应能力及在一个全新的、毫无准备的情境中处理问题的能力。

（三）面试中常见问题的回答技巧

面试前了解一些常见问题的回答技巧是很有帮助的。下面列举求职者在面试中经常会遇到的问题，能出色回答这些问题的应聘者，往往能够给面试官留下不错的印象。

问题一：请你介绍一下自己好吗？

回答方法：学会三层表述法。

（1）专业背景＋硬实力。重在强调个人专业背景及硬实力，如毕业学校、学历、专业、获奖情况、个人技能。

（2）核心匹配能力。重在突出个人能力与岗位的匹配，可通过工作经历、实习经历、活动经历等具体论述。

（3）被吸引点＋表态。通过描述公司在本行业的地位来突出对你的吸引力，表达自己的向往。

注意：不要从头到尾把简历复述一遍，要多找与岗位密切相关的价值点，多补充简历上无法展开说明的点。多练习几遍，既不要像背诵一样，但也不能太生疏。

问题二：你对我们公司以及应聘的职位了解多少？

回答方法：应聘前要清楚地了解应聘公司及应聘职位。

（1）通过熟人了解。如果有同学、校友在自己感兴趣的公司工作，要通过他们提前了解公司情况。

(2) 查看企业官网或专门招聘网站。重点看企业简介（基本情况、愿景、目标等）、业务介绍、产品情况和人力资源状况等，了解公司背景、业务模式和成长的机会。

(3) 关注企业微信、微博。对企业文化、办公氛围有初步认识。

(4) 第三方平台、校园 BBS、各类求职网等。利用各种针对求职应聘的网站，找到更新的、时效性更强的招聘信息。

(5) 自己一定要明确招聘岗位包括哪些工作与要求（硬性要求＋技能＋软素质）。

问题三：你的优势有哪些?

回答方法：面试官一般关注的重点在以下几方面。

(1) 求职者有没有撒谎，是否真实地阐述了自己的优点。

(2) 所阐述的优点，是否恰好是这个职位所需要的素质。

比如：如果你应聘销售，千万别说自己性格内向。你可以说："我的缺点是文笔不太好，写东西平平淡淡，但是我口才不错，大概属于会说不会写的那种。"再比如，你应聘设计，你可以说："我有点强迫症，什么都喜欢抠细节，不过我设计的速度和质量比同龄人要强一些，所以不会因为抠细节而忽略整体，或者拖慢进度"。

注意：夸自己不能空泛，要有数据、摆事实。

问题四：分享一项你最失败的经历。

回答方法：重要的不是过去的失败经历和原因，这些也不是面试里面评价面试者的重要指标。重要的是从过去的失败中，学到什么，有什么反思，吃过什么亏，长了哪些见识，如何把所吸取的教训转化为你日后成功的养分。

注意：体现出的素质和能力最好能够与应聘岗位相关。

问题五：你的职业规划是怎么样的?

回答方法：对于职业规划类的问题，面试官最核心的关注点有三个。

(1) 自我认知：你对自己是否了解?

(2) 动机和价值观：为什么选择来这里?

(3) 组织承诺：你到底能在我们这儿踏实干几年?（最核心）

注意：面试官并不关心你真正的职业规划，而是关心在未来的 3～5 年里，你是否能在公司稳定地工作。同时，要表现出自己靠谱、工作稳定、心态平和的一面。

问题六：你上一份工作离职的原因是什么?

回答方法：

(1) 公司距离我家太远，路上时间太长，一天来回将近 4 个小时，短期还可以，长期我确实坚持不下来。

(2) 因为目前的工作太安逸，没有挑战，公司整体上都很稳定，也没有什么发展空间，我希望有一份比较有挑战的工作，毕竟还年轻。

（3）公司转型，目前职位的定位和我的发展初衷不一致。

（4）我目前在公司的发展已经到顶，短期内不会有什么发展空间，公司规模不大，我希望到更大的平台发展。

这些理由不建议说：老板不好、管理不好、团队不好等。

问题七：你对薪资有什么要求？

回答方法：面试官希望听到以下内容。

（1）求职者对于自身价值的判断。

（2）求职者对待薪酬的态度。

（3）求职者期望的薪酬与企业薪酬标准是否一致。

注意：如何优雅地和面试官谈薪酬？

第一，主动收集薪酬信息，了解面试岗位的薪酬范围。如：面试企业的薪酬结构和现状、同类岗位的市场平均薪酬值、目标公司相关职位的薪水状况等。

第二，明确自己的价值和能力。如你的优势是什么，有多少价值，你做过什么，你能为企业带来什么直接和间接的价值。

第三，明确给出自己的薪酬预期范围。

对面试官提出的问题要直接回答，不要反问。如："你们这个职位可以给的薪酬是多少呢？""你们觉得我值多少钱呢？"

在面试结束前，大多数的主考官都会给求职者提供询问的机会。最常见的是："你有没有什么问题或疑问想要提出来的？"无论求职者是否有问题，其实这个问题背后的真正含义通常是主考官用来测试你对这份工作有多大的信心和热情。

因此，如果你害怕发问不妥当，或是不知道该从何问起，甚至回答"没有问题"时，都很可能会让主考官认为，你想要这份工作的信心和热情不够强。

相反，求职者应该更积极、主动地利用面试的机会，适时地提出问题，这不但有助于加深主考官对你的印象，而且你也能趁此机会进一步了解这家公司的背景、文化是否适合你。

最重要的是，如果能够在面试时提出漂亮的问题，录取的概率将会大大提高。先谨记10个可以反问主考官的问题，以便需要时可以提出：

（1）贵单位对这项职务的工作内容和期望目标是什么？有没有什么是我可以努力的地方？

（2）贵单位是否有正式或非正式的教育培训？

（3）贵单位的升迁途径如何？

（4）贵单位多元化经营，而且在海内外都设有分公司，将来是否有外派、轮调的机会？

（5）贵单位能超越同业的最大优势是什么？

（6）在项目的执行分工上，是否有资深的人员能够带领新进者，并让新进者有发挥的空间？

（7）贵单位强调的团队合作中，其他的成员素质和特性如何？

（8）贵单位是否鼓励在职进修？对于在职进修的补助办法如何？

（9）贵单位在人事上的规定和做法如何？

（10）能否为我介绍一下工作环境，或者是否有机会能参观一下贵单位？

至于薪水待遇、年假天数、年终奖金、福利待遇等问题，有些公司的主考官在面试时会直接向求职者介绍。如果对方没有提及，对社会新人来说，在找第一份工作时，不适合提出，除非你有对方不得不录取你的条件。

（四）面试中的禁忌

1. 忌不善于打破沉默

面试开始时，应试者不善“破冰”，而等待面试官打开话匣。面试中，应试者由于种种顾虑，不愿主动说话，结果使面试出现冷场。即便能勉强打破沉默，也极其生硬，使场面更显尴尬。实际上，无论是面试前或面试中，面试者主动交谈，会留给面试官热情和善于与人交谈的良好印象。

2. 忌与面试官“套近乎”

具备一定专业素养的面试官是忌讳与应试者套近乎的，因为面试中双方关系过于随便或过于紧张都会影响面试官的评判。过分“套近乎”也会在客观上妨碍应试者在短短的面试时间内，做好专业经验与技能的陈述。聪明的应试者可以列举一两件有根据的事情来赞扬招聘单位，从而表现出你对这家公司的兴趣。

3. 忌为偏见或成见所左右

有时候，参加面试前自己所了解的有关面试官或该招聘单位的负面评价，会左右自己面试中的思维。误认为貌似冷淡的面试官，或是严厉或是对应试者不满意，因此十分紧张。还有些时候，面试官看上去比自己年轻，应试者心中便开始嘀咕：“他怎么能有资格面试我呢？”其实，在招聘面试这种特殊的“采购”关系中，应试者作为供方，需要积极面对不同风格的面试官。

4. 忌慷慨陈词，却举不出例子

应试者大谈个人成就、特长、技能时，聪明的面试官一旦反问：“能举一两个例子吗？”应试者便无言应对。而面试官恰恰认为：事实胜于雄辩。在面试中，应试者要想以其所谓的沟通能力、解决问题的能力、团队合作能力、领导能力等取信于人，唯有举例。

5. 忌缺乏积极态度

面试官常常会提出或触及一些让应试者难为情的事情，很多人对此面红耳赤，或躲躲闪闪，或撒谎敷衍，而不是诚实回答、正面解释。例如面试官问：“您为什么 5 年中换了 3 次工作?”有人可能就会大谈工作如何困难，上级不支持等原因导致自己频繁换工作。工作很有挑战性，自己资历尚浅，还需多学习。

6. 忌丧失专业风采

有些应试者面试时各方面表现良好，可一旦被问及现所在公司或前公司时，就会愤怒地抨击其老板或者公司，甚至大肆谩骂，这种行为是非常忌讳的。

7. 忌不善于提问

有些人在不该提问时提问，如面试中打断面试官谈话而提问。也有些人面试前对提问没有足够准备，等到有提问机会时却不知说什么好。而事实上，一个好的提问胜过简历中的无数笔墨，会让面试官刮目相看。

拓展阅读

面试测评的主要内容见表 6－1。

表 6－1　面试测评的主要内容

项目	内容
仪表风度	指应聘者的体形、外貌、气色、衣着、举止、精神状态等。仪表端庄、衣着整洁、举止文明的人，一般做事有规律、注意自我约束、责任心强
专业知识	作为对笔试的补充，招聘者通过面试了解应聘者掌握专业知识的深度和广度，是否符合招聘职位要求。面试时对专业知识的考查更具有灵活性，比如可以随机提问，也可以要求应聘者现场解决一定的技术问题等
工作技能	面试不但可以验证应聘者个人简历中对工作技能的描述，而且可以考查应聘者的职业道德、责任心、主动性、思维力、口头表达能力等与职业技能相关的一系列基本状况
表达能力	面试中，应聘者是否能够将自己的思想、观点、意见和建议顺畅地用语言表达出来，不但可以表现出其表达的逻辑性、准确性、感染力等是否符合职业要求，还可以表现出音质、音量、音调等是否符合职业要求
应变能力	主要看应聘者对招聘者所提问题的理解是否准确贴切，回答是否迅速、准确等；对于突发问题的反应是否机智敏捷、回答恰当；对于意外事情的处理是否得当、妥善等
人际交往	在面试中，通过询问应聘者经常参与哪些社团活动，喜欢同什么类型的人打交道，在各种社交场合所扮演的角色，可以了解应聘者的人际交往倾向和与人相处的技巧
自我控制	自我控制能力对于一些从事特定工作的人（如服务人员、营销人员）尤为重要。一方面在遭遇挫折、委屈、压力时是否能够克制、容忍、理智；另一方面对工作是否有耐心和韧性

续表

项目	内容
工作态度	招聘者往往要了解两点：一是了解应聘者对过去学习、工作的态度；二是了解他对招聘职位的态度。一般认为，对过去无所谓的人，在新的工作岗位是很难勤勤恳恳、认真负责的
求职动机	了解应聘者为何希望来本单位工作，对哪类工作最感兴趣，在工作中追求什么，从而判断本单位能否满足其要求和期望，更重要的是就此了解应聘者对招聘职位的“渴望度”和潜在的“工作热忱”
业余兴趣	招聘者往往会询问应聘者休闲时间爱好哪些运动，喜欢阅读哪些书籍，以及喜欢什么样的电视节目，有什么样的爱好等。了解一个人的兴趣与爱好，会对以后的工作安排有好处
行为习惯	招聘者通常会非常注意应聘者的行为方式，特别是细小的行为。因为下意识的行为可以真实地反映一个人的性格特征、道德修养等

（五）面试的相关注意事项

1. 面试前

求职者在接到面试通知的电话后，应如何准备呢？

第一，应与对方公司的工作人员确认准确的面试地点、面试时间、面试程序和方法等基本信息，并记录下来，以免遗忘。

第二，求职者应迅速查找该企业的原始招聘信息，了解用人单位的情况，应聘岗位的知识和技能要求，并提前查找交通路线，规划好面试当天的行程，时间安排要充裕，以免在面试当天出现迟到等尴尬状况。

第三，求职者应提前整理好自己的文件包，带上面试必备的用品，如个人简历、身份证、学生证、就业推荐表、自荐书、各类证书、纸、笔等。

第四，求职者要准备与面试岗位相关的知识，熟记用人单位信息，回顾与目标岗位相关的课程知识，准备简单的自我介绍。如有空余的时间，可以先客观评估自己，准备若干面试问题，提前模拟面试，必要时可为自己计时，做到心中有数。

第五，准备一套较为得体的面试服装，配饰不要夸张，相称为宜。面试前应保证充足的睡眠，以饱满的精神迎接职场面试。

拓展阅读

面试前 15 分钟的准备

在面试开始前的 15 分钟，可以参照下面的方法做准备。

（1）找个位置坐下，稍做休息。待呼吸舒缓后，可以询问一下工作人员是否需要签到，面试时间是否有改变以及相关的一些事项。

(2) 再次整理一下仪表。男士注意一下领带的松紧（如果系领带的话），女士可以稍微补一下妆，但切勿化浓妆。还需要检查一下鞋子是否需要擦一擦灰尘（记住擦鞋的纸巾一定要扔到该扔的地方），鞋带是否松了，头发是否凌乱，脸上是否有尘土，若略显疲倦，可以去洗手间洗一洗脸，但要擦干面庞之后再回到休息室。

(3) 在心中演练一下面试中的自我介绍和可能出现的问题的回答。如果感到紧张，可以闭目静坐，让呼吸均匀而缓慢，做放松训练。总之，要保证自己处于一定的兴奋状态，既不松懈，又不紧张。

(4) 要文明礼貌。尽管还未进入面试考场，但请注意，坐姿端正，言语礼貌。

(5) 等待时可以与其他应试者交谈。你和其他应试者之间可以用积极的语言相互鼓励，切忌说一些诸如“我很紧张”之类的话，这会给你带来消极的心理暗示。总之，一定要保持积极的心理状态。

(6) 不要费尽心思地想从面试考场出来的人的口中问出什么来。其实根本就问不出什么，这样反而令自己慌张和忙乱，并且给人留下不稳重的印象。

2. 面试中

进入面试室后，等面试官告诉你“请坐”时方可坐下，并道“谢谢”。坐时身体要略向前倾。面试时，不要靠椅子背坐，也不要坐满，但也不宜坐得太少，一般以坐满椅子的三分之二为宜。另外，女士要并拢双腿。

面试时，要谨慎多思，落落大方。回答提问之前，应对自己要讲的话稍加思索，想好了的可以说，还没有想清楚的就不说或少说，切勿信口开河、夸夸其谈、文不对题。应答时要表现得从容镇定，如果答不出就大方承认有的东西还没有经过认真考虑。考官在意的并不一定是回答本身，如果你能从容地谈出自己的想法，虽然不够完整或不够成熟，也不致影响大局。与面试官交谈时不能漫不经心地四处张望，应尽量显得自然、大方。

3. 面试后

面试结束后应该站起来对面试官表示感谢，若面试官有另外的交代，应认真倾听，倾听时要仔细、认真地品味对方话语中的言外之意、弦外之音，以便正确判断面试官的真正意图。学会找准时机，表达出与主考官们的交谈使你受益匪浅，并希望今后能有机会再次得到对方进一步指导的意思，有可能的话，可约定下次见面的时间。告别时，应与对方礼貌握手。握手时间通常以 3～5 秒钟为宜，要注意把握好力度，双目注视对方，面带笑容，同时应配以适当的礼貌用语，如“再见”“谢谢”。

面试结束并不意味着求职过程的完结。面试者要及时分析自己在面试中的得与失，注意调整自己的心情，准备全身心投入下一个单位的面试考验中。因为，在接到聘用通知之前，面试结果还是个未知数，你不应该放弃其他机会。一般来说，如果你在面试的两周后，或主考官许诺的时间到来时还没有收到对方的答复，可以打电话给招聘单位，询问面试结果。

应聘中不可能人人都一次成功，万一你在竞争中失败了，也不要气馁，这一次失败了，还有下一次，就业机会不只有一个，关键是总结经验教训，找出失败的原因，并针对这些不足重新做准备。

(六) 面试着装技巧

1. 女性面试着装

(1) 服装要得体。

一般以正装为宜，体现女性的干练、优雅，切忌穿太紧、太透和太露的衣服。

(2) 鞋子要相配。

鞋子应和整体相协调，在颜色和款式上与服装相配，对于女性来说，中跟鞋是最佳选择，不要穿长而尖的高跟鞋。如果平时不穿高跟鞋，也无须勉强，可选择坡跟鞋。

(3) 袜子很重要。

袜子不能有脱丝，肉色是最为适合的。不论你的腿有多漂亮，在比较正式的场合也不宜露着光腿，在包里放一双备用丝袜，以便袜子脱丝时能及时更换。

(4) 饰物要少而精。

包：公文包或手提小包，带一个即可，切忌两个都带。

帽子：不管你是否有戴帽子的习惯，面试时必须脱帽。

首饰：首饰尽量少戴。

眼镜：尽量选择适合自己的镜框。另外，千万不可戴太阳镜（护目镜）去面试。

围巾和丝巾：要注意与衣服的协调搭配，如花色丝巾可配素色衣服，而素色丝巾则适合搭配艳丽的服装。

(5) 发式要适宜。

女性的头发应保持干净、朴素，追求自然美，头发饰物不要多，饰物长度视发型而定。

(6) 注意手和指甲。

女性的指甲修剪要得体，长度适中，若涂指甲油，颜色要淡雅，不要涂成红色等特别刺眼的颜色。

2. 男性面试着装

(1) 西装要笔挺。

西装的颜色：以黑色、深蓝、深灰为宜。

注意事项：要拆除衣袖上的商标；要熨烫平整；要扣好纽扣；要不卷不挽；要慎穿毛衫；要巧配衬衣；要少装东西。

（2）衬衫要得体。

白衬衫永不败：给人朝气、干净之感。

条纹衫较保险：线与线之间的间距不要过大，线条不要过粗。

格子衫要慎穿：若格子的面积比较大，就不适宜在正式场合穿着。

（3）领带要选好。

领带的颜色要根据衬衫或者西装的颜色来选择搭配，以深色为最佳。除了注重颜色的搭配之外，还要注意领带的款式，尽量选择一些图案简单，避免带圆点花纹的领带。

（4）皮鞋要擦亮。

穿西装一定要穿皮鞋，且要上鞋油擦亮，皮鞋的颜色要与西装相匹配。

（5）袜子要搭配。

穿皮鞋还要配上合适的袜子，使它在西装与皮鞋之间起到一种过渡作用。深色袜子可以搭配深色西装，也可以搭配浅色西装，浅色袜子则只能搭配浅色西装。皮鞋最忌讳的搭配就是白袜子。

（6）头发要干净、自然。

男性的头发要整洁，发型简单、朴素，鬓角要短，头发不宜超过衬衣领子上方。

（7）注意手指甲和个人卫生。

男性的指甲要勤修剪，不能粗糙不齐，这样容易令人生厌，给人留下不好的印象。

实践活动

模拟面试

一、活动目标

1. 参加模拟面试的情景表演。

2. 掌握面试的一般流程，做到从容应对、不卑不亢。

3. 掌握面试的一般技巧，为自己的面试加分。

二、活动安排（见表6-2）

表6-2 活动安排

序号	实训内容	时间分配
1	各小组进行角色分工及准备	课外完成
2	模拟面试	每组10分钟
3	帮我纠错	10分钟

续表

序号	实训内容	时间分配
4	教师点评小组展示	5 分钟
5	教师剖析面试应对	10 分钟
6	教师布置实训作业	5 分钟

三、活动准备（见表 6-3）

表 6-3　活动准备

序号	人员	主要内容	重点提醒	程度要求
1	学生	做好面试的展示准备	问答式面试	低
2	教师	模拟面试题的拟定	选用常用题目	高
3		小品情境设计	面试细节处理	很高
4		小组展示评价方法	真实性、合作性	较高
5		面试技巧引导	易于掌握	高

四、活动过程

1. 组织分工。

（1）组长负责统筹协调本组分工。

（2）组长安排 2 名以上组员作为面试官。

（3）组长安排 1 名组员进行表现记录。

（4）组长作为应试者参加其他组别设置的面试。

温馨提示：各小组一定要合力“为难”一下其他组的应聘者。面试问题可以请老师提供。

2. 模拟面试。

（1）小组长到教师处抓阄，抓到本组面试的重新抓。如遇其他冲突，由教师指定面试组。

（2）第一组进行模拟面试。

（3）非面试者小组就面试者表现进行观摩、记录。

3. 面试点评。

（1）记录者进行点评。

（2）面试官进行点评。

（3）观摩者进行点评。

4. 教师点评。

（1）教师剖析模拟面试环节中各面试者的表现。

（2）学生根据同学表现进行归纳总结。

（3）学生根据各面试场景，形成自己表现的意识。

五、教师布置实训作业

1. 教师布置课后练习。

2. 教师布置随后章节的资源准备。

第七章

熟悉就业程序
——维护就业权益

大学生毕业离开学校，需要办理很多手续。顺利办理各种离校手续，文明、愉快离校是良好职业生涯的开始。同时，法律意识在大学生择业过程中极为重要，它既能让大学生在择业过程中保护自身的合法权益不受侵害，又能约束大学生在择业过程中不损害用人单位的利益。为了提高就业率，向用人单位推荐学生，各高校都加强了毕业生就业指导工作，然而，大多数就业指导仅涉及毕业生的就业观念、就业程序、就业技巧与技能的培养，缺乏具体的相关法律知识的讲解。因此，本章旨在帮助毕业生了解就业协议书、就业合同等方面的相关知识，运用相关法律减少风险，以维护自身的合法权益。

第一节　毕业生就业程序

学习目标

1. 了解学生毕业前需要核实的资料。
2. 熟悉就业协议和劳动合同的签订。
3. 熟悉毕业生离校、报到的基本程序。
4. 能够应对就业过程中出现的相关问题。

案例导读

小张是某校电子专业的应届毕业生，学习成绩和综合素质在班级中属于中上水平，由于他找工作时总持观望态度，"这山望着那山高"，总是期望能找到更理想的工作，以至于错失了几次很好的就业机会。眼看着自己的同学都落实了就业单位，小张非常着急，迫切希望尽快找到一家适合自己的单位。

这时，一家生产电器元件的中外合资企业经过两轮面试及两周的试用后，正式通知小张签订就业协议，并对他说："就业协议书拿来拿去签比较麻烦，你先让学校盖好章，我们可以当场签。"小张同意了，于是在领取就业协议书时要求就业办的老师在空白协议上事先进行盖章。老师提醒小张，如果学校事先盖章可能会对他产生不利的影响，但是他没有听取老师的劝告。当天，小张就拿着就业协议书到公司签约，人事部主管在与他就协议的服务期限、工资、违约金等事项进行细致协商并在就业协议书上详细注明后，要求小张签字，并以公司总经理出差、单位公章没在为由要他第二天来拿就业协议书。小张签约心切，爽快地答应了。

第二天小张一拿到就业协议书就愣住了，原本没有约定条款的就业协议书上多了附加条款："毕业生自签约之日起开始上班，至正式报到期间为实习期，实习期工资为每月1 500元。"这与他的期望薪金相去甚远。

对于签约之类的关系到自己切身利益的重大事项，事前一定要协商清楚，否则会出现一些不必要的争议。现在社会上的企业良莠不齐，毕业生在签约时应当谨慎一些。

问题与思考：

（1）小张的就业之路是如何从主动一步一步走向被动的？

（2）小张在就业程序上有哪些失误？用人单位有过错吗？

知识详解与能力训练

一、毕业前需要认真核实的资料

（一）毕业证、学位证

毕业证、学位证弄丢是补办不了的，只能开个证明。最好扫描电子版保存备份。建议大学期间的重要证书都扫描电子版保存备份，比如大学英语四级、六级证书。

（二）就业协议书

就业协议书是全国普通高等学校毕业生就业协议书的简称，也叫作"三方协议"，是为明确毕业生、用人单位、毕业生所在学校三方在毕业生就业工作中的权利和义务，经协商签订的协议。就业协议书也是学校派遣毕业生的依据，在学生毕业离校前，学校将根据就业协议书的内容开具毕业生就业报到证和户口迁移证，同时转递学生档案。如果毕业生未签订就业协议书，学校将把其关系和档案转递回原籍。每位毕业生拥有唯一编号的就业协议书，实行编号管理。

1. 就业协议书的作用

就业协议书是大学毕业生与用人单位确立劳动关系的协议，实质上是劳动合同的一种特殊表现形式。就业协议书一旦签署，就意味着大学生第一份工作基本确定。大学生签就业协议书前，要认真查看用人单位的隶属，国家机关、事业单位、国有企业一般都有人事接收权，民营企业、外资企业需要经过人力资源和社会保障局或人才交流中心的审批才能招收职工，就业协议书上要签署企业的意见才能有效。毕业生还要对不同地方人事主管部门的特殊规定有所了解。

就业协议书也是毕业生毕业后到相关部门办理就业报到手续的必备材料之一，因此，毕业生必须妥善保管。

2. 就业协议书的主要条款

就业协议书一般包括以下主要条款：

（1）毕业生应按照国家规定就业，向用人单位如实介绍自己的情况，了解用人单位的使用意图，表明自己的就业意见，在规定的时间内到用人单位报到，如遇特殊情况不能按时报到，需征得用人单位的同意。

（2）用人单位要如实介绍本单位的情况，明确对毕业生的要求及使用意图，做好各项接收工作。

（3）学校要如实向用人单位介绍毕业生的情况，做好推荐工作，用人单位同意录用后，经学校审核列入建议就业方案，报主管部门批准，学校负责办理离校手续。

（4）各方应严格履行协议，任何一方若违反协议，应承担违约责任。

（5）如有其他约定，应在备注栏中明确，并视为就业协议的一部分。

（6）就业协议书一式四份，毕业生、学校、用人单位和上级主管部门各执一份。

3. 签订就业协议书的基本程序

签订就业协议书的基本程序如图 7－1 所示。

4. 签订就业协议书应注意的问题

毕业生应如实完整填写就业协议书，对于增加补充条款的要特别注意。以下是签订就业协议书要注意的问题：

（1）签就业协议书前，毕业生一定要全方位地了解用人单位的相关情况。例如企业的发展趋势、企业招聘的岗位性质、企业的员工培养制度、待遇状况、福利项目等，不但要掌握资料，更要实地考察。还需要重点了解用人单位的人事状况，了解用人单位是否具有应届毕业生的接收资格。有些毕业生涉世未深，社会经验不足，在选择用人单位时往往被用人单位罗列的诱人条件所迷惑，不管这些信息是否真实，甚至连用人单位附加的诸多苛刻条件也满口答应，等到发现事实真相已为时晚矣。

（2）毕业生在签就业协议书时要按照正常程序进行。毕业生到学校领取就业协议书后，要认真如实填写基本情况及应聘意见，并签名；用人单位、用人单位上级主管部门及人事调配部门签署意见，弄清档案详细转递地址；院系签署意见后交给学校就业主管部门，学校就业主管部门代表学校签署意见后，就业协议书生效并到省就业主管部门签约。

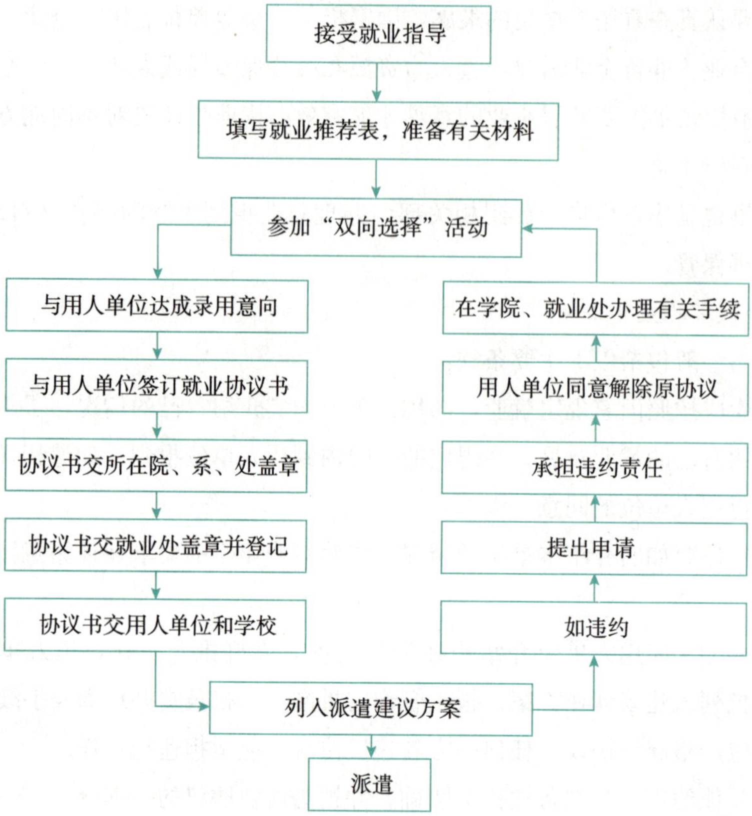

图 7-1 签订就业协议书的基本程序

有的毕业生为省事，要求学校先签署意见，但这样做使学校无法起到监督作用，最可能受害的将是毕业生本人。

（3）签署就业协议书时，一定要认真、真实地填写协议书中的内容。如果报考了研究生或准备出国，应事先向用人单位说明，隐瞒这些情况会受到违约处理。

（4）毕业生在签约时也要考虑对自身权益的保护。就业协议书具有双向约定的作用，如果有双方需要相互承诺的部分，一定要在就业协议书或补充协议上加以说明。就业协议书中可以规定违约金的数额。

（5）毕业生在签约时，一定要注意条款的合理性。用人单位不得以任何理由向毕业生收取报名费、培训费、押金、保证金等，更不能以此作为是否录用的决定条件。

（6）毕业生、用人单位双方不得单方面拖延签约周期。毕业生遇到问题而犹豫不决时，最好及时咨询高校就业部门的负责老师，征求相关的意见。

（7）协议书经三方签字、盖章后生效。协议签订后，三方都应严格履行，若有一方提出变更，须征得另外两方的同意，由违约方承担责任。如果毕业生万不得已要单方面毁约，必须在规定的时间内征得原签约单位的同意，经学校毕业生就业主管部门批准，并按照有关规定交纳一定的违约金，方可改派。

（8）就业协议书一式四份，毕业生、用人单位及上级主管部门、学校各执一份，复印无效。为保障协议的严肃性，就业协议书还要对应编号。有的毕业生在与用人单位签订协议书后，又去联系其他单位，误解了双向选择的真正含义，这种做法是错误的，是不负责任、没有信誉的表现。就业协议书是劳动合同的一种形式，随意违约是要受到法律制裁的，包括一定的经济赔偿。

案例分享

某高职院校毕业生李某用已经确定专升本的同班同学刘某的就业协议书与福州A单位签约，在协议书已经完成三方签字、盖章的情况下，李某反悔，不想去A单位工作，他又用另一位专升本同学蔡某的就业协议书与福州B公司达成了就业意向。为了撕毁已达成的协议，李某到A单位谎称学校要其将协议书取回补办手续，并保证在规定时间内一定办好，A单位也相信了他，将就业协议书还给他。李某一拿到协议书即到学校谎称是A单位欺骗了他，因解决不了户口问题而将其退回，并要求学校在与B单位的就业协议书上签字盖章。学校为谨慎起见，出面与A单位联系，得知李某的不诚实行为，对其进行严厉批评，并责令其向A单位道歉，请求谅解。谁知李某以熟悉法律规定为由，声称A单位没有任何证据证明自己违约，拒不道歉。A单位致电学校，希望学校给予李某严厉处分。最后，李某为自己的行为付出了代价。

5. 就业协议书的解除

就业协议书的解除即就业违约。从实际情况来看，就业违约多为毕业生违约，且毕业生违约最终会给自己造成不良后果。

经毕业生、用人单位签署的就业协议书，由学校审查同意即具有法律效力，三方应严格履行协议内容，任何一方不得擅自解除，否则违约方应向守约方支付协议条款所规定的违约金。毕业生只能与一个用人单位签订就业协议书。

毕业生违约，除本人应承担违约责任支付违约金外，往往还会造成其他不良后果：

第一，给用人单位的人才引进工作带来影响。用人单位招聘人才是要花成本的，用人单位往往为录用一名毕业生做了大量的工作，有时甚至对毕业生将要从事的具体工作也有所安排。同时毕业生就业工作时间相对比较集中，一旦毕业生因某种原因违约，势必使用人单位的录用工作付诸东流，用人单位若另选择其他毕业生，在时间上也有影响，从而给用人单位的工作造成影响。

第二，影响学校和用人单位的长期合作关系。用人单位往往将毕业生违约行为认为是学校管理不严，从而影响学校的声誉。用人单位由于毕业生违约现象，而对学校的推荐工作表示怀疑。从历年情况来看，一旦毕业生违约，该用人单位甚至几年之内不愿到学校来挑选毕业生。面对激烈的就业竞争局面，用人单位需求就是毕业生择业成功的前提，如此下去，必定影响今后学校的毕业生就业工作。

第三，影响同届同专业其他毕业生就业。用人单位到校挑选毕业生，一旦与某毕业生签订就业协议书，就不可能再录用其他毕业生。若日后该毕业生违约，有些当初希望到该用人单位工作的其他毕业生由于录用时间等原因，也无法补缺，造成就业信息的浪费，影响其他毕业生就业。

因此，毕业生在就业过程中应慎重选择，严格履行协议。

案例探讨

小马是某高校电子科学与技术专业毕业的学生。2019 年 5 月，小马与某电子科技公司签订了就业协议。就在他即将报到上班的前一周，又有另外一家公司给小马打来了录用电话，而且小马发现电子科技公司的工作岗位也不太适合自己，于是向电子科技公司提出解除就业协议的申请。电子科技公司虽然答应了他的要求，却以小马违约为由，要求其根据就业协议的约定，缴纳 8 000 元的违约金。小马觉得很不合理，认为自己现在还未正式上班，没有签订劳动合同，不能算真正违约，为何要交 8 000 元违约金？

讨论：

小马的想法对吗？为什么？

（三）劳动合同

大学生经过努力，落实了工作或与用人单位确定了工作意向，并不意味着完成就业。对于初涉职场的大学生来说，就业之前还有一个关键环节，就是与用人单位签订劳动合同，它是劳动者合法权益得到有力保障的重要措施之一。

1. 什么是劳动合同

劳动合同，是指劳动者与用工单位之间确立劳动关系，明确双方权利和义务的协议。订立和变更劳动合同，应当遵循平等自愿、协商一致的原则，不得违反法律、行政法规的规定。劳动合同依法订立即具有法律约束力，当事人必须履行劳动合同规定的义务。

2. 劳动合同的基本内容

劳动合同的内容有两个部分：一个是必备条款的内容，另一个是协商约定条款的内容。

（1）必备条款。

劳动合同应当以书面形式订立，并具备以下条款：

1）劳动合同期限。合同期限分为三种：一是固定期限，是指用人单位与劳动者约定合同终止时间，如1年期限、5年期限等；二是无固定期限，是指用人单位与劳动者约定无确定终止时间；三是以完成一定的工作为期限，是指用人单位与劳动者约定以某项工作的完成为合同期限。用人单位与劳动者在协商选择合同期限时，应根据双方的实际情况和需要来约定。

2）工作内容。包括用人单位与劳动者双方约定的工作数量、质量以及劳动者的工作岗位等。

3）劳动保护和劳动条件。用人单位与劳动者双方约定的工作时间和休息休假的规定，各项劳动安全与卫生措施，对女工的劳动保护措施与制度，以及用人单位为不同岗位劳动者提供的特殊劳动工作条件，等等。

4）劳动报酬。劳动者的标准工资、加班加点工资、奖金、补贴等的数额及支付时间、支付方式等。

5）劳动纪律。用人单位制定的规章制度。

6）劳动合同终止的条件。该条款一般是在无固定期限的劳动合同中约定，但其他期限种类的劳动合同也可以约定。应当注意的是，双方当事人不得将法律规定的可以解除劳动合同的条件约定为终止劳动合同的条件。

7）违反劳动合同的责任。该条款规定了签约双方的任何一方违反了劳动合同中的规定，致使劳动合同无法继续履行，违约方应当承担的违约责任，包括赔偿损失的方式和违约金的数量等。

《中华人民共和国劳动合同法》（以下简称《劳动合同法》）第十七条规定：劳动合同应当具备以下条款：用人单位的名称、住所和法定代表人或者主要负责人；劳动者的姓名、住址和居民身份证或其他有效身份证件号码；劳动合同期限；工作内容和工作地点；工作时间和休息休假；劳动报酬；社会保险；劳动保护、劳动条件和职业危害防护；法律、法规规定应当纳入劳动合同的其他事项。

（2）协商约定条款。

《中华人民共和国劳动法》规定，用人单位与劳动者订立劳动合同时除上述必备条款外，还可以协商约定其他的内容，即协商约定条款。这部分条款的内容是当国家法律规定不明确，或者国家尚无法律规定的情况下，用人单位与劳动者根据双方的实际情况协商约定的一些随机性的条款。如：可以约定试用期、保守用人单位商业秘密的事项等内容。随着劳动合同制的实施，人们的法律意识、合同观念会越来越强，劳动合同中约定条款的内容会越来越多。

3. 劳动合同的订立原则

我国《劳动法》第十七条规定："订立和变更劳动合同，应当遵循平等自愿、协商一致的原则，不得违反法律、行政法规的规定。"根据这一规定，订立劳动合同必须遵循下列原则：

（1）合法原则。

劳动合同必须依法以书面形式订立，做到主体合法、内容合法、形式合法、程序合法。只有合法的劳动合同才能产生相应的法律效力。任何一方面不合法的劳动合同，都是无效合同，不受法律承认和保护。

案例分析

利用假文凭求职　签订劳动合同无效

2023 年 3 月，小李由于多门功课不及格，不能顺利拿到毕业证和学位证书，于是通过非法渠道购买了伪造的某大学本科文凭。在通过一系列的笔试、面试后，小李被一公司录用。双方签订了 3 年的劳动合同，约定试用期为 3 个月。在合同履行 3 个月后，公司为小李调取档案办理医疗保险、失业保险、养老保险时，发现小李的文凭系伪造，遂通知小李立即解除劳动合同。小李不服，向当地劳动争议仲裁委员会提出申诉，要求确定劳动合同有效，并要求公司支付解除劳动合同的经济补偿。当地劳动争议仲裁委员会裁决申诉人小李的申诉请求不予支持，视双方签订的劳动合同无效，小李要求公司经济补偿的要求无法律依据，故也不能得到支持。

分析：

劳动合同作为合同的一种，首先应该是签约双方真实意思表示一致的协议。小李使用假文凭求职，致使用人单位对事实进行错误的判断，录用了他，公司的录用行为不是一种真实意思的表示。小李为了追求自己的利益，违背诚实信用的基本原则，侵犯了公司合法权益，其行为构成欺诈，小李采取欺诈手段与公司订立的劳动合同，属于无效。

（2）协商一致原则。

在合法的前提下，劳动合同的订立必须是劳动者与用人单位双方协商一致的结果，是双方“合意”的表现，不能是单方意思表示的结果。

（3）地位平等原则。

在劳动合同的订立过程中，当事人双方的法律地位是平等的。劳动者与用人单位不因为各自性质的不同而处于不平等地位，任何一方不得对他方进行胁迫或强制命令，严禁用人单位对劳动者横加限制或强迫命令的情况。只有真正做到地位平等，才能使所订立的劳动合同具有公正性。

案例分析

强迫毕业生续订的劳动合同无效

2019年5月，毕业生小黄与某企业签订了为期2年的劳动合同。合同期间，企业为了上新项目派小黄到香港培训半年，并且双方约定，培训期间劳动合同继续有效，培训时间计入劳动合同履行期内。2021年5月，合同期满，但企业不同意办理小黄解除劳动关系的手续，要求小黄必须续订劳动合同，否则公司要求小黄赔偿为其支付的培训费6万元，为此双方发生纠纷。小黄向当地劳动仲裁部门提出仲裁申请，经过调解，企业同意与小黄解除劳动关系，并自动放弃收取培训费的要求。

分析：

这是一起因强迫续订劳动合同而产生的劳动纠纷。本案例中，小黄与该企业的劳动合同期满，双方按照合同规定的条款履行了各自的权利和义务。合同终止后，双方的劳动关系即解除。我国《劳动法》第二十三条明确规定：“劳动合同期满或者当事人约定的劳动合同终止条件出现，劳动合同即行终止。”如果想继续维持双方的劳动关系，就必须在平等、自愿协商一致的基础上续订劳动合同，如果一方不同意，则不能续订劳动合同。

（4）等价有偿原则。

劳动合同明确双方在劳动关系中的地位、作用，劳动合同是一种双向有偿合同，劳动者承担和完成用人单位分配的劳动任务，用人单位付给劳动者一定的报酬，并负责劳动者的保险金额。

4. 签订劳动合同的注意事项

毕业生与用人单位订立劳动合同是一件非常严肃认真的事情，不能有丝毫马虎，一份完善的劳动合同不仅可以保障工作顺利、安全地进行，更能够在发生纠纷时及时、妥善地解决双方纠纷，把损失减少到最低限度。

（1）劳动合同签订的时间。

自用工之日起一个月内订立书面劳动合同即可，否则用人单位须向劳动者支付双倍工资。自用工之日起超过一年未与劳动者签订书面劳动合同的，视为双方已经形成无固定期限劳动合同。

（2）劳动合同的期限。

用人单位与劳动者在签订劳动合同时要根据双方的需求来协商确定劳动合同的期限。同时，如果有约定试用期，试用期是包含在劳动合同期限内的，若劳动合同仅约定试用期的，试用期不成立，该期限为劳动合同期限。以完成一定的工作为期限的劳动合同或者劳动合同期限不满 3 个月的，依照《劳动合同法》规定该情形不得约定试用期。

（3）劳动合同的内容。

劳动合同的内容要全面，包括劳动合同中的必备条款和协商约定条款，尤其是必备条款的内容不要有疏漏。合同字句要准确、清楚、完整、明白易懂，不能用缩写或含糊不清的文字表达。每项条款的表述应明确，以没有歧义为标准，否则就有可能在执行过程中产生误解或曲解，甚至带来不必要的争议，给劳动合同订立双方造成损失，也为劳动合同争议的处理带来困难。

（4）审慎对待自己的签字。

在签订劳动合同时，毕业生应注意认真审查合同的条款，明显对自己不利的条款应及时向用人单位提出，不能匆忙签字，更不能因为基于自己的弱势地位而勉强在合同上签字。因为从法律角度来看，劳动者在劳动合同上签字，是表示自己对该合同的认可，并愿意遵守和履行合同。如果拿不出用人单位在签订合同时采用了胁迫或欺诈的证据，就只能被认定为是自己真实意愿所为，不能认定该合同无效。

（5）试用期内也要签订劳动合同。

这一点容易被毕业生忽略。有些用人单位为了逃避责任，在试用期内，往往不与毕业生签订劳动合同。一旦试用期满，就找种种借口将毕业生辞退。因此毕业生在试用期内一定要与用人单位订立书面合同。这样，一旦发生劳动纠纷、争议，就有了法律依据。

能力训练

通过自主学习《劳动合同法》，你是如何理解合同试用期的相关规定的？请制作表格在课堂展示。

（6）对非全日制用工要特别注意。

1）非全日制劳动者在同一用人单位一般平均每日工作时间不超过 4 小时，每周工作时间累计不超过 24 小时。

2）非全日制用工不得约定试用期。

3）非全日制用工小时计酬标准不得低于最低小时工资标准。

4）非全日制用工劳动报酬结算支付周期最长不得超过 15 日。

5）用人单位必须为劳动者缴纳工伤保险，否则发生工伤事故则要承担相关责任。

5. 就业协议与劳动合同的区别

（1）相同之处。

就业协议是高校毕业生与用人单位确立劳动关系的法律依据。就确立劳动关系这一点来说，就业协议与劳动合同是相通的，可以这样认为，就业协议的实质是劳动合同的一种特殊表现形式。用人单位对大学毕业生这类劳动者，与面向社会公开招聘的劳动者，在培养、使用、待遇等方面可能有所不同，但从确立劳动关系这一点来说，就业协议与劳动合同是一致的。

（2）不同之处。

劳动合同是劳动者与用人单位确立劳动关系，明确双方权利和义务关系的协议。《劳动法》规定，建立劳动关系应当订立劳动合同。就业协议是高校毕业生与用人单位确立劳动关系，明确双方在毕业生就业工作中权利和义务的协议。教育部颁布的《普通高等学校毕业生就业工作暂行规定》要求：经供需见面和双向选择后，毕业生、用人单位和高等学校应当签订毕业生就业协议书，作为制订就业计划和派遣的依据。

1）适用的法律、法规不同。劳动合同适用《劳动法》及人力资源和社会保障部门颁布的有关劳动人事方面的规章。而就业协议因目前既无就业法，也无国务院颁布的有关毕业生就业方面的法规，因此只能适用教育部颁发的《普通高等学校毕业生就业工作暂行规定》和有关政策。

2）适用主体不同。劳动合同是劳动者与用人单位之间确立劳动关系的协议，只要双方当事人协商一致，符合国家的法律、行政法规，无欺诈、胁迫等行为，经双方签字盖章，合同即生效。目前的就业协议除毕业生与用人单位双方签字、盖章外，尚需学校和就业主管部门介入。

简单地说，两者的程度不同，劳动合同的法律力度较大，不管是权利还是义务，一旦签订，就必须遵守，一旦有违约现象，必须承担相应的违约责任。而就业协议带有三方协商的成分，违约后果比合同要轻一些。

拓展阅读

了解人事代理和劳务派遣

1. 人事代理

人事代理是毕业生择业过程中，由用人单位或毕业生本人委托各级人才流动服务机构对其人事关系实行社会化管理的一种人事管理方式。人事代理可以高效、公正、负责地为各类毕业生解决在择业、就业中遇到的人事方面的有关问题，并提供以档案管理为基础的社会化人事管理与服务。

（1）哪些毕业生需要办理人事代理？

1）凡通过双向选择，择业期间内已同外资企业、股份制企业、私营企业等非国有单位（没有直接档案接收权的单位）和实行聘用制的国有企、事业单位签订就业协议书的毕业生或在以上单位工作，但尚未签订就业协议书的毕业生。

2）择业期内暂未落实就业单位、自费出国留学、自主创业、自主择业等各类毕业生。

（2）人事代理的服务项目和益处。

1）实现落户口和档案转递。毕业生办理人事代理手续以后，妥善解决了档案及户口托管问题，不再为户口和档案问题烦恼，实现了用人单位对聘用毕业生人事关系管理和使用的分离，有利于单位实现用人自主权。对毕业生个人来说，有利于促进人才流动，实现自主择业。

2）保障自身各项权益。可以享受到与国有单位工作人员相同的人事待遇，一旦毕业生正式进入国有单位，可享受转正定级、干部身份的保留、工龄的计算、档案工资调整、职称资格评定等待遇。对毕业生的资历认定、提高待遇和核定工资等具有重要意义，不会出现断档情况。

3）方便改签和办理人事调动手续。在择业期内，委托代理机构为改签的毕业生办理户口迁移和档案提取手续；超过择业期后涉及工作调动的，委托代理机构凭毕业生所持正式手续，协助为其办理户口迁移和档案提取手续。

4）出具相关证明。涉及考研升学、结婚生育、参加养老保险、转移党组织关系的毕业生，依据有关规定，委托代理机构可为其出具以档案材料为依据的相关人事证明等，并协助为其办理相关手续。

（3）人事代理重要问题解答。

1）人事代理毕业生见习一年期满后，转正定级如何办理？

答：委托人事代理的应届毕业生见习一年期满后，存档人员按国家规定可申请办理转正定级。转正定级虽然对在非国有单位工作者意义不大，但是转正定级后意味着干部身份的正式确定，如果变动工作调入国有单位，转正定级将作为享受有关待遇的主要依据。

2）人事代理毕业生可以初定职称吗？

答：可以。国家规定，全日制普通院校毕业生，见习一年期满后，经考核合格，即可在转正定级之后，申请办理初定专业技术职务手续（个别职称系列除外）。人事代理毕业生可于见习期满的当年10月，向人才交流中心申请办理相应职称（职务）初定手续。如果毕业生在择业期内不办理人事代理，将影响其有关资历的认定、待遇的提高和就业的机会。

3）人事代理毕业生可以调整档案工资吗？

答：根据国家规定，国家机关、事业单位调整工资时，凡是在人才交流中心管理人事档案并保留干部身份的人员，本人符合国家规定的升级条件，可按照国家规定的调资政策核定其增资额，记入本人档案。行政机关、事业单位招录人员核定工资，是以档案工资为依据的。

4）人事代理毕业生党组织关系怎么办？

答：人事代理毕业生中的中共党员，其组织关系可以转到其所在工作单位或社区，也可以随档案转到人才交流中心，并编入所属党支部参加党员活动。毕业生在校期间入党后未转正的，可在转正期满前1个月向所在党组织提出转正申请。

5）人事代理毕业生中的工龄如何计算？

答：毕业生凭《就业报到证》到人才交流中心报到之日起开始计算工龄。工龄是毕业生进入国有单位享受工资晋升、职务升迁、退休、保险等待遇的依据之一。

6）人事代理毕业生怎样参加社会保险？

答：接收单位统一参加社会保险的，可通过单位办理新增投保手续；接收单位未办社会保险或暂无接收单位的，本人可持身份证、人事代理相关手续到人才交流中心，由其代为办理开户和代收代缴手续，按社会保险机构核定的标准缴费。

7）人事代理毕业生可以考研吗？

答：可以。在研究生招生报名阶段，人才交流中心可以为其出具同意报考及档案所在地证明；录取阶段，凭招生学校调档函可以在人才交流中心办理录取的政审（政审通不过的不能录取），凭录取通知书，人才交流中心可办理人事关系、工资关系、党员组织关系的转移手续。

2. 劳务派遣

(1) 什么是劳务派遣。

劳务派遣，又称“劳动派遣”“劳工派遣”“劳动力租赁”，派遣单位根据接收单位（即实际用人单位）的要求，与接收单位签订派遣协议，将与之建立劳动合同关系的劳动者派往接收单位，受派劳动者在接收单位的指挥和管理下提供劳动，派遣单位从接收单位获取劳务费，并向劳动者支付劳动报酬。

劳务派遣合同是指派遣单位与接收单位订立的由一方提供劳务而由另一方支付劳务费的合同。

一般来说，国有企业或事业单位没有编制但又需要用人的时候就会用劳务派遣人员。劳务派遣人员是属于劳务派出公司的人力资源，暂时还不属于用人单位员工，等到用人单位有编制后可以转为用人单位员工。

(2) 劳务派遣合同需要注意什么。

《劳动合同法》对劳务派遣中的合同签订提出了全新的要求。一份完备的派遣合同会大大降低企业在派遣过程中的法律风险，用工企业在签订派遣合同时最关键的是注意派遣合同是否责权明晰，主要包括六个方面：

1）明确规定派遣公司签订劳动合同的义务，防止派遣公司不签、迟签劳动合同；

2）明确规定派遣公司有缴纳社会保险的法定义务并承担没有依法缴纳的法律责任，

防止派遣公司不缴、漏缴社保；

3）派遣公司如果拖欠克扣工资会导致员工难以安心工作，用工企业在派遣合同中应明确规定派遣公司发放工资的日期，并规定未经用工企业同意，派遣公司不得以任何名目直接扣除员工工资；

4）双方可以约定派遣员工在哪些情形下可以退回派遣公司及员工退回方式；

5）双方可以约定工伤事故、劳动纠纷如何处理，费用如何分摊；

6）双方应当明确约定违约责任，用工企业在派遣合同中应明确规定派遣公司违约应承担所有损失并且用工企业有权解约。

（四）档案

毕业生档案包含各学历层次期间的学籍档案。档案很重要，没有档案，会影响以后的转正定级、评职称、考资格证等。

1. 档案里都有什么

毕业生档案里有高校毕业生登记表、学习成绩表、在校奖惩材料、入团入党志愿书、体检表、毕业生报到通知书等。

2. 档案有什么作用

考研、考公务员、转正定级、评定职称、入团入党、计算工龄、办理各种人事手续等，都会用到档案。毕业生不仅在毕业前要核实档案转递信息，在毕业后也要及时跟踪档案转递状态，确保不被遗失。待档案到达单位或人才中心后，要及时办理报到和存档手续。具体如何办理，依据单位或各地人才中心规定执行。

3. 毕业了，档案放哪里

（1）直接就业。

1）到机关、事业单位、国有企业就业。高校毕业生到具有档案管理权限的机关、事业单位、国有企业就业的，由单位直接接收、管理档案。

2）到私企、外企就业。到无档案管理权限的单位（私营企业、外资企业等）就业的可由各地公共就业和人才服务机构负责提供档案管理等人事代理服务。

提醒：2015 年 1 月 1 日起，取消收取人事关系及档案保管费、查阅费、证明费、档案转递费等名目的费用。

3）去基层。原则上统转至就业单位所在地县级政府人社部门。

提醒：千万别弃档！没有档案，会影响以后的转正定级、考研、考公务员过政审、评职称、考资格证、养老保险等。

（2）考研。

录取后，学校会发调档函，根据调档函的要求办理调档手续。

（3）留学。

一般存放在留学服务中心或人事代理机构，关于海外学历有专门的认证机构。

（4）暂未就业。

可将档案转至生源地或经学校同意暂时留在学校。按照政策，学校只代为保管2年。超过2年未落实工作单位，学校会将档案发回原户籍所在地公共就业和人才服务机构保管。

提醒：档案不允许个人保存。

4. 核对好人事档案

人事关系档案，在校时叫学籍档案，毕业后叫人事档案。一般情况下，自己没有办法直接查看档案，但是毕业时有很多档案中的材料会由自己经手办理，要及时核对好人事档案中所需的材料表格等。因为离校后发现问题再补足材料会非常麻烦。

二、毕业生离校、就业报到的规定与流程

（一）毕业生离校程序

毕业生在离校之前应按照学校有关规定办理离校手续，主要包括以下几个方面：

（1）缴清所欠学杂费，办理归还贷款手续；

（2）还清所借图书、体育器材、实验用品等公共财物；

（3）领取毕业证、学位证或结业证、技能等级证等证书；

（4）领取就业报到证；

（5）办理党、团组织关系转移的介绍信；

（6）办理校方规定的其他手续；

（7）清理毕业生之间所借的私人财物，避免毕业生之间不必要的误解。

毕业生在办理有关手续时要注意核对毕业证、报到证上的姓名是否与户口关系完全一致，单位名称是否正确，如发现差错要及时更正。办理手续后，所有资料要妥善保管，避免丢失。

（二）毕业生就业报到

到用人单位报到，是毕业生走向新的工作岗位的第一步。这一步迈得是不是顺利，直接关系单位对毕业生的最初印象，也关系毕业生能否以一种良好的心态顺利上岗，绝对不能轻视。因此，毕业生应注意以下几点。

（1）准备好报到所需的全部材料，包括毕业证、学位证、报到证、户籍关系、身份证、党团组织关系等。

（2）按时报到。报到后，用人单位往往要集中一段时间对新员工进行岗前培训。因

此，拿到报到证后，一定要先与单位取得联系，问清楚报到时间、地点及有关事项。如有特殊情况不能按时报到，应提前向用人单位人事部门请假，说明原因，告知自己到单位的时间，并对自己因不能按时报到向单位致歉。

对于毕业生来说，不要挑剔工作，不要提过高要求。对于组织分配的工作，不应挑三拣四。即使所分配的工作难以胜任或兴趣不浓，也应该先接受并力争干好。对于工作、生活条件，不宜提出过高要求或计较一时的个人得失，一切要从职业发展的角度去思考和承受。

（三）毕业生户籍关系、档案的转迁

1. 毕业生户籍关系的办理

（1）入学时户口已迁入学校的毕业生。

毕业生入学时已将本人户口迁入学校的，凭毕业证、就业报到证到学校保卫处治安科统一办理户口迁移证。到用人单位报到时，毕业生持就业报到证、户口迁移证到用人单位办理户口迁入手续。人事代理的毕业生到人才中心办理报到及户口迁入手续。

（2）入学时户口未迁入学校的毕业生。

毕业生入学时，户口关系未迁入学校，仍然在原籍的，凭毕业证、就业报到证及就业协议书到生源地户籍管理部门办理户口迁移证。到用人单位报到时，毕业生持就业报到证、户口迁移证到用人单位办理户口迁入手续。人事代理的毕业生到人才中心办理报到及户口迁入手续。

2. 毕业生档案转递办理

学校依据就业报到证将毕业生档案及时转寄到毕业生的报到单位。根据档案管理规定以及各级档案管理部门的要求，原则上毕业生档案只能由学校统一转寄，毕业生本人不能携带档案。

三、毕业生常见问题及处理

（一）毕业生人事档案代理

毕业生在办理档案代理时，应注意办理单位是否为国家主管部门正式批准成立的代理机构，防止非法中介或非正常渠道办理人事代理手续，给自己造成不必要的麻烦，甚至上当受骗。

毕业生应在择业期内（毕业后两年）及时落实档案及户口。若在毕业几个月或一年后才办理人事代理，国家认可的“参加工作时间”就会滞后，工龄就会受到影响，进而影响此后的转正定级和职称晋升等。

毕业生在择业期内没有及时落实户口、人事关系，在超过择业期后，将会给落实户

口、档案迁转、相关证明出具等工作造成不必要的困难。

毕业生同用人单位签订就业协议书或劳动合同，要注意用人单位的真实性和招聘信息的可靠性，以免给自身和用人单位造成不必要的损失，给后期人事档案代理带来不必要的麻烦。

（二）就业报到证改签程序

毕业生改派须在两年择业期（自毕业当年 7 月 1 日算起）内办理，逾期不再办理有关调整改派手续。

超过择业期的毕业生，手续调整按在职人员有关规定办理人事调动或直接到相关人才交流中心办理。

凡学校推荐就业且已签订就业协议的毕业生，必须按时到用人单位报到，不允许出现违约现象，不予办理调整改派手续。

改派毕业生的户籍关系处理：未在原接收单位所在地落户的，由毕业生持改派后的就业报到证、原户口迁移证到原户籍所在地办理户口改迁；已在原接收单位所在地落户的，由毕业生持改派后的就业报到证到当地派出所办理户口迁出手续。

择业期内个人联系就业的毕业生调整改派流程图，如图 7－2 所示。

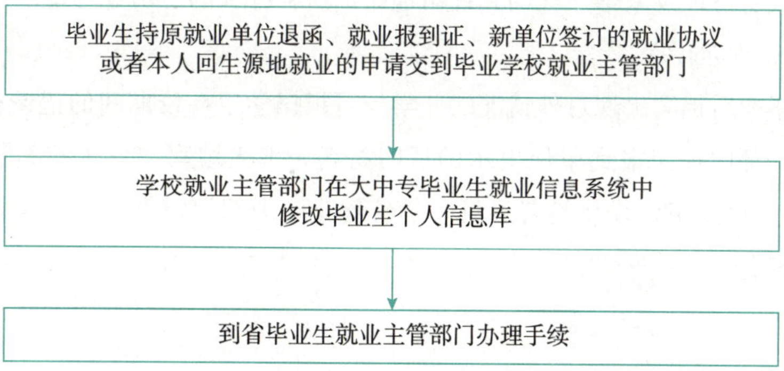

图 7－2　择业期内个人联系就业的毕业生调整改派流程图

（三）就业报到证遗失补办程序

就业报到证遗失补办流程图，如图 7－3 所示。

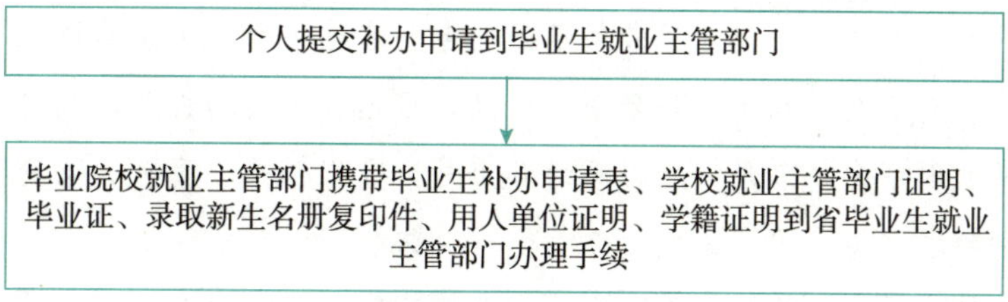

图 7－3　就业报到证遗失补办流程图

（四）毕业证、户籍关系、档案等丢失补办程序

1. 毕业证丢失补办程序

补证人按要求到原就读学校索取并备齐以下材料：

（1）录取审批表复印件（加盖学校学籍印章）。

（2）省级报刊遗失声明（或破损证书原件）。

（3）本人证书遗失情况报告。

（4）申请人工作单位人事部门证明。

（5）黑白 2 寸照片 2 张。

持以上各材料到学校学籍管理部门填写“学历证明书补办申请表”。学校核实毕业生身份信息，确保无误后，由学校教务部门学籍管理工作人员统一补办学历证明书。

2. 户籍关系丢失补办程序

（1）持本人身份证到迁出地派出所复印该迁移证存根并加盖派出所户口专用章。

（2）持本人身份证和迁移证存根到迁往地所辖派出所开具本人的未落户证明，证明上需明确显示本人的姓名、出生日期、身份证号码及本辖区现有无该人户口。

（3）持本人身份证及未落户证明到迁出地派出所补办新的户口迁移证。

3. 档案丢失补办程序

对于学生毕业后档案出现意外情况的，学校可根据学生在校期间的记录补办，补办时需要向就业管理部门提交报到单位出示的证明材料，本人填写“学生档案遗失补办审批表”，经院（系）就业负责领导签署意见，学校就业管理部门审批后，到学校相关管理部门补办档案材料。

拓展阅读

签三方协议要留心的五个细节

（1）要看填写的用人单位名称是否与单位的有效印鉴名称一致，如不一致，协议无效；填写自己的专业名称时，要与学校教务处的专业名称一致，不能简写。

（2）外企、合资企业、私企一般采用试用期，根据合同期的长度，试用期可以从 1～3 个月不等，通常试用期为 3 个月，不得超过 6 个月。国家机关、高校、研究所一般采用见习期，通常为一年。

（3）不少单位为了留住学生，以高额违约金约束学生。学生在协商中要力争将违约金降到最低，通常违约金不得超过 5 000 元。但是，劳动法规定，对负有保密义务的劳动

者，用人单位可以在劳动合同或者保密协议中与劳动者约定竞业限制条款，并约定在解除或者终止劳动合同后，在竞业限制期限内按月给予劳动者经济补偿。劳动者违反竞业限制约定的，应当按照约定向用人单位支付违约金。除上述两种法律规定的情形外，用人单位不得与劳动者约定由劳动者承担违约金。所以学生要力争取消违约金这一条规定。

(4) 现行的毕业生就业协议属“格式合同”，但“备注”部分允许三方另行约定各自的权利义务。为了防止用人单位承诺一套、做一套，毕业生可将签约前达成的休假、住房、保险等福利待遇在备注栏中说明，如发生纠纷，可以此维护自己的合法权利。

(5) 学生在签订协议时，要严格按照规定的步骤进行。等用人单位填写完毕、盖章后再到学校就业指导中心签证盖章。切忌自己填写完毕后就直接到学校就业指导中心要求盖章。这样带来的后果是，用人单位在填写时，工资待遇等与过去承诺的可能大相径庭。三方协议是国家统计大学生就业率的一个根据，同时也是发放派遣证的一个证明。只有签署了三方协议，拿回学校，学校才会在你毕业后将派遣证发给你，而你拿着派遣证到工作单位报到，就此开始计算工龄。三方协议在毕业生到单位报到、用人单位正式接收后自行终止。因而三方协议书只是毕业生、用人单位、学校三方之间签订的就业意向，不是劳动关系的法律文件，对劳动关系没有约束力。有的企业在和学生签订三方协议后，要求学生毕业前到公司实习，企业在学生毕业后根据其实习表现及签订劳动合同的原则，协商签订劳动合同，也可能出现不签订的情况。因此，对于毕业生来说，签订了三方协议并没有进入就业的“保险箱”，还需要接受用人单位实习期、试用期的进一步考察。

第二节　维护就业权益

学习目标

1. 了解毕业生应享有的就业权益。

2. 掌握与就业权益相关的法律法规及政策。

3. 出现与毕业生就业权益相关的问题后，知道如何通过法律途径维护毕业生的合法利益。

案例导读

女大学生郭某在招聘网站上看到某职业技能培训学校招聘文案岗位人员，她认为自己的学历及实习经验符合招聘要求，便在网上提交了简历。等待多天后没有得到任何回复，郭某又浏览了相关的页面，才发现招聘页面上写着“限男性”。郭某表示不解，多次向对方咨询并到学校当面了解，但对方坚持只要男性，表示这个岗位不适合女性。郭某说：“企业拒绝女生的理由太多了，女生们不能再忍气吞声。”于是，郭某向法院提起了诉讼。

根据《中华人民共和国劳动法》《中华人民共和国就业促进法》等相关法律规定，劳动者享有平等就业的权利，劳动者就业不因性别等情况不同而受歧视，国家保障妇女享有与男子平等的劳动权利，用人单位招用人员，除国家规定的不适合妇女的工种或者岗位外，不得以性别为由拒绝录用妇女或者提高对妇女的录用条件。该培训学校的做法侵犯了郭某的平等就业权，郭某可以通过法律途径维护自己的合法权益。

问题与思考：

(1) 如果你遇到与郭某相同的情况，会如何应对呢？

(2) 郭某的维权途径正确吗？

知识详解与能力训练

一、毕业生的就业权益

就业权益是指求职者在求职择业过程中应享有的权益，包括劳动报酬权、休息休假权、劳动保护权等。大学生作为一个特殊群体，在就业过程中除享有普通劳动者所享有的劳动报酬权、休息休假权、劳动保护权等一般权利外，还享有许多其他的权利。

（一）就业信息知情权

就业信息知情权指大学毕业生拥有及时全面地获取应该公开的各种就业信息的权利。它包括三个方面的含义：信息公开，即任何团体、组织和个人都不得隐瞒、截留用人信息，要全部向毕业生公布；信息及时，即应当将就业信息及时向毕业生公布，否则就业信息就会过时，失去了利用价值；信息全面，即向毕业生公布的就业信息应当是全面完整的，部分的、残缺不全的信息将影响毕业生对用人单位的全面了解和准确判断，从而影响其对职业的选择。

（二）就业指导权

就业指导工作对毕业生来说意义重大，它会直接影响毕业生的职业生涯规划、就业意识、就业方向及求职择业的技巧。学校在毕业生就业指导工作中发挥重要作用。为做好毕业生就业指导工作，学校应当对毕业生进行全方位的就业指导与服务，向毕业生宣传国家关于毕业生就业的方针、政策，帮助毕业生做好职业规划，对毕业生进行择业技巧的指导，引导毕业生准确定位，合理择业。除了学校，毕业生还可以从各级政府设立的就业指导机构获得帮助。

（三）被推荐权

向用人单位推荐毕业生是学校就业工作的一项重要职责，学校的推荐对用人单位选择毕业生起着重要作用。毕业生享有被学校及时、公正、如实推荐到用人单位的权利。学校推荐毕业生时应做到：如实推荐，对毕业生的在校表现不夸大、不贬低，实事求是；择优推荐，在公开、公正的基础上择优推荐毕业生，使人尽其才，并激发广大学生学习工作的积极性；公正推荐，根据个人的表现及能力，公平、公开、公正地推荐每一位毕业生，使大家都能够享受到被推荐的权利。

（四）平等就业权

毕业生在就业过程中享有平等的就业权利，有平等的机会去竞争工作岗位。毕业生应当平等地接受学校推荐，平等地参加用人单位的公开招聘，同时还有权要求用人单位在录用毕业生时能够做到公平、公正、一视同仁。

国家保障妇女享有与男子平等的劳动权利。用人单位招用人员，除国家规定的不适合妇女的工种或者岗位外，不得以性别为由拒绝录用女性大学毕业生或者提高对女性大学毕业生的录用标准。用人单位录用女性大学毕业生，不得在劳动合同中规定限制女性大学毕业生结婚、生育的内容。

各民族劳动者享有平等的劳动权利。用人单位招用毕业生，应当依法对少数民族大学毕业生给予适当照顾。

国家保障残疾人的劳动权利。各级人民政府应当对残疾大学毕业生就业统筹规划，为残疾大学毕业生创造就业条件。用人单位招用毕业生，不得歧视残疾大学毕业生。

用人单位招用大学毕业生，不得以传染病病原携带者为由拒绝录用。但是，经医学鉴定传染病病原携带者在治愈前或者排除传染嫌疑前，不得从事法律、行政法规和卫生行政部门规定禁止从事的易使传染病扩散的工作。

（五）就业选择自主权

根据国家规定，毕业生在国家就业方针、政策的指导下“双向选择，自主择业”，即毕业生可以按照自己的意愿就业，有权决定自己是否就业、何时就业、何地就业、从事何种职业，学校、其他单位和个人均不得干涉。任何强加给毕业生的就业行为都是侵犯毕业生就业自主权的行为。

（六）择业知情权

毕业生在与用人单位签订就业协议书及劳动合同前，有权了解用人单位的主体资格、劳动岗位、劳动条件、劳动报酬及规章制度等情况，用人单位应当如实说明和介绍，不能回避或故意隐瞒某些职业危害，也不能夸大单位规模和提供给毕业生的待遇。

案例分析

应届毕业生小莫应聘到一家软件公司上班，双方口头约定月薪 6 000 元。拿到劳动合同的时候，小莫发现合同上并没有写明岗位和工资，但为了尽快落实工作他还是在这份空白劳动合同上签了字。可几个月来，他每月工资只有 3 000 多元。小莫找到人事部门屡次协调未果，最终公司让他马上走人。小莫要求公司支付当初承诺的工资并支付经济补偿金，此时公司拿出了与小莫签订的劳动合同，与当初不同的是，这份合同“被填空”了，劳动报酬处已写上 3 000 多元。

分　析：

像小莫这样遭遇劳动合同“被填空”的人并不少见。用人单位与劳动者签订劳动合同，但合同文本保留一些空白处，可根据单位的意愿随意更改，这都为劳动者日后维权埋下了隐患。如果小莫想要证明用人单位在劳动合同上弄虚作假，就得找到相应的证据，但现实中很难取证。因此，毕业生签订劳动合同时，一定要查看合同文本内容是否完整，是否加盖单位公章，起止日期是否明确，等等。了解岗位信息是求职者的应有权利，如果发现空白劳动合同，要勇敢地向用人单位提出自己的疑问，不要贸然签字，以免被用人单位钻空子。

（七）违约求偿权

用人单位、毕业生、学校的三方协议一经签订，任何一方不得擅自毁约和违约。如果用人单位无故解除协议，或不按照协议内容履行，毕业生有权要求用人单位承担违约责任，包括支付违约金。个别单位在招聘时提供了虚假信息，在毕业生到单位就业后不能履行对毕业生的承诺，对于这种情况毕业生有权向用人单位提出赔偿要求。

（八）户口档案保存权

毕业生自毕业之日起，在择业期内如果没有联系到合适的工作单位，没有和用人单位签订就业协议书，也没有因回生源地自主择业、出国等情况而办理人事代理手续，有权将档案和户口保存在学校，学校应当对毕业生的学籍档案和户口关系进行妥善保管，不能向毕业生收取费用。两年择业期满后，学校不再承担此义务。

二、毕业生就业的法律保障

毕业生要熟悉和掌握国家有关法律、法规，强化自己的维权意识。一旦在求职应聘、签订就业协议和劳动合同的过程中发现有权益受到侵害的现象，能够积极运用法律武器维护自己的合法权益。这里涉及的主要是《劳动法》与《劳动合同法》。

(一)《劳动法》基本知识

1.《劳动法》的适用范围

《劳动法》于1994年7月5日经第八届全国人民代表大会常务委员会第八次会议通过，自1995年1月1日起施行，2009年8月27日第一次修正，2018年12月29日第二次修正。国家制定和实施劳动法的宗旨是，保护劳动者的合法权益，调整劳动关系，建立和维护适应社会主义市场经济的劳动制度，促进经济发展和社会进步。

《劳动法》的适用范围，包括在中华人民共和国境内的企业、个体经济组织和与之形成劳动关系的劳动者，以及国家机关、事业组织、社会团体和与之建立劳动合同关系的劳动者。

2. 劳动者的权利和义务

《劳动法》明确规定了劳动者享有的权利及应当履行的义务。劳动者享有平等就业和选择职业的权利、取得劳动报酬的权利、休息休假的权利、获得劳动安全卫生保护的权利、接受职业技能培训的权利、享受社会保险和福利的权利、提请劳动争议处理的权利以及法律规定的其他劳动权利。劳动者应当承担的主要义务包括，完成劳动任务，提高职业技能，执行劳动安全卫生规程，遵守劳动纪律和职业道德。用人单位应当依法建立和完善规章制度，保障劳动者享有劳动权利和履行劳动义务。

探索活动

“零报酬”就业

“天下没有免费的午餐”，但一些地方却出现了分文不取、无偿工作的免费劳动力，即“零工资”就业形式。针对这种特殊的社会现象，不同人士有不同的看法。赞成者认为，劳动者主动申请无偿工作是不违法的，“零报酬”就业是劳动力市场发展的结果。反对者认为，这会引起就业市场混乱，劳动者权利丧失，不法企业会乘虚而入，压榨和剥夺劳动者的成果，企业管理也会存在不少难题，关键是在法律上根本无“法”可依。

运用所学的有关知识谈谈你对“零报酬”就业现象的认识。

(二)《劳动合同法》基本知识

1.《劳动合同法》的适用范围

《劳动合同法》于2007年6月29日经第十届全国人民代表大会常务委员会第二十八次会议通过，自2008年1月1日起施行，2012年12月28日修正。

《劳动合同法》适用于中华人民共和国境内的企业、个体经济组织、民办非企业单位等组织与劳动者建立劳动关系，订立、履行、变更、解除或者终止劳动合同，以及国家机关、事业单位、社会团体和与其建立劳动关系的劳动者，订立、履行、变更、解除或者终止劳动合同。

2. 劳动合同的种类

劳动合同分为固定期限劳动合同、无固定期限劳动合同和以完成一定工作任务为期限的劳动合同。固定期限劳动合同，是指用人单位与劳动者约定合同终止时间的劳动合同。无固定期限劳动合同，是指用人单位与劳动者约定无确定终止时间的劳动合同。以完成一定工作任务为期限的劳动合同，是指用人单位与劳动者约定以某项工作的完成为合同期限的劳动合同。用人单位与劳动者协商一致，可以订立固定期限劳动合同，也可以订立无固定期限劳动合同或者订立以完成一定工作任务为期限的劳动合同，但是劳动合同法规定必须订立无固定期限劳动合同的除外。

3. 劳动合同的签订

用人单位与劳动者建立劳动关系，应当订立书面劳动合同。已建立劳动关系，未同时订立书面劳动合同的，应当自用工之日起一个月内订立书面劳动合同。用人单位与劳动者在用工前订立劳动合同的，劳动关系自用工之日起建立。

劳动合同应当具备以下条款：劳动合同期限，工作内容，劳动保护和劳动条件，劳动报酬，劳动纪律，劳动合同终止的条件，违反劳动合同的责任，当事人协商约定的其他内容。

4. 劳动合同的生效

劳动合同由用人单位与劳动者协商一致，并经用人单位与劳动者在劳动合同文本上签字或者盖章生效。劳动合同文本由用人单位和劳动者各执一份。

5. 劳动者的试用期

劳动合同期限三个月以上不满一年的，试用期不得超过一个月；劳动合同期限一年以上不满三年的，试用期不得超过两个月；三年以上固定期限和无固定期限的劳动合同，试用期不得超过六个月。同一用人单位与同一劳动者只能约定一次试用期。以完成一定工作任务为期限的劳动合同或者劳动合同期限不满三个月的，不得约定试用期。试用期包含在劳动合同期限内。劳动合同仅约定试用期的，试用期不成立，约定的期限为劳动合同期限。劳动者在试用期的工资不得低于本单位相同岗位最低档工资或者劳动合同约定工资的百分之八十，并不得低于用人单位所在地的最低工资标准。

案例分析

小李是2023届毕业生，他于2023年6月应聘到一家电子集团公司工作，但直至2023年11月，上班已经5个多月的他始终没能与单位签订正式劳动合同。单位每月发给小李实习工资，理由是小李仍在试用期。

分析：

《劳动合同法》第七条规定：“用人单位自用工之日起即与劳动者建立劳动关系。用人单位应当建立职工名册备查。”第二十条规定：“劳动者在试用期的工资不得低于本单位相同岗位最低档工资或者劳动合同约定工资的百分之八十，并不得低于用人单位所在地的最低工资标准。”第八十二条规定：“用人单位自用工之日起超过一个月不满一年未与劳动者订立书面劳动合同的，应当向劳动者每月支付二倍的工资。”这就意味着即便用人单位未与小李签订劳动合同，但实际上双方已建立了劳动关系，可以适用《劳动法》和《劳动合同法》的相关规定。

能力训练

主题：准备有关签订劳动合同的申诉材料。

目标：根据相关法律规定，向用人单位说明情况，要求其与自己签订正式劳动合同。

建议时间：20 分钟。

三、大学生就业的维权途径

根据《劳动法》《劳动合同法》《劳动争议调解仲裁法》等相关法律规定，大学生在合法权益受到侵害或与用人单位发生劳动争议时，可以采取以下列途径寻求帮助，维护自己的权益。

（一）协商和解

对于用人单位一般的违规行为或者争议不大的问题，大学生可以与用人单位协商，也可以请工会或者第三方共同与用人单位协商，达成和解协议。协商和解有利于劳动关系的稳定和谐。

（二）劳动争议调解

争议双方不愿协商、协商不成或者达成和解协议后不履行的，可以到企业劳动争议调解委员会、依法设立的基层人民调解组织或者在乡镇、街道设立的具有劳动争议调解职能的有关组织申请调解。经调解达成协议的，应当制作调解协议书。调解协议书由双方当事人签名或盖章，经调解员签名并加盖调解组织印章后生效。调解协议书对双方当事人具有约束力，当事人应当履行。调解申请应当在自知道权利被侵害之日起三十日内提出。

（三）投诉举报

《劳动法》规定，任何组织或者个人对违反劳动法的行为都有权举报，县级以上人民政府人力资源和社会保障部门应当及时核实，处理违法事实。大学生就用人单位违反《劳动合同法》的行为向人力资源和社会保障部门进行举报，人力资源和社会保障部门应当依法受理并立案查处。一经查实，人力资源和社会保障部门可以责令用人单位依法对大学生给予赔偿。

（四）劳动争议仲裁

发生劳动争议，大学生可以向劳动争议仲裁委员会申请仲裁。提出仲裁要求的一方应当自劳动争议发生之日起六十日内向劳动争议仲裁委员会提出书面申请。仲裁裁决一般应在收到仲裁申请的六十日内作出。对仲裁裁决无异议的，当事人必须履行。

（五）诉讼

劳动争议当事人对仲裁裁决不服的，可以自收到仲裁裁决书之日起十五日内向人民法院提起诉讼。一方当事人在法定期限内不起诉又不履行仲裁裁决的，另一方当事人可以申请人民法院强制执行。需要注意的是，未经劳动争议仲裁委员会仲裁的劳动争议案件，法院不予受理。对支付拖欠劳动报酬、工伤医疗费、经济补偿或者赔偿金事项达成调解协议，用人单位在协议约定期限内不履行的，大学生可以持调解协议书依法向人民法院申请支付令，人民法院应当依法发出支付令。用人单位拖欠或未足额支付劳动报酬的，大学生可以直接依法向当地人民法院申请支付令，人民法院应当依法发出支付令。

如果毕业生在实际就业中遇到劳动保障方面的问题，可以及时拨打全国统一的劳动保障咨询服务专用电话：12333，咨询劳动保障政策，获取相关政策，更好地维护自身的合法权益。

拓展阅读

“五险一金”

养老保险：实行社会统筹和个人账户相结合的模式。用人单位的缴费比例为工资总额的20%，个人缴费比例为本人工资的8%并记入个人账户。养老保险累计缴满十五年的，个人达到法定退休年龄后才能领取养老金。

失业保险：所有组织及其职工必须缴纳失业保险。用人单位的缴费比例为工资总额的2%，个人缴费比例为本人工资的1%。失业保险缴满一年、符合规定才能享受失业保险的待遇。

医疗保险：实行社会统筹和个人账户相结合的模式。用人单位的缴费比例为工资总额的8%，个人缴费比例为本人工资的2%并记入个人账户。

生育保险：生育保险费由用人单位缴纳，职工个人不缴费。生育保险主要支付生育发生的医疗费用和产假期间按月发放的生育津贴。

工伤保险：工伤保险费由用人单位缴纳，职工个人不缴费。工伤保险主要支付工伤医疗费、伤残补助金、抚恤金、伤残护理费等。

住房公积金：单位缴存基数的7%～12%，个人与单位缴纳金额一样。全部计入个人公积金账户，购房时可提取或申请公积金贷款，利率较低。

第三节　预防就业陷阱

学习目标

1. 能够识别常见的各种就业陷阱。
2. 掌握防范求职陷阱的应对措施。
3. 熟悉相应的法律法规，以备不时之需。

案例导读

小陈是某大学计算机专业的应届毕业生，2月初，他在国内一知名网站上看到一则招聘信息：北京某房地产公司正在招聘工作人员。小陈随即给这家公司投了简历，没想到很快就收到了公司的面试通知。更让他欣喜万分的是，面试不但顺利通过，对方公司还建议他应聘总经理助理的职位。这个职位公司会上“五险”，可分配住房，薪酬方面也相当可观。如果签约5年服务期，还能解决进京户口。如此优厚的条件让小陈对未来充满希望，他又参加了复试，并再次顺利通过。这时，公司领导说正式工作前要先参加为期一周的培训，要交2 000元培训费，先由员工自己垫付，培训合格后由公司报销。培训很快结束了，小陈拿到了培训合格证，开始上班了。公司要求他把事先签订的劳动协议拿出来办理入职手续。小陈当时纳闷：公司已有一份协议，为什么还要他的那份协议呢？公司回复说：办理相关手续需要2份协议，并承诺用完就会还给他。当天恰逢周五，等到小陈周一欢欢喜喜去上班，公司却已是人去楼空。

这类求职陷阱，毕业生最容易上当。其实，国家早有明确规定，任何招聘单位以任何名义向应聘者收取各种费用都属于违法行为。

问题与思考：

（1）知名网站上的招聘信息一定可靠吗？

（2）如何避免走入就业陷阱？

知识详解与能力训练

一、就业陷阱概述

所谓就业陷阱，就是某些招聘单位、机构或个人，利用大学生在就业市场上的弱势地位，以提供就业机会为诱饵，采用违法悖德手段，与大学生达成权利与义务不对等的各类就业意向（协议），侵害大学生合法权益的行为。刚刚离开校园、走上社会的高校毕业生，由于社会经验不足、自我保护意识差、加上求职心理迫切、就业竞争激烈，很容易被各种假象所蒙骗。因此，高校毕业生在求职时需要谨防各种就业陷阱。

就业陷阱具有欺骗性、诱惑性、隐蔽性、违法性等主要特征。

二、常见的就业陷阱

（一）虚假招聘

某些用人单位为了打响企业的知名度或者基于其他一些目的，大张旗鼓地做广告、发信息，声称要招聘“高级主管”“业务经理”，待遇优厚等，吸引大量求职者前来应聘，再以各种理由拒绝求职者。还有一些面临倒闭的企业为了躲避债权人的追债而大量做广告、发招聘信息，给人一种不断发展壮大的错觉，以此来掩盖实际的财务危机。

（二）粉饰岗位

某些用人单位确实需要人力，但是如果把职位照实说出，无法引起求职大学生的关注。于是，这些单位将职位粉饰一番，广告上说得天花乱坠，求职者入职后才发现不过是虚假外表，行政经理是打杂，市场总监是拉业务，财务分析师是保险推销，等等。

小思考

刚入职场的你会被虚荣心支配而走入就业陷阱吗？你会怎么做呢？

（三）骗取钱财

某些非法机构或犯罪分子在某一地方临时租用一间办公室，然后到处张贴或发放虚假招聘信息。待有求职者前来面试时，再以收取报名费、押金、服装费、培训费、办证费等手段，非法收取求职者的钱财，然后告知求职者几天后来正式上班。然而，当求职者前来报到时发现已是人去楼空。还有一些非法职业介绍所，利用毕业生求职心切的心理，以介绍工作为由向求职者收取高昂的中介费，结果却是交了钱上不了班。

案例分析

武汉某学校的应届毕业生小刘通过中介机构推荐上岗，交了100元中介费和建档费。他拿着中介机构给他的地址找到一栋商贸大楼五层的一间挂有“××公司对外联络处”的房间。

一位女士接待了他，简单面试后，表示他已被录取。接下来，这位女士说，公司统一组织大家体检，体检后签订劳动合同，每人交纳体检费430元。现在人员还没有招满，要小刘一星期后到这里集合。小刘高兴地交了体检费。一星期后，小刘再到集合地点时发现房间已租给了别人。

小刘经过了解，发现××公司近期根本没有在武汉招聘人员的计划，也没有在武汉设立对外联络处。小刘找中介机构说理并要求退费，中介机构却一口咬定信息是这家公司提供的，拒绝退费。

分析：

我国法律规定用人单位不得向应聘者收取任何费用，求职者应谨记这一点，遇到这种情况应第一时间查证招聘单位的信息。同时，在选择中介机构时，应注意查看其证件是否齐全，是否具有相应资质。

（四）浑水摸鱼

浑水摸鱼的企业一般都是实力比较差的企业，它们没有足够的财力聘请专业设计人员设计产品，而以招聘企划或设计人员为名，要求求职者必须依照公司的要求做一份方案或设计图，然后再推说人员已经招满或作品不合乎要求等。这样就以欺骗性的手段获得了众多求职者的作品，而不需要花费高额的设计费用。高校毕业生在求职时一定要谨防被这类公司浑水摸鱼，窃取自己的劳动果实。

（五）瞒天过海

这种求职陷阱通常有以下两种情况：

一是用人单位近期将有大项目启动或有新产品试制等，急需大批人才，而这些人才在项目完成或市场成熟后又完全失去作用。有的企业便先大量招聘人员，设置试用期，然后找各种理由裁员，以此减少开支，并保证人员的充分利用。

二是一些犯罪团伙利用高校毕业生求职心切的心理，打出“名企”招聘的招牌吸引大学生加入，等到其发现上当受骗时，想要逃出已经非常困难了。如传销，首选对象常常是急于挣钱的打工者，特别是刚刚毕业的大学生，犯罪团伙通过各种渠道得到欲骗对象的电话后，便打着同乡、同学、亲戚等幌子，以帮忙找工作为由，以高薪为诱饵，因人而异，投其所好，骗应聘者去进行非法传销活动。应聘者一旦进入陷阱，便被限制人身自由，被迫从事传销，要么交 3 000～4 000 元入门费，要么花 3 000～4 000 元购买传销产品作为入门条件。传销组织者还采取扣留身份证、控制通信工具、监视等手段不让受骗者离开，强迫他们联系亲友前来，或者寄钱寄物从中牟利。

探索活动

主题：你了解传销吗？

目标：认清传销的危害。

材料准备：相关知识材料的准备。

建议时间：30 分钟。

活动步骤：分组讨论；推选代表阐述传销的危害。

（六）文字陷阱

劳动合同与劳务合同，一字之差却有天壤之别。有的用人单位利用初涉职场的毕业生经验不足、粗心大意、维权意识差等特点，与求职大学生签订劳务合同。毕业生不知不觉中陷入“劳务工”的圈套之中。劳动合同是劳动者与用人单位之间确立劳动关系、明确双方权利义务的协议。一旦签订，双方就形成了受劳动法保护的劳动法律关系。劳务合同广泛存在于雇佣、承揽、运送、委托、行纪、居间、寄存、仓储等领域。劳动合同的主体一方必须是用人单位，另一方是劳动者个人。用人单位和劳动者之间不仅存在经济关系，还存在人身关系，即行政隶属关系。劳动者除提供劳动外，还要接受用人单位的管理。劳务合同的主体双方当事人可以同时都是法人、组织、公民，也可以是公民与法人和其他社会组织。劳务合同的双方主体之间只存在经济关系，彼此无从属性，劳动者提供劳动服务，用人单位或者个人支付劳务报酬，各自独立、地位平等。

同样，正式工和劳务派遣工也是两个完全不同的概念。劳务派遣，即劳动力租赁，由派遣机构与劳动者订立劳动合同并支付报酬，把劳动者派向其他用工单位，再由用工单位向派遣机构支付一笔服务费用。劳务派遣工指的就是被派遣的劳动者。近几年，“雇人不用人，用人不雇人”的用工模式风靡全国，这种模式中所说的“人”，就是指“劳务派遣工”，他们与劳务中介公司订立劳动合同，中介公司再与用人单位订立劳务派遣协议，也就是说，中介公司负责把工人“雇佣”给用人单位“使用”，用人的不建立劳动关系，建立劳动关系的不实际用人。求职者在通过一轮又一轮的笔试、面试后，如果签订就业协议时发现协议里的甲方并非实际用人单位，而是某人力资源公司，那么，求职者就成了某人力资源公司派遣到用人单位的派遣工。

探索活动

签订劳动合同

活动目的：能够正确签订劳动合同，提高对劳动合同陷阱的识别能力。

活动要求：

(1) 分组。将全班学生分成若干小组，每组6～8人，设组长1名。

(2) 各小组到图书馆或网上查找1～2份劳动合同，熟悉劳动合同的内容。

(3) 各小组走访一家企业或当地的人力资源和社会保障部门，向相关工作人员了解劳动合同签订的流程，如果条件允许可旁观劳动合同签订的全过程。

(4) 每小组起草2份劳动合同，要求其中1份为完全正规的劳动合同，另1份为存在1～2处陷阱的不正规劳动合同。

(5) 各小组将所起草的劳动合同相互交换，然后由各组内部按照之前了解的签订流程进行劳动合同的签订，看一看是否能够发现劳动合同中的陷阱。

(6) 签订完成后，进行小组讨论：在签订劳动合同时应注意哪些问题才能规避劳动合同陷阱？

三、就业陷阱的防范

(一) 保持平和的心态，提高警惕

在求职的过程中应当保持平和的心态，不急躁、不轻浮、不虚荣，对待遇优厚但招聘要求却很低的用人单位要特别加以防范，应充分了解其背景和运营情况，在不了解实情的情况下，万不可盲目地应聘。理性选择求职平台，可到当地公共就业和人才服务机构求职，如人力资源市场、职介中心、人才中心，也可到各级人力资源和社会保障部门推荐认定的诚信人力资源服务机构求职。

(二) 有效识别就业陷阱

在求职的过程中，应充分利用网络资源、媒体资源及其他一切可利用的资源，多方面、多层次地了解用人单位的运营现状、规模、性质、信誉度等情况，防止用人单位利用招聘信息制造骗局。接到招聘邀约后，及时上网核实相关信息，特别是要到市场监管部门的官方网站查询该用人单位注册或者备案情况，若查不到相关信息就说明该单位可能不存在。找到意向工作信息后，与有一定社会阅历的亲友沟通情况，冷静听取他们的意见或相

关领域工作经验。可以咨询并参考不同年龄、不同地区的人的意见建议。

（三）谨慎应聘

当发现用人单位有异常举动时，如安排的招聘地点非常隐蔽或只在夜间招聘等，都要加倍小心，绝对不可贸然前去；应聘前后应与亲人、同学保持联系；应聘中，发现用人单位要收取押金、培训费等费用时，应当提高警惕，拖延时间暂缓缴费；还应向用人单位的正式员工详细咨询关于公司的管理制度、用人制度等信息，以确保就业安全。

（四）拒绝高薪诱惑

天上不会掉馅饼，天下也没有免费的午餐，高薪虽然诱人，但求职者首先要清楚自己的条件和特长，判断自己是否能为用人单位创造良好的效益，是否对得起“高薪”。若答案是否定的，则要在心里多打个问号：他们为什么会录用我？多长个心眼便少一分受骗的可能。

（五）拒交各种名义的费用

任何招聘单位，以任何名义向求职者收取押金、风险金、报名费、培训费等行为，都属非法行为。招聘单位培训本单位的职工，也不允许收取培训费。大学毕业生凡遇到此类情况，要坚决拒交，并向招聘单位所在区、县劳动保障监察机构举报，以确保自己的合法权益不受损害。

（六）注意自身信息安全

一些居心叵测的用人单位还利用求职者提供的个人信息进行一些违法活动。因此，大学生在求职的过程中，应当特别留心自身的信息安全。一般情况下，应聘时不要填写过分详细的信息资料，如家庭详细地址、家人联系电话等，上交证件时也要尽量避免交出原件。

（七）及时寻求法律保护

求职大学生一旦发现上当受骗，要及时向用人单位所在地相关部门投诉和报案。若被投诉对象为合法机构，求职者可以找人力资源和社会保障部门；若被投诉对象是无证无照经营的中介公司，求职者可以同时投诉到市场监管部门、人力资源和社会保障部门；若受骗情况特别严重、被骗金额较大，或求职过程中人身安全受到威胁，应立即向公安部门报警。

拓展阅读

境外就业时如何预防求职陷阱

随着经济的全球化，大学生毕业后到境外就业的情况越来越普遍，相应地，他们的合法权益受到侵害的事情时有发生。那么，大学生境外就业应该如何防止陷入求职陷阱呢？在此，对境外就业的毕业生提出两点建议：

（1）谨防非法中介机构的陷阱。无论是在国内面对办理出国事宜的中介机构，还是在国外面对外国中介机构，都应该仔细地查看这些机构的资质证明。目前非法境外就业中介主要有以下类型：一是以出境旅游和商务签证代替务工签证，出境就业者没有工作许可证，相当于“打黑工”；二是无照经营；三是无视任何限制，收取高额中介费；四是无视广告法和有关劳动保障法规，乱发虚假广告，吹嘘境外就业能挣到高额报酬。

（2）境外就业人员必须阅读《境外就业中介管理规定》。该《规定》要求出境就业的中国公民必须与境外雇主直接签订劳动合同，并对境外就业中介机构的申办条件、程序、年审、注销、备用金等制度做了明确的规定，从而使中国境外就业人员的劳动权益得到了当地国家劳动法律和劳工部门的双重保障。打算境外就业人员也可以阅读商务部发布的《出国劳务必读》，了解劳务人员的出国信息来源、劳务出国的合法渠道、出国劳务应付的费用、劳务合同的主要内容及其他注意事项等。

境外就业者应该特别注意求职陷阱问题，知道如何维护自己的合法权益。

第八章 助力职业发展——职场适应

大学生完成了学业，选择了适当的职业岗位，开始走向社会，这无疑是人生道路上的一个重大转折。从学生角色到职业角色的转换，必然伴随着角色冲突、角色学习和角色协调等一系列过程。因此，大学生在开始自己的职业生涯之前，应该学习一些相关的知识，对自我，尤其是对社会、对即将从事的职业进行深入细致的了解和调查分析，找出自身的不足，提高心理承受力，加强角色认知，做好上岗前的各项准备，顺利地实现角色转换。大学生只有不断地培养自己的职业素养和职业能力，才能在未来的职业生涯中立于不败之地。

第一节 完成角色转换

学习目标

1. 了解学生角色与职业角色的区别。
2. 能够促进自我能力提升，胜任岗位需要。
3. 掌握缓解职场压力的方法。
4. 养成良好的工作习惯，提高职业素养。

案例导读

刚从某高等职业院校文秘专业毕业的小陈，应聘到某园林绿化公司办公室上班。报到后第一天，办公室主任向他介绍了公司的有关情况，交代了工作职责和注意事项。小陈上班三天后，主任就出差了，办公室只剩下他和一位会计。

这时，摆在小陈面前的工作却是一大堆：接待来客、撰写文稿、协调关系、打扫卫生、接听电话……他忙得头昏脑涨，感觉很不适应。

问题与思考：

每年都有数百万高校毕业生跨出校门走上社会，其中许多人都会遇到和小陈同样的问题——面对新的工作、生活环境，感到无所适从，很不适应。如果你是小陈，你该怎么办？

知识详解与能力训练

初涉职场的高校毕业生需要尽快了解工作岗位职责和用人单位的企业文化，适应职业环境，摆正心态，踏实工作，尽快度过职业的不适应期，顺利实现角色转换。

角色认知是指一个人对于自己所处的特定社会与组织中的地位的知觉。我们在生活中扮演着不同的角色，例如，在家里扮演着子女的角色，需要听从父母的教诲；在学校扮演着学生的角色，要遵守学校的规章制度；毕业后，我们就是真正的社会人，在一个公司或单位扮演员工的角色。对于很多刚毕业的大学生来说，做了十几年的学生，习惯于听从父母和老师的指导，不需要承担太多的责任和负担，然而工作后却发现，生活中的杂事众多，不仅要处理工作上压力大、理想和现实差距大等问题，更要面对人际关系复杂、薪酬待遇不理想、生活范围变窄等多种变化。在这样的情况下，很多毕业生会产生一定的失落和迷茫，职业上的发展也越来越受到限制。

有人曾经针对社会对大学生的评价和大学生进入社会后的自我感觉进行过调查，结果显示：在工作精神方面，67%的企业认为毕业生不够踏实、缺乏实干精神；而71%的毕业生认为自己是能够吃苦耐劳的。在团队合作方面，52%的企业认为毕业生团队合作精神较差，以自我为中心情况严重；而76%的毕业生认为自己具备与团队共进退的精神。在薪资方面，61%的企业认为毕业生的薪金要求较高，不切合实际，用这些钱可以聘用到经验更为丰富的人；而79%的毕业生认为，他们的薪金要求是合适的，与他们的学历、能力相吻合。

调查结果在一定程度上反映了毕业生从校园到社会上的不适应和种种矛盾。例如，大多数毕业生对崭新的职场生涯抱有良好期待，实际上却出现了各种不尽如人意的情况。此外，毕业生在学校时往往接受的是理论知识而缺少实践经验，这与进入职场后立刻需要各方面的动手操作能力之间也会形成矛盾。正是这些矛盾导致了毕业生在角色转换时容易出现各种问题。

一、从大学生到职业人的角色转换

（一）确定角色，强化责任意识

即将进入职场的毕业生最希望了解的莫过于怎样才能更快更好地进入职业角色中。只有顺利地从学生角色转换到职业角色，毕业生才能真正胜任工作，开始自己的职业生涯。无论是即将毕业时的准备过程，还是刚刚进入职场的预备阶段，这两个阶段都非常重要。在这两个阶段交替的过程中，毕业生要确定角色，不断强化责任意识。

案例分享

小梅毕业后进入一家著名的外企工作，薪酬高，工作压力大，在刚开始的几个月中，一直无法适应。一天，下班之前，上司突然交代了一项文字任务，要求小梅必须在第二天下午下班之前完成。而小梅已经连续加班了三个晚上，休息得很少，身体有些虚弱，但是她不知道如何拒绝，只有晚上继续熬夜，由于太累，不小心睡着了，工作几乎没做。第二天上班时，小梅因为其他的事情忘记了这项任务，下班前才想起来，只好向上司解释和道歉，上司什么也不听，而是强调："不用道歉，不论什么原因，你没有完成任务，就是你的原因。"小梅非常窘迫，只好保证晚上一定完成任务。一年后，小梅再回顾这件事情，淡然了许多，上司没有义务原谅你的过失，不管遇到什么困难，都应该想办法克服，不断总结经验教训，才能在工作上迅速成长。

（二）充分准备，确立岗位意识

1. 毕业前的准备

在这一阶段要学会认识自我，清楚自己真正的需要和能力范围以及职业兴趣，在此基础上寻找合适的工作，为即将面临的入职做好充分的身心准备。在大学最后一年，就应为职业适应和角色转换做好准备，具体包括以下三方面：

首先，加深自我认识，包括认识自己的生理状况，例如自己的体型特征、心理特征，尤其是兴趣、能力、气质、性格等，还要认识自己的人脉关系、自己在集体中的位置与作用等。

其次，进行自我定位。在对自身有了明确的认知之后，建立职业发展方向和目标，在选择职业的过程中更加客观和全面，避免好高骛远，或是高不成低不就的现象出现，选择适合自身发展的职业。

最后，要学会恰当和及时地调适自我。择业时，面对出现的各种困难，毕业生非常需要进行恰当的自我调适。没有一个人的职业选择是一帆风顺的，在这期间总会遇到各种难题。无论是苦于找不到合适的工作，还是在多份心仪的工作中犹豫不决，或是经历了社会上各种不公平对待的刺激，都要及时调整自己的心态。当择业不顺时，不要悲观绝望，要努力看向事情的另一面，积极对待；当难以抉择时，不要一味地拿不定主意而浪费宝贵的时间和机会，要当断则断；当看到社会的不公时，更不要钻牛角尖、愤世嫉俗，要心胸开阔、坦然面对。

2. 把握试用期

一般来说，毕业生在开始工作的最初阶段都会有一个见习或试用的时间，这个时间或长或短。虽然相对于今后长久的职业生涯来说，试用期所占有的分量并不大，但这一阶段在很大程度上决定了未来的职业生涯是否顺利。

试用期事实上就是一个学习和熟悉阶段，甚至比学生时代要学习更多的内容，这其中最紧迫的就是职业学习。我们在大学期间学习的课程偏重于基础知识和普通技能，很多人在刚进入职场时会觉得手足无措。因此，进入职场后要及时对新的职业进行学习，最关键的就是学习本职业的应用知识，尤其是如何将书本上的知识与实践结合起来。

除了专业知识，学习基本的职场礼仪和公务能力也是非常必要的。职场礼仪包括许多方面，例如站、坐、行、身体姿态以及语言等。毕业生要尽快学会一些基本的礼貌用语与举止，在单位中要懂得尊重和谦让，懂得如何恰当地着装。另外，还要学习如何应酬与写作等基本的公务能力。例如，如何写工作报告、发电子公文、使用传真机和打印机，等等。

案例分享

新人刚培训完就离职

23岁的小袁学的是工程造价，毕业后到一家建筑公司工作。可是，她发现自己在这里“只是个打杂的”，端茶、倒水、擦桌子、拖地，要不就是帮同事录入一些资料。她觉得自己受到了轻视，学不到东西，入职仅45天就向单位递交了辞职报告。

近年来，“闪辞族”为数不少，其中多数人在入职后半年之内就会“逃掉”。一项网络调查显示，在“闪辞族”中，73%的网友是在普通企业辞职，而进入国企和政府机关的新人则相对稳定。“你在之前的那家公司工作了多久?”面对调查中的这个问题，52%的网友回答“6个月以内”，26%的网友回答“6个月到1年”，而“1年以上”的仅占22%。

从事任何一份工作、进入任何一个环境，都需要有适应的时间。我们需要提前准备，了解岗位基础技能，从心理上和技术上提前进入员工状态，这样在工作后将会缩短职场适应的时间。

（三）融入工作，增强自主意识

很多刚毕业的大学生最容易出现的问题就是好高骛远。每份工作都要从基础的岗位做起，在基础的岗位上从零开始是每个人都需要有的心态。想要适应新的环境，和不同的人做搭档，就必须先要融入工作。

高职院校学生具有动手能力强的优势，若能立足于一线埋头苦干，既能树立自己吃苦耐劳的职业形象，又可以增强实践锻炼的机会，对自己今后的发展也将是有利的。许多企业喜欢聘用高职毕业生，认为高职毕业生能够吃苦耐劳、虚心学习，动手能力强，与本科毕业生相比具有不可替代的优势。许多高职学生就业后在自己的职业岗位上被提拔起来，有的甚至比同时参加工作的本科生发展速度还要快，正是充分发挥了这一优势的结果。

在职业竞争日益激烈的今天，用人单位不仅需要受聘人员在某些专业方面接受过良好的职业训练，能够承担职业岗位的工作，而且希望员工能够在日常工作中有所创新，对现有的工艺流程、管理机制等方面提出建设性的意见，以使企业不断发展。因此，当你到一个就业岗位后，无论从事什么工作，都不要甘于平庸，而应该充满热情，全身心投入工作，并富于创造性地把工作做好。创造不分大小，其源泉在于对事物和工作的积极态度，追求最优最好，从而激发自己的想象力和创造性，产生不懈的工作动力，创造非凡的工作成就。

拥有自主意识的人，懂得主动适应环境，以岗位为基础，改善自身；没有自主意识的人，缺乏主动性，仅满足于机械地完成分内工作，难以完成开拓性、创造性的工作。

二、初入职场的注意事项和训练策略

（一）自觉调整心理状态，转换角色

心理学研究证明，当人们面临一个陌生的环境或者加入一个陌生的群体时，往往会很自然地产生一些困惑和焦虑心理，这是人自我保护的本能反应。但是，如果一个人在一个群体中长期处于这种心理状态之下，就会影响到角色的转变和自我的发展。因此，大学毕业生要想缩短自己的适应期，尽快地进入角色，就必须学会自觉调整心理状态，学会面对现实。

1. 转换责任意识

角色的转换会直接引起社会责任的变化。就社会责任而言，大学生处在一个相对封闭的校园中，一般不直接对社会承担责任，而是把努力学习知识，使得德、智、体、美、劳全面发展看成未来承担社会责任的基础。职业人是以特殊的身份履行自己的职责，依靠自己的本领或技能为人民服务。职业人在职业活动中的社会责任是直接的、明确的，要遵从对应岗位的职责要求和职业道德，这一点和学生角色有很大的不同。例如，医生的主要职责是治病救人，如果由于疏漏，出了医疗事故，人们就会从职业道德的角度加以指责，甚至追究其法律责任，而不可能与学生考试成绩不及格同样对待。可见，社会对职业人的责任心有着更高的要求。大学毕业生只要一走上工作岗位，社会就将以职业人的评价标准来对其做出要求。

2. 调整期望值，珍惜首次就业机会

青年时期是一个充满激情和想象的时期，青年人成就欲望强烈，有着远大的理想和抱

负，对未来生活充满了美好的憧憬和向往。但大学生要清醒地认识到，理想与现实之间是存在一定差距的。因此，毕业生走上工作岗位后，要根据现实环境及时调整自己的期望值，尽量把期望值定得低一点，这样有利于减少心理落差，有利于尽快适应新环境。另外，大学毕业生要珍惜首次就业的机会，做到“既来之，则安之”“干一行、爱一行、精一行”。事实证明，很多有作为的大学生对自己首次选择的职业，都是由不喜欢逐渐发展到喜欢，由不热爱逐渐发展到热爱，直至取得事业的成功。

3. 放下架子，虚心学习

社会生活中的任何个体，只有经过对复杂的社会环境、社会文化和社会规范的观察、认知、模仿、认同、内化等一系列的学习和实践过程，才能达到对社会能动的适应。适应社会的过程是一个循序渐进、呈螺旋式上升的过程，需要个体不断地学习、不断地实践。当今社会，科技发展突飞猛进，知识淘汰率不断提高。有关研究表明，大学毕业 4 年后，学校学习的 1/5 的知识将被淘汰。事实也充分证明，一个人在学校里所学的知识毕竟是有限的，大部分知识和能力必须在工作实践中学习和锻炼。因此，毕业生到了陌生的工作岗位上，一定要从头学起，虚心向在工作岗位上工作多年、具有丰富的专业知识和实践经验的技术人员、领导、同事学习，尽快熟悉并掌握有关的业务知识，在学习和实践中不断地调整和改变自己的观念、态度、习惯、行为，不断地进行自我完善，以适应社会的快速变化和要求。

4. 全面认识新环境

一个职业岗位的新手要想尽快适应工作的要求，完成角色的转换，就必须充分地了解和熟悉工作环境，了解和熟悉工作对象的特点和规律，从而对新的工作有比较全面的认识和把握。因此，在初到工作单位的一段时期，应主动地收集和自己工作有关的一切信息。比如，本职业的传统、现状及发展前景等。只有对自己的工作环境有了较充分的了解，才能在适应角色上领先一步。

5. 建立和谐的人际关系

人际关系与一个人的事业发展是息息相关的。大学生到新的工作岗位后，要重视发展良好的人际关系。一要恪守人际交往的规则，做到平等待人，热心助人，诚实守信；二要克服人际交往中的一些心理障碍，克服嫉妒心理、自卑心理、多疑心理等不健康的交往心理，以积极的态度与人交往，在交往中尊重别人，相信别人；三要掌握人际交往的技巧，要保持自然，学会倾听；四要遵守社交礼仪，礼仪是人们在人际交往中的基本要素，它体现了一个人的修养，是一个人人格魅力的重要方面。大学生在交往中要掌握一些常用的礼节，比如握手的礼节、打电话的礼节、交谈的礼节等，从而提高自己的社交水平。

6. 培养坚强意志，能够吃苦

许多毕业生满怀理想、一腔热血，准备到社会上大展宏图。但一步入社会，尤其是接触到社会的一些消极面，如复杂的人际关系、独断的领导、陈旧的设备、落后的管理方式等，往往就会从理想的峰巅一下子跌入谷底，内心产生严重的矛盾冲突，甚至因矛盾和困惑而一蹶不振。因此，角色转换的过程是一个艰苦的过程，是一个充满曲折的过程。在这个过程中，每一个人都会遇到困难和挫折，毕业生只有具备了坚强的意志，才能不断地克服在角色转换过程中遇到的种种困难，才能做到永不放弃。这就要求毕业生具备坚强的意志品质，增强社会责任感，工作中要任劳任怨，勇于吃苦，不计较个人得失，只有这样，才能得到人们的认可，进而实现社会角色的顺利转换。

（二）缓解职场压力

1. 正确认识挫折

人们的工作、学习、研究、创造活动，都是在一定的自然环境、社会环境、人文环境和组织环境中进行的。保持这些活动的顺利进行，当然是人们的共同愿望，但维持职业生涯永远一帆风顺而不出现挫折，只是脱离实际的幻想。因此，我们应当对挫折有充分的心理准备，以达观、坦然的态度对待挫折，这样，在遇到挫折时就不至于过分激动和苦恼，而是保持冷静的态度，比较理智地分析造成挫折的原因，找到相应的对策。

2. 采取针对性措施

（1）个人的水平问题。

要重新“充电”接受培训，以使自己扭转颓势。在学习内容的选择方面，可根据实际需要和客观条件，参加一些培训班。如果这样做困难较大、难以兼顾，也可以考虑放弃现在的岗位，脱产学习，先集中精力完成学业，再图发展。

（2）不熟悉工作的问题。

当一个人不熟悉工作时，需要在职业岗位上多加锻炼，从实践中学习，要多听、多看、多问其他人是怎么做的，从中吸取宝贵的职业技能经验。

（3）组织环境不好的问题。

若一个单位存在着严重的不公平现象，或者领导对自己有成见并对自己的发展有障碍时，就需要考虑换一个更能发挥自己特长或自己更加喜欢的工作环境。

（4）职业选择失误的问题。

如果一个人在职业生涯一开始时就选择失误，在工作实践中发现这个职业根本不可能做好，就应当机立断，重新选择职业，以找到适合自己的职业，让自己轻松、愉快地工作。当再次选择职业时，应当根据个人的条件、组织与自己的相容性和社会能够给予自己的机会，做出决策。

3. 缓解压力

缓解压力的方法为：暂时脱离受挫折的情境，避免“触景生情”，减弱受挫折后的不愉快心情，变换活动内容，转移关注方向。

4. 适当进行宣泄

宣泄是指通过某种渠道，采取一定的方法，使自己把受挫折后的压抑情感表达出来，以减轻受挫折的心理压力，逐步回到正常的精神状态。例如，向亲人和知心朋友倾诉自己的不快和愤懑、在空旷之处大喊几声。这些虽然不是解决问题的根本办法，但却是调节不良情绪的有效方法。

5. 提高挫折商

通过陶冶情操、开阔胸怀、加强修养、培养意志等方式，提高挫折商水平。人的职业生涯际遇和挫折商水平之间也有着一定的关系，要努力通过各种办法提高挫折商，这样在生涯遭遇挫折时会比较坚强，从而改善自己的职业生涯。

拓展阅读

职场新人需要处理好的四种关系

1. 与上司：注重细节

上司风格迥异，有的是谆谆教导型，有的是大刀阔斧型；有的上司喜欢发布命令，有的上司则愿意倾听员工的意见；有的上司喜欢文字的汇报方式，有的上司喜欢图表化的汇报方式。因此，与上司的交流和沟通要注重细节。比如说给上司提交的方案，要考虑到上司的阅读习惯，是喜欢纯文字的还是图文并茂的，是喜欢长篇大论的还是言简意赅的。不管上司是怎样一种风格，你都要按上司的工作方法和要求去完成工作。

2. 与老员工：学会放低自己

在企业待了四年及以上的员工，我们称为老员工。这些人在企业工作的时间较长，对企业的认知较深，拥有自己的资源和经验。很多新人担心老员工会用苛刻的甚至挑剔的眼光来看自己，或者故意不支持、不帮助自己成长。新员工可以采取一些方式去有效化解这种焦虑，比如说，新员工在自己工作任务完成的前提下，积极主动地帮老员工做一些力所能及的事情。新老员工同属于一个团队，老员工希望新员工给团队带来更多的新鲜血液、提供更好的支持。所以，如果新员工所做的工作能够更好地帮助大家完成团队任务，而不是拖后腿，必然能得到老员工的认可，这也是获得认可的最好的方式。

3. 与兄弟部门：勤交流、多展示

许多企业喜欢将不同部门的员工集合起来培训、交流，是希望通过这种方式让大家对企业有一个宏观的认识，以方便大家在各自的部门顺畅工作。与兄弟部门的沟通，特别是与自己“上游”和“下游”部门的沟通必不可少。此类沟通更倾向于商务交际，职场新人需要做的是把握住每一次交流的机会。比如说，作为一名销售人员，需要经常到财务处报销，这时会遇到出纳、会计以及其他人，那么你在和这些人交往时，就不能在业务上给人家添麻烦。另外，在进行新员工培训时，你也有很多机会认识其他部门的新同事你可以适时地展示自己，从而获得其他部门新员工的认可，也方便日后工作的顺利开展。

4. 与客户：强化服务意识

新员工刚上岗，一般企业不会将重要的工作和重要的客户交给新员工。但如果职场新人有机会与客户接触，一定要注意自己的一言一行代表着企业的形象。首先，如果新员工对企业不太熟悉，那么当客户提出相关问题时，不能乱说，最好委婉地予以回答，然后请示领导或者请其他同事提供专业咨询意见和解决方案。其次，新员工要抓紧时间学习和了解所在企业的客户管理流程，熟悉实际操作的环节。最后，新员工要时刻注意培养自己的服务意识，提高工作积极性；多向老员工请教和学习，平时多观察和思考，勤于积累，多做工作服务笔记，做一个用心的人。即使遇到“刁蛮”的客户，新员工也要心平气和，将自己置身于团队的立场中去处理和解决问题。

第二节　修炼职业素养

学习目标

1. 了解职业道德的内容。
2. 掌握职业能力的培养过程。

案例导读

小李是一家金属冶炼厂的技术骨干。由于该厂准备转变发展方向，小李觉得该厂不再适合自己，就准备换一份工作。

经过选择，小李来到了一家企业面试。负责面试小李的是该企业负责技术的副总经理，他对小李的能力没有任何挑剔，但是向他提出了一个问题：“我们很高兴你能够加入我们企业，你各方面都很出色。我听说你原来的单位正在研究一种提炼金属的新技术，你也参与了这项技术的研发，我们也在研究这项新技术，你能够把原单位研究的进展情况和取得的成果告诉我们吗？这也是我们邀请你加入我们企业的原因之一。”

小李回答说：“你的问题让我十分失望，我不能答应你的要求，因为我有责任忠诚于我的企业。尽管我已经离开了，但任何时候我都会这么做，因为信守承诺比获得一份工作重要得多。”

小李身边的人都为他的回答感到惋惜，因为这家企业的影响力和实力比他原来的单位要大得多，在这里工作是很多人梦寐以求的。就在小李准备去另一家公司应聘的时候，那位副总经理给小李发来了一封邮件，邮件中是这么说的："李先生，您被录取了，并且是做我的助手，不仅是因为您的能力，更是因为您的忠诚！"

问题与思考：

(1) 你是如何看待小李的求职成功？这带给你怎样的启示？

(2) 如果你也面临同样的情况，你认为自己需要从哪几个方面加强自身的职业道德修养？

知识详解与能力训练

一、加强职业道德修养

(一) 职业道德的含义

职业道德有广义和狭义之分。广义的职业道德是指从事一定职业的人在职业生活中应当遵循的具有职业特征的道德要求和行为准则。狭义的职业道德是指在一定职业活动中应遵循的、体现一定职业特征的、调整一定职业关系的职业行为准则和规范。职业道德的含义包括以下八个方面：

(1) 职业道德是一种职业规范，受到社会的普遍认可。

(2) 职业道德是长期以来自然形成的。

(3) 职业道德没有确定的形式，通常体现为观念、习惯、信念等。

(4) 职业道德依靠文化、内心信念和习惯，通过员工的自律实现。

(5) 职业道德大多没有实质的约束力和强制力。

(6) 职业道德的主要内容是对员工义务的要求。

(7) 职业道德标准多元化，代表了不同企业可能具有不同的价值观。

(8) 职业道德承载着企业文化和凝聚力，影响深远。

(二) 职业道德的特征

1. 适用范围的有限性

每种职业都担负着特定的职业责任和职业义务，从而形成各自特定的职业道德的具体规范。

2. 发展的历史继承性

由于职业具有不断发展和世代延续的特征，不仅其技术世代延续，其管理员工的方法、与服务对象打交道的方法也有一定的历史继承性。如"有教无类""学而不厌，诲人不倦”，始终是教师的职业道德。

3. 表达形式的多样性

由于各种职业道德的要求都较为具体、细致，因此其表达形式多种多样。

4. 兼有强烈的纪律性

纪律也是一种行为规范，是介于法律和道德之间的一种特殊的规范。它既要求人们能自觉遵守，又带有一定的强制性。就前者而言，它具有道德色彩；就后者而言，它带有一定的法律的色彩。因此，职业道德有时又以制度、章程、条例的形式表达，让从业人员认识到职业道德又具有纪律的规范性。

小思考

以下说法分别体现了职业道德的哪些特点？

（1）“百问不厌，有问必答”是对营业员的职责要求，而对于保守国家机密的公务员而言，这样的职责要求则可能导致泄密。

（2）伴随着新职业的出现，会形成新的职业道德。

（3）没有不存在职业道德的职业。

（4）“保护学生安全”作为教师职业道德规范，要求教师不能置学生的安全于不顾。

（三）职业道德的功能

1. 传承职业文化

职业道德用准则与规范的形式，向人们展示看得见、摸得着的思想行为标准，这是实现人的全面发展的重要手段，也是有效提高劳动生产率的有效工具，更是塑造职业文明的必由之路。

2. 引导职业风气

在职业活动中，职业风气是职业文明的重要表现形式。职业道德建设可以提高人们的道德水平，促进良好的社会风尚和职业风气的形成，有利于完善人格，促进人的全面发展。

3. 调节职业关系

职业道德具有调整职业利益关系、维护社会生产和生活秩序的作用。职业道德虽然没有法律威严，但却有法律一样的尊严。事实上，很多具体、复杂的职业关系，只有在职业道德的层面进行调节和疏导，才能满足职业生活的需要。

4. 规范职业活动

职业道德对职业活动具有导向、规范、整合和激励等具体作用，引导职业活动沿着健康、有序、和谐的方向发展。

（四）职业道德的内容

中共中央、国务院印发的《新时代公民道德建设实施纲要》规定了所有从业人员在职业活动中应该遵循的职业道德的五项基本规范，即“爱岗敬业、诚实守信、办事公道、热情服务、奉献社会”。

1. 爱岗敬业

爱岗敬业是社会主义职业道德最基本、最起码、最普通的要求。爱岗敬业作为最基本的职业道德规范，是对人们工作态度的一种普遍要求。爱岗就是热爱自己的工作岗位，热爱本职工作；敬业就是要用一种恭敬严肃的态度对待自己的工作。

2. 诚实守信

诚实守信是做人的基本准则，也是社会道德和职业道德的一个基本规范。诚实就是表里如一，说老实话，办老实事，做老实人；守信就是信守诺言，讲信誉，重信用，忠实履行自己承担的义务。诚实守信是各行各业的行为准则，也是做人做事的基本准则，是基本的道德规范之一。

3. 办事公道

办事公道是指对于人和事的一种态度，也是千百年来人们所称道的职业道德。它要求人们为人处世要公正、公平。

4. 热情服务

热情服务就是热情地为人民群众服务。社会全体从业者通过互相服务，促进社会发展，实现共同幸福。热情服务是一种现实的生活方式，也是职业道德要求的一项基本内容。热情服务是社会主义职业道德的核心，它是贯穿于社会共同的职业道德之中的基本精神。

5. 奉献社会

奉献社会就是积极自觉地为社会做贡献，这是社会主义职业道德的本质特征。奉献社会自始至终体现在爱岗敬业、诚实守信、办事公道和热情服务的各项要求之中。奉献社会并不意味着不要个人的正当利益，不要个人的幸福。恰恰相反，一个自觉奉献社会的人，他才真正找到了个人幸福的支撑点。

（五）职业道德与行业道德规范

每个行业都有自己的职业道德要求，例如：医务人员职业道德要求防病治病，救死扶伤；教师职业道德要求诲人不倦，教书育人；财会人员职业道德要求实事求是，廉洁自律；商业服务员职业道德要求热情细致，服务周到；记者职业道德要求尊重事实，客观公正；导游员职业道德要求热情服务，不卑不亢。

各行各业由于工作性质、社会责任、服务对象、服务内容、服务方式等方面存在差异，都有自己特殊的职业道德要求。行业道德规范把普遍使用的职业道德基本规范与特定的具体要求结合起来，变成了具体行为准则，便于理解和执行，更便于规范从业人员的职业行为。

行业道德规范可以有效调节行业内部关系，维护行业秩序，避免同行之间的不正当竞争，可以更好地维护行业整体形象，促进行业整体发展。

二、职业能力的培养

（一）职业能力的层次

职业能力是人们从事其职业的多种能力的综合。职业能力主要包括以下三个层次。

1. 职业特定能力

职业特定能力是每一种职业自身特有的能力，它只适用于这个职业的工作岗位，适应面很窄；有一种职业就有一种特定的能力。随着生产的发展、技术的进步，不断有旧的职业消失，新的职业产生，所以职业特定能力的总量是很大的。

2. 行业通用能力

行业通用能力是以社会各大类行业为基础，从一般职业活动中抽象出来可通用的基本能力，它的适用面比较宽，可适用于这个行业内的各个职业或工种。行业通用能力是在一组特征和属性相同或者相近的职业群中体现出来的共性的技能和知识要求，从实际的操作需要来看，可以定义为国家职业教育和培训科目中提出的指导原则。

3. 职业核心能力

职业核心能力是从所有职业活动中抽象出来的一种最基本的能力，普适性是它最主要的特点，可适用于所有行业的所有职业，虽然世界各国对核心能力有不同的表述，相比而言它的种类还是最少的。从职业能力的技术层面来分析，每一种职业在工作现场直接表现出来的是特定能力，因而它是显性的；在技术和专业上支持这个特定能力的是通用能力，在职业活动中我们一般看不到它的表现；而职业核心能力则是上述能力形成和应用的条件，所以，职业核心能力应当处在最底层，如冰山底座，是承载其他能力的基础。相比而言它是隐性的。

（二）职业核心能力

职业核心能力在人的能力体系架构中居于基础和核心地位，具有普适性、内隐性、可迁移性和持久性等特征。职业核心能力是指任何职业或行业工作都需要的、具有普遍适用性和可转移性且在职业活动中起支配和主导作用的能力。它在人的能力体系中处于核心地位，是从所有职业活动中抽象出来的专业能力以外的能力，即与专业的职业技能和知识无直接的联系而与完成专业任务密切相关的方法能力和社会能力。高等职业教育所培养的学生应具备的职业核心能力主要包括以下六种。

1. 自主学习能力

学习能力主要是指对专业技术学习的把握能力、学习方法的应用能力和体现在学习过程中的学习态度。自主学习能力是最基本也是最重要的职业核心能力，是指学生根据工作岗位和个人发展的需要，自我确定学习目标，制订学习计划，灵活运用各种有效的学习方法，并善于调整学习目标和计划，不断提高自我综合素质的能力。培养自主学习能力不仅是在学校教育阶段顺利完成学业的必要条件和基本目标，而且是职业教育和培训的基本目的，更是人们在工作场所进一步接受教育和获得终身发展的重要条件。

2. 沟通表达能力

沟通表达能力是指运用语言阐明自己的观点、意见或抒发思想、感情的能力。它包括口头表达能力、文字表达能力、数字表达能力、图示表达能力等几种形式。对于大学毕业生来说，表达能力的重要性是不言而喻的。大学毕业生不仅在参加工作走向社会后会立即且强烈地意识到这一点，而且会在求职择业的时候就对此有深切的感受。比如求职自荐信的撰写、个人材料的准备、回答招聘人员的问题、接受用人单位的面试等，这些环节都需要求职者具备较强的表达能力。

3. 团队合作能力

团队合作能力是与其他人进行交往、共事的能力和显示团体取向的行为能力。它通常表现为与人合作能力、人际关系能力。与人合作能力是根据工作活动的需要，协商合作目标、相互配合工作并不断调整合作方式以改善合作关系的能力。它要求从业者不仅有较强的适应、协调能力和角色转换意识，而且有健康的心理素质。人际关系能力是指组织、协调职业活动中个人与生产、个人与他人、个人与群组之间关系的能力，包括从业者的协作意识、团队精神和群组行为，还包括对更换职业的适应。高职学生要具备人际关系能力，必须善于处理人际关系，乐于与他人合作，具备团队精神，能够主动地承担责任，周密地考虑问题，自觉地开展自己的工作，同时还要把自己的知识、技能和合作者交流，从而使团队的整体水平明显提高。

4. 组织管理能力

组织管理能力是指个体做出决定，充分发挥作用，承担职责的能力。它包括理解组织的业务过程的能力、理解组织的财务情况的能力、理解组织的行政管理的能力等。尽管不是每个大学生毕业后都会从事组织管理工作，但是每个大学毕业生在将来的工作中都会不同程度地需要组织管理能力。在现代社会，不仅领导干部、管理人员应当具备组织管理能力，其他专业人员也应当具备。有些理工科的大学生认为培养组织管理能力是文科学生的事，与己无关，这种认识是错误的。随着时代的发展，纯“书生型”的人才已不能适应社会的需要。不论哪个专业的毕业生，都必须既有精深的专业知识，又有一定的组织管理能力，这不仅是顺利就业的需要，也是时代发展的客观要求。

5. 创新能力

创新能力是在多种能力发展的基础上，利用已知信息，创造新颖、独特、具有社会价值的新理论、新思维、新产品的能力。它是一种综合性的、高层次的思维能力和行动能力。从社会角度来讲，经济的发展、科技的进步离不开发明创造。对个人来说，成功成才依赖于发明创造。用人单位更需要具有创新能力的大学生。创新能力包含多方面的内容，如强烈的好奇心、细微的观察能力、深刻的洞察能力、大胆设想勇于探索的精神以及提出问题、研究问题、解决问题的能力等。大学生要自觉地培养这些能力，为走上工作岗位后进行创造性的工作打下坚实的基础。

6. 解决问题能力

解决问题能力是指确定问题、提出解决问题的方案并付诸实施、检查其实际效果的能力。大学毕业生面对工作和生活中遇到的各种问题和困难，要能够冷静、沉着地思考和分析，提出解决问题的办法或方案，然后付诸实施，正确地进行处理。

(三) 职业能力的提升与训练

职业能力的提升与训练是高职学生职业发展的基础。为了激发学习的积极性、主动性，提升专业技能与实操能力，高职学生要以课堂为基础、课外为补充、实践为根本、就业为亮点，多渠道、多层次、全方位地提升自身的职业能力。

1. 建立目标，明确执行，提升决策能力

为了提高决策能力，高职学生可以采用“最佳决策五步骤”帮助自己在就业之前系统地、循序渐进地做出决策，具体内容如下：

步骤一：建立需求和目标。

在制定任何决策之前，应该先想想自己的需求和目标是什么、在做出决策之后可以得到最好的结果是什么。唯有找出促成决策背后最原始的需求，才能拥有清楚的决策方向。

步骤二：判断是否寻求他人帮助决策。

制定决策可以自己独立完成，也可邀请其他朋友、老师或同学帮助，得到更多样的选择及想法。一般可以依照下列五项标准判断让他人参与决策的必要性：

(1) 你自己是否有充足的信心制定决策？

(2) 他人是否有足够的能力与必备的知识参与制定决策？

(3) 他人是否有意愿参与决策过程？

(4) 让他人参与是否会增加决策的接受程度？

(5) 制定决策的速度是否很重要？

步骤三：比较各项选择方案。

在许多情况下，个人容易受限于过去的经验，以至于无法思考更多的选择。因此，当

决策不易判断时，我们应该再回头思考基本需求，以刺激自己产生更多的想法，进而拟定最佳的决策。

步骤四：评估负面情境。

就算是符合需求的最佳决策，也会因为一些因素而产生非预期的麻烦。因此，你必须随时思考负面情境发生的可能性，以备不时之需。特别是在制订好计划后，还要思考以下问题：过程不如预期方案时该如何应变？决策执行过程会有哪些不利的影响因素？是否有其他的可行方案？因此，最好事先针对可能出现的负面情境，提出相应的应对措施。

步骤五：选择最佳决策方案。

在审慎进行前面的四个步骤，并且自身已能清楚掌握需求、目标、必须做的事、想要做的事，并确定评估负面情境后，此时你已不难做出最佳的决策。不过，你仍须提醒自己要避免犹豫不决，或认为所有的方案都不是最佳方案，这样的结果往往是一个决策也没有做。

2. 健全知识，勇于开拓，培养创新能力

当今社会，各学科纵横交错，相互渗透，边缘学科、交叉学科层出不穷，只具有单一学科的知识和封闭的知识结构，无法适应当今学科发展的要求，也难以成为创新人才。大学生只有具备全面的知识，才能更好地胜任将来的工作。全面的知识结构不仅使创新者易于接受新的知识，还可以发挥知识相关性的作用，从而使灵感的火花不时地闪现。大学生要充分实践，积极投身于社会中，提高自己的创新能力。社会实践是学生成长的大课堂，它不仅能够培养学生的实践能力，还让学生接触社会、了解社会、服务社会，体验创业的艰辛，提高学生的创新能力。创新的源泉是人的创造力，创造力的形成离不开良好的思维能力，也离不开勇于探索、善于应用的社会实践能力。从个人本身的因素来看，拥有创造力应具备以下五个因素：

（1）强烈的好奇心与求知欲。

创造性强的人对个人已有的认知结构是不满足的，对客观事物的矛盾与变化有着强烈的好奇心和探求欲望，对已知论点或论据要求从新的角度进行分析。因而具有高度创造性的科学家和艺术家，都有丰富而独特的联想，创作观念非常灵活，否则科学家就无法想象新的实验设计，音乐家就不能谱写新的乐章，作家就不能描绘新的人物形象。联想的独特性和新颖性是在冲破传统习惯的约束，抓住重要线索时产生的。

（2）个性的独立性。

具有创造性的人不受旧的习惯思维的束缚，不受传统的文化知识和环境的限制，敢于尝试采用新的方法、提出新的问题来加以研究。在现实面前，不满足于目前的条件，能主动地想办法革新，遇到困难与挫折也不轻易改变自己的观点，能坚持己见。当发现自己选择的方法有错误或观点有不正确之处时，思维转换迅速，改正得也快。在研究问题时，目标明确，能以问题为中心进行思考，不以自我情绪为转移，能批判性地分析问题的各个方面，做出自己的评价与判断。个性的独立性在思维方面表现在：不随便赞同一种观点，也不随便否定一种观点，这是个性的不顺从性，但经过分析判断又能肯定一种观点，坚持正确的方面，表现了个性对真理的顺从性。具有独立性的人兼有首创性。

（3）知识的有效性。

创造是知识的重新组合，这种有层次的、相互联系的组合系统就是知识的结构化。在解决问题时，它在思维中具有解释与预测情境的功能。知识的有效性表现在三个不同的方面：第一，在新情境中直接再现已有经验或知识的一部分；第二，改造已有的经验用于解决新的问题；第三，合并许多特殊的经验构成一个抽象的观念。在解决问题时，一个抽象的原则比特殊知识的具体陈述更有效。例如，用一个或几个物理定律来解决一个新的问题。

（4）不怕犯错误。

在创造过程中，一个在思想上和行动上都有独立性和革新精神的人是不怕犯错误的。创造的开始阶段需要以松弛、沉着的态度，广泛地选择解决问题的办法，不能过多地顾虑犯错误的可能性。从错误中吸取教训是创造者或发明家取得成功的必经阶段。从前一阶段的选择解决办法过渡到第二阶段采用适当的办法或方案，就要从容忍错误转变为严防错误的发生，严格地审查、检验方法的正确性，采取准确无误的措施。

（5）树立科学的价值观。

爱因斯坦认为研究人员分为三种：第一种人从事科学工作是因为科学工作给他们提供了施展特殊才能的机会，他们之所以喜好科学正如运动员喜好表现自己的技艺一样；第二种人把科学看成谋生的工具，如非机遇也可能成为成功的生意人；第三种人是真正献身者，这种人为数不多，但对科学知识所做的贡献却极大。具有创造力的科学家、发明家都从创造中感受认识物质世界奥秘的喜悦与欢乐，把为人类造福看作自己毕生的最大愿望。

3. 参与校内实践活动、社会兼职，提高操作能力

职业能力的培养，要求学生具有一定的主观能动性。大学生必须积极主动地去寻找实践机会，寻求各种可能的途径来增强自己的实际操作能力。

（1）积极参与校内实践活动。

高校丰富的校内实践活动为大学生的能力培养提供了良好的平台。通过参与校内实践活动，学生可以锻炼自己的沟通能力。沟通能力包括良好的口头交流技巧以及良好的倾听技巧。在参与校内实践活动的过程中，学生能够锻炼倾听的技巧以及与人沟通的技巧；在参加社团活动的过程中，学生时常会面临与领导及其他成员的沟通问题；组织学生活动的过程，更是锻炼学生加强沟通技巧及倾听其他成员意见的过程。因此，参与校内实践活动，能够锻炼良好的沟通技巧。

学校的校内实践活动是一个有组织有保障的活动过程，在这个过程中，参与者会遇到

形形色色的问题。作为参与者的学生必须去解决这些琐碎的甚至超越了学生本身能力的问题，这就锻炼了学生解决问题的能力。在参与活动或者解决问题的过程中，学生应该具有创造性思考能力，这样才能有效、及时地解决问题，保证活动顺利进行。创造性地思考无论在个体解决问题的过程中，还是在组织团体解决问题的过程中，都具有重要的作用。因此学生要时常参与校内活动，以增强自己解决问题的能力。

（2）积极寻找社会工作机会。

实践能力不是苦读书本就能读出来的，也不是毫不付出凭空产生的，大学生要走出教室，走出学校，深入社会中，与工作接触，才能有增强实践能力的机会。

寻找社会兼职工作，加强群体效果技能。在社会生活中，人们的工作是需要不断地与他人沟通互动展开的。在社会兼职工作中，接触不同阶层的客户、不同经历的同事，可以学会人际沟通的技巧，为将来实际工作打下良好的基础。良好的人际沟通技巧可以使我们的工作事半功倍，可以帮助我们轻易地化解工作中的困扰与难题。一个人只有处在工作中，才能体会团队工作的精髓，才能获得团队工作的技巧及原则。在职场，合作能力越来越影响着一个人的职业生涯。只有在团队中找准自己的位置，做好自己的工作，与同事和睦相处，才能获得工作的乐趣。

积极投入兼职工作，获得影响能力的技能。这主要包括理解组织文化和分享组织文化这两个层面。组织文化是随着组织的发展壮大而不断沉淀发展的。员工只有深入地理解组织文化，才能获得组织的归属感。大学生在进行兼职工作时，也要积极地理解组织文化，及时融入组织氛围中，为将来真正从事工作打下良好的基础。

4. 扩充知识，积极实践，提高沟通表达能力

培养表达能力，关键在于提高表达的准确性、鲜明性和生动性。准确性是对人们表达能力最基本的和首要的要求。没有准确的表达，信息就不能如实地传递出来，也就失去了表达应有的作用。但同时，表达又需要有人来接受。只有鲜明的、生动的表达，才能更好地排除人们接收信息时的各种障碍，有利于表达目的的实现。因此大学生在培养表达能力时要尽可能地朝准确、鲜明、生动的方向努力。

在具体实践上，首先，要扩大自己的知识面，增加自身的知识含量。发言之前做好准备，充分熟悉要讲的内容。其次，要多讲，在各种场合下主动地讲。课堂上踊跃发言，开班会时积极发言。学校举办的辩论会、讨论会等集体活动，都要积极主动地参加。这样思维就会逐渐敏捷，口齿就会逐渐伶俐，久而久之就会使我们能够适应各种陌生的大场面而不怯场。

5. 理解他人，认识自己，提高人际交往能力

人与人之间的交往重在沟通。沟通能力的提高涉及两方面：一是提高理解别人的能力；二是增加别人理解自己的可能性。那么，究竟怎样才能提高自己的沟通能力呢？心理

学家经过研究，提出了一些提高沟通能力的一般步骤。

（1）列出沟通情境和沟通对象清单。

这一步非常简单。闭上眼睛想一想，你都在哪些情境中与人沟通，比如学校、家里、工作单位、聚会场合以及日常的各种与人打交道的情境。再想一想，你都需要与哪些人沟通，比如朋友、父母、同学、亲戚、领导、邻居、陌生人等。列出清单的目的是使自己清楚自己的沟通范围和对象，以便全面地提高自己的沟通能力。

（2）评价自己的沟通状况。

在这一步，问自己如下问题：对哪些情境的沟通感到愉快？对哪些情境的沟通感到有心理压力？最愿意与谁保持沟通？最不喜欢与谁沟通？是否经常与多数人保持愉快的沟通？是否常感到自己想要表达的意思没有说清楚？是否常误解别人，事后才发觉自己错了？是否与朋友保持经常性联系？是否懒得给人写信或打电话？……客观、认真地回答以上问题，有助于了解自己在哪些情境中与哪些人的沟通状况较为理想，在哪些情境中与哪些人的沟通需要着力改善。

（3）评价自己的沟通方式。

在这一步，主要问自己如下三个问题：通常情况下，自己是主动与别人沟通还是被动与别人沟通？在与别人沟通时，自己的注意力是否集中？在表达自己的意图时，信息是否充分？

主动沟通者与被动沟通者的沟通状况往往有明显差异。研究表明，主动沟通者更容易与别人建立并维持广泛的人际关系，更有可能在人际交往中获得成功。

沟通时保持高度的注意力，有助于了解对方的心理状态，并能够较好地根据反馈来调节自己的沟通过程。没有人喜欢自己的谈话对象总是左顾右盼、心不在焉。

在表达自己的意图时，一定要注意使自己被人充分理解。沟通时的言语、动作等信息如果不充分，则不能明确地表达自己的意思；如果信息过多，出现冗余，也会引起信息接收方的不舒服。

（4）制订、执行沟通计划。

通过前几个步骤，我们一定能够发现自己在哪些方面存在不足，从而确定在哪些方面重点改进。比如：沟通范围狭窄，则需要扩大沟通范围；忽略了与友人的联系，则需要写信、打电话与友人沟通；沟通主动性不够，则需要积极主动地与人沟通等。根据这些制订一个循序渐进的沟通计划，然后把自己的计划付诸行动，体现在具体的生活小事中。比如，认为自己的沟通范围狭窄，主动性不够，就可以规定自己每周与两个素不相识的人打招呼，具体如问路、说说天气等。不必害羞，没有人会取笑你的主动。相反，对方可能还会欣赏你的勇气。

在制订和执行计划时，不要对自己提太高的目标，以免难以实现，反而挫伤自己的积极性。小目标实现并巩固之后，再对自己提出更高的目标。

（5）对计划进行监督。

这一步至关重要。监督不力，之前的努力可能会功亏一篑。最好是自己对自己进行监督，比如用日记、图表记录自己的发展状况，并评价、分析自己的感受。计划的执行需要信心，要坚信自己能够成功。记住：一个人能够做的，比他已经做的和相信自己能够做的要多得多。

6. 抓住机遇，学习他人，提高组织管理能力

（1）要抓住机遇。

学校中有各种各样的学生干部，如学生会主席、宿舍长、社团干部等，当“领导”的机会应该不算少。有的同学可能对有些社团中的职位或宿舍长之类的“小官”不屑一顾，这是不对的。应该看到，任何一个职位都可能使你的组织管理能力得到一定程度的锻炼，如有同学推举或老师指定就应当仁不让，有些职位如无人承担，自己应该主动承担。这个经历对你来说将十分重要。

（2）向别人学习。

当然，学生干部并不是人人都有机会担任的，在没有这种锻炼机会的情况下，就要注意向别人学习。我们没有机会组织别人，势必有机会接受别人的组织，在这种情况下千万不要漠然处之，被动应付，要以积极的态度配合别人并注意揣摩别人的长处；有机会时，应积极主动地倡议组织一些活动，如组织一场足球赛、举办一次舞会，或在寝室之间组织友谊竞赛等。这样一来，你的组织管理能力同样能得到提高。

探索活动

为了找到理想的工作，做一个合格的职业人，实现职业目标和人生价值，在大学期间，我准备在以下几个方面做出努力：

（1）________________________________

（2）________________________________

（3）________________________________

第三节　职业意识培养

学习目标

1. 了解职业意识的内容。

2. 掌握职业意识的培养方式。

案例导读

初入职场，有哪些事情一定不能做

1. 要么闷声不吭，要么乱问问题

初入职场的新人容易犯这样的错误：要么一言不发，出问题了就自己闷头解决；要么一天到晚提问不断。前者会让同事觉得你不上进，后者会让同事觉得你很烦人。那么如何拿捏这个尺度呢？首先要求助于搜索引擎，大部分技能类、常识类的问题都可以通过上网搜索来解决。如果搜索引擎不能解决，再去问同事。刚入职一定会遇到很多流程方面的困惑，问问旁边的同事就能很快解决。

2. 毫不掩饰自己的负面情绪

很多学生习惯了释放自己的负面情绪，不开心了就拉着脸。然而不让主观因素影响自己的工作情绪也是专业的一种表现。喜欢带着负面情绪工作的人，往往都是同事避而远之的对象。办公室里面谁也不会喜欢一个经常带着负面情绪工作的人。

所以不管你的心情好不好，遇到了什么委屈的事，既然来到公司上班，那就把注意力专注于工作上，尽量避免把负能量传递给他人。在平时也要保持乐观向上的心态，营造一个良好的工作环境。

3. 在同一问题上连续犯错

在同一问题上连续犯错，要么是因为你的态度不认真，要么就是你的学习能力太差了。无论是哪一种，给人的印象都是不好的，前者会让人觉得你工作态度敷衍，后者会让人觉得你难以被委以重任。所以，要尽量避免犯这种低级错误。可以培养记录的习惯，准备一个便携的笔记本或是在自己的电脑上建立一个文档，及时记录下自己的错误及正确做法，并定期总结一下。

4. 没有时间观念

在职场上，没有时间观念是大忌。尤其在职场团队协作过程中，每个人都有自己的位置，每个人的时间都是宝贵的。工作是环环相扣的，因为你的延期可能导致整个项目延期。即使只是开会迟到了，也会影响到其他同事。因此，初入职场的新人一定要培养好自己的时间观念，最好能早于规定的时间到达或者提交任务，为他人预留一些准备时间。

问题与思考：

你认为初入职场的新人怎样才能避免“踩雷”，怎样才能做一名高素质的职业人？

知识详解与能力训练

职业意识是职业素养的核心。职业意识既影响个人的就业和择业方向，又影响社会的就业状况。职业意识是人们对职业劳动的认识、评价、情感和态度等心理成分的综合反映，是支配和调控全部职业行为和职业活动的调节器。

一、培养责任意识

责任意识，是指一个人在生活或工作中对待他人、家庭、组织和社会是否负责，以及负责的程度，是不同社会角色的权利、责任、义务在人脑中的主观映像。它包含两方面的内容：一个人既要对自己的行为后果承担责任，又要对他人和社会负责。

一个具有良好的责任意识的员工，至少应做到以下几个方面。

（一）认真做好本职工作

一个职业人责任感的主要表现就是要做好本职工作。为了所在单位的发展，也为了自己的职业前程，我们必须踏踏实实地做好本职工作。事实上，那些在事业上做出成绩的人，无论从事的是平凡的工作还是“高大上”的工作，无不用高度的责任心和严格的标准来对待自己的工作，与其说是努力和天分造就了他们的成功，不如说是强烈的责任心促成了他们的成功。

（二）时刻维护组织的利益和形象

时刻维护组织的利益和形象是一个员工最基本的责任。用人单位主要是各种社会组织，如企事业单位、国家机关、民办企业等。良好形象和声誉是组织宝贵的无形资产，这笔无形资产使得它比同类其他组织具有更高的声誉、更强的竞争力和更辉煌的发展前景。组织的发展可以产生经济利益和社会效益，为社会做了贡献，也为员工的待遇和职业发展奠定了基础。因此，每个员工都应该确立组织利益高于个人利益的观念。

（三）严格遵守组织的规章制度

没有规矩，不成方圆。任何组织的科学管理都离不开规章制度。规章制度使员工明白自己应该担负的责任和义务，对员工的言行起导向作用，也是组织能够有效运行的最基本法则。因此，作为一个有责任感的员工，恪守组织的规章制度是其基本责任。

（四）正视工作中的失误，勇于承担责任

“人非圣贤，孰能无过”，尤其是初入职场的年轻人，更是难免会有工作失误。从一个人对待失误的态度就可以清楚地看出他的责任感。一个缺乏责任感的人，总爱把工作成绩归于自己，而把工作失误推给别人或客观条件。这种做法必然损害组织利益，也有损自身形象。在任何组织中，上司或同事都不会认同这种人。相反，一个有责任感、能够正视自己的失误并及时改正、设法补救的人，很容易得到上司的信赖和同事的认可。

二、强化敬业意识

在当今社会，一个人是否具备敬业精神，是衡量其能否胜任一份工作的首要标准，因为它不仅关系到企业的生存与发展，也关系到员工的切身利益。

（一）以主人翁的精神对待职业活动

企业兴亡，员工有责。企业的命运和每个员工的工作质量、工作态度息息相关，因此，每个人都须认清自己的位置，以主人翁的精神来对待职业活动，树立“企兴我荣，企衰我耻”的意识。主人翁精神是敬业意识的重要因素，这种精神可以从两个方面体现出来：一是要把自己当成组织的主人；二是要把组织的事当成自己的事。如果我们每个人每时每刻在职场上、在每件事情上都能保持这种精神，那么我们就能慢慢地养成一种习惯，形成敬业意识。

（二）谨防和克服工作中出现不敬业的情况

职场中，有人养成了良好的敬业习惯，也有人缺乏对岗位的认同和敬畏之心，进而做出一系列不敬业的行为。员工不敬业的表现主要有：三心二意、敷衍了事；不求有功、但求无过；明哲保身、逃避责任；怨天尤人、不思进取等。实践证明，养成不敬业陋习的人，长此以往，就会出现思想狭隘守旧、工作绩效不佳、难以晋级加薪及不敬业程度进一步加深等情况。此外，由于不敬业者浪费资源、贻误工作、影响绩效，也必然给组织带来损害，这些人自然也会成为组织裁员的对象。

（三）在工作中努力实践“敬业三境界”

敬业的第一境界是乐业。首先要培养对自己职业的兴趣，要乐于从事自己的职业，即热爱这个职业，这是敬业最重要的一个前提。只有这样，工作再苦再累都会乐在其中，即所谓“痛并快乐着”。

敬业的第二境界是勤业。勤业并不是机械地重复自己每天的工作，而是要有意识地锻炼自己，不断总结经验教训，以提高工作效率、创造更大价值。

敬业的第三境界是精业。它要求员工对本职工作精益求精，胜不骄、败不馁，戒骄戒躁，练就一流的业务能力，力争成为行业领域的行家里手、业务骨干；同时，随着社会的发展和科技的进步，精业还要求员工动态地维持其一流的业务水平，即不断学习新知识和新技术，与时俱进，使自己的业务能力更上一层楼，真正做到精于此业。

三、加强诚信意识

诚信是一个人的立身之本，也是一个职业人不可缺少的职业素养。

（一）忠诚于企业

作为员工，只有忠诚于企业，才能通过企业为自己提供的职业发展平台实现自己的职业理想和人生价值。员工要关心企业发展，自觉维护企业声誉，在企业中安心工作，自觉将企业的兴衰和自我的发展联系在一起，用自己的能力和才华为企业的发展贡献自己的力量。

（二）取信于同事

在职场上，良好的人际关系是我们顺利开展工作的保障。抛弃虚伪、以诚相待、以信为荣的人际关系，才是最和谐、最美好的。在现代职场中，没有和团队的精诚合作，孤军奋战，我们会举步维艰，很难成功。在企业中，无论是与人相处还是开展工作，都要实事求是、坚持原则、信守承诺，与同事平等竞争，不弄虚作假，不营私舞弊。

（三）正确看待利益

在对待利益的问题上，我们要善于处理自我利益与他人利益、眼前利益与长远利益的关系，要坚持诚信的品质，不受眼前利益的诱惑，坚持自己的原则。如果我们把个人利益看得高于一切，就会迷失自我，变成一个自私自利、目光短浅的人；如果我们将个人利益与企业、社会的利益统一起来，不仅能取得个人事业的成功，也能为企业的发展和社会的进步做出更大的贡献。

四、树立竞争意识

竞争无时不在、无处不有。只有树立竞争意识，时刻拥有进取心、追求更高的目标、不断提升自己的价值和竞争能力，才能不被日益进步的社会和不断更新的工作所淘汰。

（一）培养危机意识

当今社会的就业形势是“能者上，平者让，庸者下”，竞聘上岗，优胜劣汰，在职人员稍有懈怠，随时都有失业的可能。职场人员如果缺乏忧患意识和危机感，不好好珍惜所拥有的一切，对工作敷衍了事、安于现状、不思进取，那么不但不能加薪升职和有更好的发展，而且连工作都可能无法保住。

（二）提升职业素养

竞争不是单纯的争强好胜，它要求个人既要有强烈的竞争意识，又要有良好的职业能力。激烈的职场竞争主要是职业能力的竞争。因此，大学生在校期间就要确定职业目标，学好专业理论知识和技能，强化职业能力。此外，还要重视职业道德、职业意识、心理素质、沟通能力和团队精神等的提升。

（三）正确处理竞争与合作的关系

竞争与合作是相伴而行的。竞争离不开合作，竞争获得的胜利，通常是某一群体内部或多个群体之间通力合作的结果；合作也离不开竞争，竞争促进合作的广度和深度，合作又反过来增强竞争的实力。正是这种竞争中的合作和合作中的竞争，推动着人类社会不断发展和进步。因此，步入职场的大学生一定要协调好竞争与合作的关系，既要有竞争意识，也要有团队合作精神。

五、学习劳模精神

“劳动模范”简称劳模，是指在社会主义建设事业中成绩卓著的劳动者，经职工民主评选、有关部门审核和政府审批后被授予的荣誉称号。在中国共产党团结带领人民进行革命、建设、改革的各个历史时期，广大劳动模范以高度的主人翁责任感、卓越的劳动创造、忘我的拼搏奉献，谱写出一曲曲可歌可泣的动人赞歌，为全国各族人民树立了光辉的学习榜样。每一个时代的劳模都有其特点，但无论时代如何变迁，永远不变的是劳模精神的本质。

“爱岗敬业、争创一流，艰苦奋斗、勇于创新，淡泊名利、甘于奉献”的劳模精神，是工人阶级伟大品格的具体体现，生动诠释了社会主义核心价值观，丰富了民族精神和时代精神的内涵，是激励全国各族人民团结奋斗、勇往直前的强大精神力量。

大学生要以劳模为榜样，向劳模学习，在工作中践行劳模精神，具体应做到以下几点：

第一，勤问好学，带着“问题”去学。学习劳模是如何在本职岗位上做好本职工作的。要带着自己的思考，带着自己的问题去学，让自己不断进步。

第二，取长补短，带着“镜子”去学。劳模就是一面镜子，通过这面镜子，找到差距、发现不足，并认真地分析自己存在差距的原因，不断努力缩小差距，逐步向劳模靠拢看齐。此外，还要做到持之以恒地向劳模学习，不断克服“小胜即满”的肤浅认识。

第三，尊师重教，带着感情去学。劳模的闪光点就在于他们把工作当事业，把付出当追求，在平凡的岗位上发光发热，值得尊敬。学习劳模精神，首先就要尊敬、尊重劳模，带着一种深厚的感情去学习，带着真诚的心去学习，学习劳模如何在平凡的岗位上做出不平凡的业绩。

六、培育工匠精神

工匠精神是劳模精神当代品格的核心要素。从本质上讲，工匠精神是一种基于技能导向的职业精神，它源于劳动者对劳动对象品质的极致追求，它具有精益求精、专注执着、严谨慎独、创新创造、爱岗敬业，以及情感浸透、自我融入的基本内涵，既表现了极致之美的品质追求，又体现了敬业之美的精神原色，更展现了创造之美的价值升华。工匠精神的核心是对品质的追求，工匠精神的目标是打造本行业的精品。

当前，我国经济发展正处于转型升级的关键时期，培育和弘扬工匠精神对于提升我国产品质量、建设质量强国和制造强国具有特殊重要的意义。

对于个人而言，工匠精神体现了对自己所从事的职业的尊重、热爱和坚守，也体现了对消费者、对社会高度负责的态度。大学生要以各行业各领域的技能大师为榜样，向他们学习，培育自身的工匠精神。首先，应强化责任意识和职业操守。无论是在原材料选取、产品设计环节，还是在生产加工、售后服务环节，都应保持认真负责的态度，坚持高标准、严要求，努力生产出社会需要的产品。其次，应树立职业理想。“三百六十行，行行出状元。”每个人无论身处何种岗位，都应该有追求卓越的理念。对于一线员工和专业技术人员来说，就应树立成为“中国工匠”的职业理想。在工作中应有终身学习的态度和刻苦钻研的精神，不断提升自身的专业技能，在打造更多享誉世界的“中国品牌”中成就自己的精彩人生。

实践活动

培养责任心

活动一：勇敢站出来

同学们间隔一臂距离站成数排（视班级情况而定，以不过于分散为宜），主持人宣布活动规则：“喊‘一’时向右转；喊‘二’时向左转；喊‘三’时向后转；喊‘四’时下蹲再起立；喊‘五’时不动。当有人做错要走出队列，站在大家面前先鞠一躬，并举起右手高声说‘对不起，我错了’。”

活动二：护蛋行动

全班每个学生自备一个生鸡蛋、一个护腕；教师按全班学生人数准备统一的带有封口的塑料袋、胶条、毛线绳。

1. 在活动开始前，教师向学生宣布以下活动规则和注意事项。

(1) 每个学生将自己视为“家长”，将鸡蛋视为自己的“孩子”，必须按要求将放进塑料袋中的鸡蛋携带在身，保证鸡蛋完好无损。

(2) 不管鸡蛋是否破损，都不得自行将塑料袋解下来。违规者被视为“失职家长”。学生可互相监督，老师最后也要检查封口。

(3) 学生仍然要照常进行一天的学习生活。不要选取有体育课、劳动课或实验课的日子开展本活动。有条件的班级可延长活动的时间。

(4) 鸡蛋有裂纹或破损者为“失职家长”，鸡蛋完好无损者可评为“好家长”。注意收集好破损的鸡蛋，没有破损的鸡蛋由学生自行带回。

2. 早上，在第一堂课开始前，教师将写好姓名的塑料袋分发给每个学生。

3. 每个学生在自备的生鸡蛋上写上自己的姓名，放进塑料袋后，学生之间互相帮助，拿毛线绳将塑料袋用死扣系在左手手腕上（为防伤手，可戴护腕，将绳系在护腕上）。

4. 教师用胶条将袋口封住。

5. 学生开始进行一天的学习生活。

6. 一天的学习生活结束后，教师将学生集合在一起，记录好每个学生塑料袋中鸡蛋的状态后，让学生互相帮助解开塑料袋。

7. 教师根据活动结果评出“好家长”。

8. 组织学生谈体会。

拓展阅读

一张床垫的故事

某人搬家时，到一家名叫“绿森林”的家具店订购了一张床垫。不料，回家的路上，他突然想起写错了地址，他想，等回到家后再打电话告诉家具店正确地址。可是，他在回家的途中竟遭遇车祸并成了植物人。因为没有正确的地址，“绿森林”家具店的送货人送家具时一次又一次地吃了闭门羹。但是，“绿森林”家具店是一家严守合同的老店，该店不但没有因为这张床垫无人领取而放弃，反而四处张贴广告，并在当地媒体上发布信息寻找“购买床垫者”。更令人感动的是，家具店老板曾更迭了两次，交接时，前任都要给接任者说明这张床垫的事情，接任者也像他们的前任一样，信守诺言。七年后，奇迹发生了，“植物人”竟神奇地苏醒了，他能够记起的一件事就是七年前，他是在订购床垫回家的路上出事的。结局是完美的，七年之后，店家特意将这张床垫作为订购者康复回家后的礼物送到了客户的家里。

“绿森林”家具店为了一张床垫，竟默默地坚守了七年，整个过程看似很平凡，但这种一诺千金的精神注定会让人印象深刻。诚信是无价的。一个人破产了，只要有诚信在，他就还有翻身的资本，如果连诚信都没有了，那他就彻底地破产了。

参考文献

[1] 张秦龙，乔晶策，贺适. 大学生职业生涯规划与就业指导［M］. 上海：上海交通大学出版社，2021.

[2] 张福仁，孟延军，杨彬. 大学生就业指导［M］. 4 版. 北京：人民邮电出版社，2021.

[3] 赵秋，黄妮妮，姚瑶. 大学生就业指导［M］. 北京：北京师范大学出版社，2020.

[4] 杨广文，许淳，郭玉莲. 大学生职业发展与就业指导［M］. 北京：中国人民大学出版社，2019.

[5] 王献玲. 职业生涯教育学［M］. 郑州：郑州大学出版社，2019.

[6] 杨聿敏. 高职生职业生涯规划与就业创业指导［M］. 北京：中国铁道出版社有限公司，2020.

[7] 余文玉，钱芳. 我的未来我做主：大学生职业生涯规划［M］. 上海：上海交通大学出版社，2020.

[8] 秦福德，王卫民，刘敏. 模拟职场，规划未来：大学生职业生涯规划与就业指导［M］. 上海：上海交通大学出版社，2020.

[9] 鲁玉桃. 点亮未来：大学生职业生涯规划与就业指导［M］. 镇江：江苏大学出版社，2019.

[10] 王占军. 大学生职业生涯规划咨询案例精编［M］. 上海：华东师范大学出版社，2017.

[11] 何小姬. 就业指导：理论、案例与实训［M］. 北京：中国人民大学出版社，2015.

[12] 方伟. 大学生职业生涯规划咨询案例教程［M］. 2 版. 北京：北京大学出版社，2015.

[13] 葛玉辉. 职业生涯规划与管理［M］. 北京：清华大学出版社，2014.

[14] 张再生. 职业生涯规划［M］. 5 版. 天津：天津大学出版社，2014.